A*t*V

VERA FRIEDLÄNDER, bürgerl. Name Veronika Schmidt, mußte in der Nazizeit als »Halbjüdin« Zwangsarbeit leisten. Nach dem Abitur an der Arbeiter- und Bauernfakultät studierte sie Germanistik an der Humboldt-Universität zu Berlin, arbeitete als Verlagslektorin und Dozentin an der Humboldt-Universität und in Warschau. Dort entstanden ihre Autobiographie »Man kann nicht eine halbe Jüdin sein« und andere Bücher. 1981 bis zur Emeritierung im Jahr 1986 hatte sie eine Professur für Deutsche Sprache an der Humboldt-Universität inne. 1990 gründete sie eine Sprachschule, an der u.a. jüdische Einwanderer aus Osteuropa unterrichtet werden.

Nach dem Novemberpogrom wurden in Belgien etwa 100 Mädchen und Jungen aus Deutschland und Österreich aufgenommen. In letzter Minute konnten sie mit ihren Betreuern Elka und Alexander Frank vor den deutschen Besatzern in zwei Güterwaggons nach Frankreich entkommen. Im Dorf Seyre gewährte man dem jungen Ehepaar und seinen Schützlingen im Alter von 4 bis 16 Jahren Asyl, dann durften sie das verlassene Schloß La Hille bewohnen. Für Essen, Trinken, Unterricht mussten sie selbst sorgen. Die Älteren betreuten die Kleinen, manche arbeiteten bei Bauern. Das Schweizer Rote Kreuz schickte Decken, Lebensmittel, Lehrer und Betreuer. Die Kinderrepublik musste in Sicherheit gebracht werden, als auch der Süden Frankreichs besetzt wurde. Schweizer, Franzosen, Mitglieder der Résistance und jüdischer Organisationen halfen, Kinder mit falschen Papieren und Geld auszustatten und über die Grenzen zu bringen. Einige tauchten im Land unter, mehrere gingen in die Résistance. Nicht alle konnten gerettet werden.

Die Überlebenden, inzwischen betagt und seit langem in Amerika, Australien, Israel und Westeuropa zu Hause, stehen bis heute miteinander in Kontakt. Ihre Briefe, Aufzeichnungen, Zeichnungen und Fotos drängten Vera Friedländer, dieses erschütternde Buch zu schreiben.

Vera Friedländer

Die Kinder von La Hille

Flucht und Rettung vor der Deportation

Aufbau Taschenbuch Verlag

Mit 112 Abbildungen

ISBN 3-7466-8106-5

1. Auflage 2004
© Aufbau Taschenbuch Verlag GmbH, Berlin 2004
Umschlaggestaltung Torsten Lemme
unter Verwendung eines Fotos
aus dem Privatarchiv Vera Friedländer
Druck und Binden Druckerei C. H. Beck, Nördlingen
Printed in Germany

www.aufbau-taschenbuch.de

INHALT

DER NACHLASS

Eines friedlichen Tages trug ich zwei große Kartons ins Haus. Sie enthielten Dokumente über Menschenschicksale. Ich wusste noch nicht genau, was zu entdecken war, bislang war mir nur soviel bekannt: Hundert jüdische Kinder wurden nach dem Pogrom von 1938, der so genannten Kristallnacht, nach Brüssel geschickt, waren vor den einrückenden deutschen Truppen auf der Flucht, fanden in Südfrankreich Asyl, mussten weiter fliehen und konnten dank mutiger Aktionen vieler Helfer rettende Grenzen überschreiten oder in Frankreich untertauchen; sie haben fast alle überlebt und trafen sich nach Jahrzehnten an den Stätten ihres französischen Asyls. Die Dokumente sind mir zugefallen wie die Sterntaler in den Rock des Mädchens in einem Märchen und ich nahm sie an als ein Geschenk. Als ich den Schatz im Haus hatte, fühlte ich mich in der Pflicht, ihn zu erschließen und zu verteilen. Er gehört mir nicht. Er gehört jenen Kindern, die gerettet wurden und sich wünschen, dass andere Menschen von ihren Schicksalen erfahren und von der selbstlosen Hilfe, die ihnen zuteil wurde.

Die Journalistin Ursula Junk, die mich nach meiner eigenen Geschichte befragte, hatte mich auf die Dokumente aufmerksam gemacht und mir vorgeschlagen, mich ihrer anzunehmen. Sie habe 1993 einen Film vom Treffen der einstigen Kinder in Südfrankreich gemacht.[1] Darin konnte sie zwar einige Personen zu Worte kommen lassen und die Atmosphäre des Treffens vermitteln, aber nur sehr wenig von dem erzählen, was damals passierte. Weder die Dramatik noch die Freundlichkeit des Alltags der Kinder und ihrer Betreuer habe sie in der kurzen Sendezeit hinreichend wiedergeben können. Es gäbe noch viel dazu zu sagen. Ich sollte mich an Alexander Frank wenden, der ganz in meiner Nähe wohne. Er sei die Schlüsselfigur der Ereignisse.

Der Film hat mich beeindruckt. Mir geht die Thematik nahe, sie berührt meine eigene Lebensgeschichte. Ich machte mich auf zu Alexander Frank und kam wenige Tage zu spät. Er war operiert worden und nicht wieder aufgewacht. Drei Monate später, am 21. Dezember 1998, wäre er 85 Jahre alt geworden. Regina, seine beste Freundin, die lange Jahre mit ihm zusammengearbeitet hatte, war gerade dabei, den Haushalt des Verstorbenen aufzulösen. Das war ein hartes Geschäft für sie, denn in Schränken und Schubkästen fanden sich Briefe, Zeitungsausschnitte, Notizen, Fotos und immer mehr Briefe. Kleidung hingegen schien im Leben des Alexander Frank eine unbedeutende Rolle gespielt zu haben. Neues verschenkte er eher, als dass er es anzog. Er kannte viele, die ihm bedürftiger erschienen als er. Auch die Küche, das heißt der Winkel von drei Quadratmetern, der als Küche diente, enthielt nur wenig Töpfe und Geschirr. Wie er es fertig brachte, kleine Gesellschaften mit mehreren Gängen warmer Kost zu versorgen, selbst vorbereitet, selbst gekocht, ist mir ein Rätsel. Und er soll oft Gäste gehabt haben. Menschen aus aller Welt seien zu ihm gekommen, erzählte man mir. Die Berge von Briefen bestätigen, dass er zahlreiche Kontakte gehabt haben muss.

Es wäre mir sehr lieb, sagte Regina, wenn Sie alles, was die jüdischen Kinder von einst betrifft, übernähmen und aufbewahrten. Ich bewohne ein einziges Zimmer von neun Quadratmetern, ich kann nichts unterbringen, nichts außer ein paar kleinen Andenken.

Drei Tage lang beschäftigte ich mich an Ort und Stelle mit allem beschriebenen Papier und sortierte aus, was mit der alten Geschichte zu tun hatte. Die Ausbeute sind die beiden großen Kartons, deren wichtigster Inhalt eine Schachtel mit alten Kinderfotos ist. Sie sind auf einem langen Papierstreifen aufgeklebt und mit einer Nummer versehen, geschrieben von Alexander Frank.

Die Kinderkolonie. Alle Kinder mit Elka und Alexander Frank (Mitte oben), Flora Schlesinger (oben, 3. v. l.) und Elias Haskelewitsch (oben r.), aufgenommen in Seyre.

Bevor ich daranging, dieses Buch zu schreiben, gestaltete ich mit Reginas Hilfe aus dem Nachlass Alexander Franks eine Wanderausstellung, um die Geschichte schnell weiterzugeben zu können. Ein Buch braucht Zeit.

Abschied und Ankunft

Sie hießen Edgar Chaim, Werner Epstein, Edith Goldapper, Leo Lewin, Kurt Moser, Lotte Nußbaum, Rudi Öhlbaum, Else Rosenblatt ... Sie lebten in Deutschland und Österreich und waren jüdische Kinder. In einem Zug verließen sie das Land, die Eltern, ihr Zuhause. Nach der Ankunft in Brüssel wurden die Jungen in einem Waisenhaus in Anderlecht aufgenommen, die Mädchen in einem Heim am Stadtrand, das ein privates jüdisches Komitee für sie eingerichtet hatte. Es war die erste Etappe einer Flucht vor den Nazis, die dramatisch werden sollte.

Das Ehepaar Elka und Alexander Frank wurde mit der Leitung des Mädchenheims beauftragt und übernahm die Verantwortung für die neuen Bewohnerinnen. Das jüngste Kind war vier, das älteste fünfzehn Jahre alt. Die Franks waren noch sehr jung, Elka, eine Säuglingspflegerin, war vierundzwanzig, Alexander, ein Agronom, fünfundzwanzig Jahre alt.

Als Alexander Frank Jahrzehnte später vor Schülern über die Kinder sprach, fragte ein Junge, ob sie von ihren Eltern im Stich gelassen worden wären. Ein normaler Gedanke eines Jungen von heute. Nicht normal war die Situation damals. Sie veranlasste Eltern, ihre Kinder ins Ausland zu schicken, sie fremden Menschen, die sie nie gesehen hatten, anzuvertrauen und zu hoffen, dass sie ihre Kinder beschützen werden.

Ich will mir nicht vorstellen, wie einer Mutter zu Mute war, als sie sich für die Trennung entschied, als sie den Koffer für die Tochter oder den Sohn packte, als sie auf dem Bahnsteig das Kind noch einmal umarmte, als sie dem Zug nachwinkte. Wusste sie doch nicht, wann es ein Wiedersehen geben würde und ob überhaupt. Mutter und Vater, das ist sicher, haben vernünftig gehandelt. Sie hätten gern gemeinsam das Land verlassen, aber die belgische Regierung bewilligte nur den Kindern die Einreise.

Was die Kinder damals empfanden, haben sie später erzählt oder aufgeschrieben. Manche hatten Angst vor der Fremde und dem Alleinsein, manche waren so traurig, dass sie nur weinen konnten, manche freuten sich auf das Abenteuer der Reise und einige nahmen es einfach als notwendig hin.

Sehr sachlich äußert sich Else Rosenblatt im Film von Ursula Junk: »Ich bin im März '39 aus Deutschland fort. Wir mussten von Garzweiler nach Aachen und der Treffpunkt war in Köln. Dort habe ich meine Eltern das letzte Mal gesehen. Ich glaube, ich war dreizehn Jahre alt, meine Geschwister waren viel jünger. Meine Mutter wollte nicht, dass wir weggehen. Doch mein Vater hat uns erklärt, es wird immer schlimmer in Deutschland, ihr müsst weg, ihr dürft nicht hierbleiben, es ist gefährlich. Eure Mutter will nicht gehen. Ich will Eure Mutter nicht allein lassen, aber ihr müsst weg, das müsst ihr verstehen. So sind wir nach Belgien in dieses Kinderheim gekommen.«

Edith Goldapper in Brüssel 1939, oben rechts; links neben ihr Lotte Nußbaum, mittlere Reihe v. l.: Rosa Blau, Inge Joseph, Ruth Rosenblatt, davor noch drei Schwestern Rosenblatt

Edith Goldapper aus Wien hat nach Notizen aus jener Zeit ein Erinnerungstagebuch geschrieben.[2] Darin schildert sie ihre Abreise und die Vorbereitungen dafür.

»Dreizehn zählt mein Alter, und man fragt mich, was willst du werden? Ich liebe es, Maschine zu schreiben, und interessiere mich für Buchhaltung. Eine Handelsschule möchte ich besuchen, sage ich. Die Sache zieht sich hin. Der Umsturz kommt, Österreichs Anschluss an Deutschland. Wir haben es jetzt nicht mehr so gut wie früher, aber wir bleiben von dem Unheil, das andere ereilt, verschont. Doch man nimmt uns unser Geschäft (Tabak-Trafik), das meinem Papa

11

als Dank vom Staat gegeben worden war. Dafür hat er sich im Krieg seine beiden Augen ausschießen lassen, um nun so belohnt zu werden! Leider sind wir völlig machtlos. Jetzt kann ich keine Handelsschule besuchen. (...) Alle reisen ins Ausland. Auch ich bekomme große Lust fortzufahren und sage es meinen Eltern. Ich, die ich noch nie allein irgendwo war, fühle mich bei dem Gedanken, in die Welt zu ziehen, nicht allzu wohl. Andererseits denke ich mir, einmal muss ich doch ins Leben gehen. Ich werde bei der Kultusgemeinde für Belgien angemeldet.

18. Dezember 1938. Wir erhalten einen Brief der Kultus-gemeinde mit der Aufforderung, daß ich mich am Donners-tag, dem 20. Dezember, in Köln, Rubensstraße, einfinden soll, um dann nach Belgien weiterbefördert zu werden. Ich bin glücklich, aber gleichzeitig ein bißchen schwermütig. Mich von meinen Eltern trennen zu müssen ist härter, als ich dachte, aber ich bin jung und verscheuche den Gedanken daran. Es ist vielleicht jugendlicher Egoismus. Ich denke nur an die Zukunft: Belgien, Brüssel, das Meer. Am selben Tag ge-hen wir noch Einkäufe machen. Das Schönste vom Schönen wird gekauft und alles, was ich mir wünsche. Die letzten ein-einhalb Tage verbringe ich im Elternhaus und bin glücklich und zufrieden. Meine Eltern geben mir gute Ratschläge und ermuntern mich, in der Ferne nicht traurig zu sein, denn bald würden sie mir folgen.

19. Dezember 1938. Um drei Uhr nachmittags muss ich am Wiener Westbahnhof sein (...) Jetzt ist der Moment ge-kommen, wo ich mein Heim verlassen muss, die Odeongasse 5, Tür 6. Mir wird schwer ums Herz, und dabei habe ich den Abschied noch vor mir. Am Bahnhof sind noch andere Kin-der und eine Begleitperson, die mit uns nach Köln fahren wird. Eine halbe Stunde haben wir noch Zeit, dann ist es so-weit. Der Schaffner winkt. Ich liege in Mamas Armen, dann in Papas und wieder umgekehrt. Zum ersten Mal, dass ich meinen Papa weinen sehe. Aus seinen geschlossenen Lidern

quillen Tränen. Auch Mama ist untröstlich. Und ich (...) Jetzt steigen wir in den Zug, er setzt sich in Bewegung. Ein letztes Gucken und Winken. Auf Wiedersehen, geliebte Eltern. Adieu, mein schönes Wien.«

So oder ähnlich ist der Abschied bei fast allen Kindern verlaufen. Aber es gab auch ganz andere Umstände der Ausreise, viel kompliziertere. Ich denke daran, auf welche Art Ruth und Betty Schütz das Land verlassen haben. Ihre Ausreise verlangte den Mut einer gewitzten Dreizehnjährigen, die entschlossen war, sich mit ihrer zwei Jahre jüngeren Schwester nach Belgien durchzuschlagen, weil ihr dies der einzige Ausweg schien.

Ruth hat ihre Lebenserinnerungen veröffentlicht.[3] Sie stammt aus einer frommen jüdischen Familie, die aus dem Osten Polens nach Berlin gekommen war. Im Oktober 1938, so berichtet Ruth, wurde ihr Vater als Jude polnischer Nationalität verhaftet und mit Tausenden anderen Männern nach Polen abgeschoben. Die Mutter wollte das Geschäft, von dem sie lebten, ohne die Hilfe des Vaters weiterführen, aber es wurde arisiert. Sie musste es einem Mann, der bei den braunen Machthabern als »arisch« galt, bedingungslos überlassen, ohne etwas dafür zu bekommen. Zudem kündigte der Wirt die Wohnung. Drei Monate blieben ihr bis zur Räumung. Die Mutter versuchte nahezu vergeblich, Geld von Schuldnern einzutreiben und verkaufte schließlich die Möbel. In einer fast leeren Wohnung wartete sie darauf, dass ein nach England emigrierter Verwandter eine Einreiseerlaubnis für sie und die Kinder schickte, damit sie ihm folgen konnten. Die Zeit drängte. Dann bat Ruth die Mutter, ihre Ausreise und die der Schwester selbst in die Hand nehmen zu dürfen, weil sie davon gehört hatte, dass Kinder nach England geschickt würden. Die Mutter war einverstanden, ihre Töchter vorausfahren zu lassen.

Ruth ging zum Palästina-Amt in der Berliner Meineckestraße. Dort grüßte man mit »Schalom«, die Atmosphäre gefiel ihr. Doch man sagte ihr, sie sei zu jung, um mit einer zionistischen Gruppe nach Palästina zu gehen, und zu alt für eine Kindergruppe. Das sei aber nicht so schlimm, meinte ein freundlicher Angestellter, in einem Jahr könne man ihr eine positive Antwort geben. Ein Jahr! Das war unter den gegebenen Bedingungen eine Ewigkeit. Ruth fragte in der Jüdischen Gemeinde nach, ob man sie und ihre Schwester nach England schicken könne. Die Antwort lautete, man müsse erst für die eigenen, die deutschen Juden sorgen.

»Im Hof der Jüdischen Gemeinde«, so berichtet Ruth Schütz, »standen ein paar Mädchen in meinem Alter. Sie erzählten mir, dass sie zu einer Kindergruppe gehörten, die nach Belgien fahren wird, und dass sie hier seien, um die letzten Weisungen dafür zu erhalten. Ein Teil von ihnen sollte zu Familien kommen, die anderen in ein Heim. Ich sprach mit ihnen, bis ich genau Bescheid wusste: Tag und Stunde der Abfahrt und von welchem Bahnhof der Zug abfahren würde. Meiner Mutter erklärte ich meinen Plan. Betty und ich würden in den Zug einsteigen und angeblich nach England fahren. Im Zug müssten wir uns der Kindergruppe anschließen und mit ihr in Belgien aussteigen. Die Jüdische Gemeinde in Belgien werde schon für uns sorgen, bis meine Mutter die Einreisegenehmigung bekommt und nach England fahren kann. Wir würden dann nachreisen. Mutter war einverstanden.

Wir schafften es, Bescheinigungen für Betty und für mich zu bekommen, auf denen stand, dass wir staatenlose Juden sind. Damit konnten wir reisen, und alles war jetzt geordnet. Wir hatten Fahrkarten und einen Koffer mit neuen Kleidern. Vor der Abreise kaufte mir meine Mutter noch eine Armbanduhr, die Erfüllung eines Traums. Der 8. April war ein heller und kalter Tag; mit Wintermänteln, dicken Schals und Mützen waren wir auf dem Weg zum Bahnhof. Von weitem erblickten wir die Kindergruppe. Die Kinder verabschiedeten sich von den Eltern. Zu Dreierreihen geordnet, wurden sie gezählt, dann durchschnitt das schrille Pfeifen der hereinrollenden Lokomotive die Luft. Mein Magen krampfte und meine Kehle war wie zugeschnürt. Meine Mutter umarmte uns und sagte die üblichen Worte, die man beim Abschied auf dem Bahnhof sagt. Ich war wie versteinert, fühlte keinen Abschiedsschmerz und keine Träne machte meine Augen nass. Ich hatte nur den einen Wunsch, diesen Albtraum zu beenden.

Nach fünfzehn Minuten erreichte der Zug eine Station im Westen Berlins und blieb dort stehen. Plötzlich sah ich eine Gestalt den Zug entlanglaufen, winkend und rufend: ›Ruthchen, Betty!‹ Meine Mutter! Sie umarmte uns. Wie es ihr gelang, zu dieser Station zu kommen, um uns nochmals zu treffen, weiß ich nicht. Nur eine Mutter, die ihre Kinder in eine unbekannte Zukunft schickt, kann so etwas schaffen.

Der Zug verließ die Vororte Berlins und passierte eine offene, verschneite Ebene. Ich nahm unseren Koffer und fasste Betty bei der Hand. Wir durchquerten mehrere Waggons. Beim Übergang von einem Waggon zum anderen mussten wir über die Kupplungen springen. Wir fanden die Kinder, setzten uns zu ihnen und sagten, dass wir auf dem Weg nach England seien und gern Gesellschaft hätten. Die Begleiter der Kinder trugen Armbänder des Roten Kreuzes. An Hand einer Namensliste hefteten sie jedem Kind ein Kennzeichen auf den Mantel. Gegen Mittag erreichten wir Köln. Der Zug hatte zwei Stunden Aufenthalt. Die Kinder wurden von der jüdischen Gemeinde von Köln zum Mittagessen eingeladen. Wir setzten uns auf eine Bank, packten unsere Butterbrote aus und warteten, bis die Kinder zurückkamen. An der Grenze betraten deutsche Polizisten den Zug, kontrollierten unsere Ausweise und gingen weiter. Auf der belgischen Seite stiegen belgische Polizisten ein. Sie blieben bei uns stehen, an unseren Mänteln war kein Kennzeichen. Wir sollten aussteigen. Ich wies auf eine Begleiterin und sagte, dass sie alles erklären könne. Dann fasste ich Betty, die schon aussteigen wollte, und rannte mit ihr von einem Waggon zum anderen.

Ein Glück, dass wir schon einmal über die Kupplungen gesprungen waren. Der Zug fuhr an und wir waren in Belgien. In der Ferne blinkten einzelne Lichter durch die Finsternis. Wo würden wir diese Nacht verbringen?

In Brüssel angekommen, stiegen wir zusammen mit der Kindergruppe aus. Die Begleiter gaben die Anweisung: Kinder mit rotem Kennzeichen steigen in den rechten Autobus, die mit den blauen in den linken. Ohne Kennzeichen hatten wir die Wahl des Busses. Nach kurzer Fahrt hielten wir vor einem beleuchteten Gebäude. Wir gingen durch ein breites Tor und eine Treppe hinauf, auf einem roten Teppich. In einem großen Saal warteten Frauen und Männer auf die Kinder, um sie mitzunehmen. Mitten im Saal stand ein Tisch und ein Mann las aus einer Liste Namen vor. Name nach Name und jedes Kind fand seine Adoptivfamilie. Der Saal leerte sich, wir beide standen in einer Ecke, zwischen uns der Koffer. Wir wurden nach unserem Namen gefragt und nach der Familie, zu der wir kommen sollten. Ein Mann stellte fest: Ihr steht nicht auf der Liste, für euch haben wir keinen Platz, ihr müsst nach Hause zurückfahren. Ich beteuerte, dass wir kein Zuhause und keine Adresse hätten. Der leere Saal erschien mir plötzlich sehr groß und bedrohlich. Ich hörte, dass man darüber beriet, ob man uns zur Heilsarmee schicken solle. Ich fing an zu weinen, Betty auch, und wir baten: »Schickt uns nicht zur Heilsarmee!« Eine elegant gekleidete Frau, schon auf dem Weg nach draußen, mit ihr das Kind, das sie mitnehmen durfte, wandte sich um. Kommt mit mir, entschied sie. So kamen wir zur Familie Padarves, bei der wir zwei Wochen wohnten, dann begleitete uns Madame Padarves ins Heim Général Bernheim. Mit einem Auto fuhren wir vor.

Es hielt vor einer braunen Ziegelmauer. Als wir durch ein schmales Tor schritten, standen wir vor einem mehrstöckigen Bau mit einer breiten, schönen Fassade. Wir kamen in einen langen, düsteren Saal. Mahagonifarbige Holzplatten bedeckten die Wände. Wir standen am Eingang und ich hielt mit einer Hand Betty fest, mit der anderen unseren Koffer. In der Mitte des Saales saßen Mädchen rund um einen kahlen Tisch. Sie blickten auf uns halb neugierig und halb gleichgültig und kauten weiter ihre Marmeladenbrote. Verlegen standen wir dort ein paar Sekunden, die mir ewig vorkamen. Eine Frau mit breiten und angenehmen Gesichtszügen bemerkte unsere Verlegenheit, erkundigte sich nach unseren Namen und brachte uns warmen, süßen Tee. Das war Madame Schlesinger, die uns später, während des Krieges, betreute. Sie war hier die Köchin. Das Komitee, das das Heim gegründet hatte, um Flüchtlingskinder aufzunehmen, befand sich in den Händen angesehener Frauen der jüdischen Gemeinde. Sie beschafften die Lebensmittel und beaufsichtigten den Gesundheitszustand der Kinder.

Ich war gewohnt, mit Betty im selben Zimmer zu schlafen, doch im Heim trennte man uns. Betty wohnte jetzt mit den jüngeren Kindern zusammen und ich im großen Saal mit den älteren Mädchen. So war es auch bei der Mahlzeit. An manchen Tagen war ich so mit mir selbst beschäftigt, dass ich nicht an Betty dachte. Aber wenn ihr jemand etwas antun wollte, war ich die große Schwester und verteidigte sie, wenn es nötig war, sogar mit Schlägen.

Betty sehnte sich sehr nach unserer Mutter und ich nach allem, was für mich das Elternhaus bedeutete, den Zauber der Sabbatabende, wenn wir auf das Erscheinen der ersten drei Sterne warteten, die Sabbatruhe, die Feiertage, die Ausflüge mit meinem Vater in die Umgebung Berlins. Es war mir klar, dass das vergangen war, ohne wiederzukehren, und dass es keinen Sinn hatte, sich danach zu sehnen.

Die Post wurde nach der Vesper verteilt. Immer wartete ich auf Briefe von meiner Mutter, und wenn wir einen Brief erhielten, war die Freude groß. Ebenso groß war aber auch die Enttäuschung, wenn uns kein Brief erreichte. Die elfjährige Betty schrieb oft und fleißig. Mit ganzer Seele klammerte sie sich an die einzige Verbindung zu der Welt, die ihr verloren gegangen war. Meine Mutter schickte uns internationale Antwortscheine, da wir kein Geld für Briefmarken hatten.« (Ruth und Betty Schütz s. Abb S. 71)

Die Jungen trafen in dem Waisenhaus nicht so gute Bedingungen an wie die Mädchen in ihrem Heim für Flüchtlingskinder. Leo Lewin, den ich befragte, meinte: »Wir waren im Heim in Anderlecht wie eingesperrt, hohe Mauern wie im Gefängnis, es war furchtbar.« Das Heim leitete Gaspard Deway, der kein Kinderfreund war. Er schrie die Kinder an und regierte mit Strafen. Leo Lewin jedoch hatte einen älteren Bruder, der bereits seit 1934 als Emigrant in Brüssel lebte. Er fand für Leo ein anderes Heim, in dem sich die Kinder frei fühlten. Ein paar Jungen konnten, ebenso wie die Mädchen, einige Zeit bei belgischen oder ausländischen Familien verbringen.

Nicht alle Familien, die einen Jungen oder ein Mädchen in ihr Haus holten, waren so uneigennützig wie die Familie Padarves, die Ruth und Betty aufnahm. Edith Goldapper machte andere Erfahrungen: Sie kam nach Malmédy zu dem pensionierten Oberstleutnant Kapsitz und seiner Familie. In einer Villa, umgeben von einem wunderbaren Park, musste sie als Dienstmädchen arbeiten.

Sie schreibt in ihrem Tagebuch: »(...) um halb sechs aufstehen, einheizen, Frühstück machen, dann schellen, damit die Herrschaften aufstehen. Dann wird gegessen. Ich spüle Geschirr, putze, gehe ab und zu einkaufen. Mittag. Ich spüle wieder Geschirr, während die Herrschaften ihr Mittagsschläfchen halten. Daß ich keine Minute für mich habe, dafür sorgt schon Frau Kapsitz mit kaputten Strümpfen, die ich stopfen muß. Dann Abendessen. Wieder Geschirr waschen. Endlich kann ich einen Brief schreiben. Vor allen Dingen schreibe ich an das jüdische Komitee einen verzweifelten Brief. Schließlich bin ich erst vierzehn Jahre und nicht gewöhnt, schon solche Arbeiten zu verrichten. Vom Lernen ist überhaupt keine Rede. Nicht einmal Französisch, denn in dieser Region wird ausschließlich Deutsch gesprochen.« Das

Komitee sorgte dafür, dass das Mädchen ins Heim Général Bernheim gehen konnte.

Hundert Kinder waren allein in die Emigration geschickt worden. Das geschah wenige Wochen nach der Pogromnacht von 1938, als jüdische Geschäfte zerstört, Synagogen in Brand gesteckt, 30000 Juden in Lager verschleppt worden waren. Kein Jude konnte seither mehr davon ausgehen, künftig in Sicherheit zu leben. Man wusste um die Pogrome, die es seit der Römerzeit gegeben hatte: die Zerstörung des Tempels von Jerusalem, die Morde und Vertreibungen während der Kreuzzüge, die Damaskus-Affäre von 1840, die Pogrome in Osteuropa 1648, 1882, 1905 und später. Juden leben mit ihrer Geschichte. Vor neuen Ausschreitungen, vielleicht schlimmeren als den gerade überstandenen, sollten die Kinder geschützt sein. Dass es ums Leben ging, um aller Leben, nahm 1938 niemand an.

Viele Kinder, die ins Ausland geschickt wurden, hatten die Verfolgung der Juden bereits bewusst wahrgenommen. Einen Jungen möchte ich zitieren, Egon Berlin aus Koblenz: »Ich war ein kleiner Junge von zwölf Jahren. Eines Morgens war ich auf dem Schulweg wie jeden Tag. Auf einmal liefen drei oder vier bewaffnete Männer an uns vorbei und gingen in ein Uhrengeschäft. Sie zerstörten eine Vitrine mit dem Schaft ihrer Gewehre. Uhren, Ketten und alles, was sie fanden, warfen sie auf die Straße. Ich war sehr erschrocken. Ich stand da wie erstarrt. Auch über mir vibrierte und zerschellte alles. Es folgten ein Tisch und Stühle. Erschreckt sprang ich zur Seite. Ich dachte, ich werde verrückt. Alles um mich herum ging kaputt. Ich rannte zickzack, um keine Scherben und Stücke abzubekommen. Ich versteckte mich in einer kleinen Straße und ging dann zur Synagoge.«

Egons Schwester, Inge Berlin, erlebte die Pogromnacht nicht im Elternhaus, sondern in einem jüdischen Waisenhaus in Dinslaken, wo sie sich als Haushaltslehrling befand. Sie hatte an jenem 9. November Angst um die Familie in Koblenz.

Sie schreibt darüber: »Als ich schließlich in die unversehrte Wohnung meiner Eltern zurückkehren konnte, erzählten sie mir Folgendes: Ein früherer Arbeitskollege meines Vaters, ein jüngerer Mann und Vater von zwei Kindern, erschien an dem Morgen in brauner Uniform an der Schwelle unserer Wohnung und sagte sinngemäß: Herr Berlin, wenn jemand kommt, um Ihnen etwas Böses zu tun, dann muss er zuerst an mir vorbei. Und so wurden meine Eltern verschont. Das erlöste sie aber nicht von der Angst um Egon, den sie am Morgen ahnungslos zur Schule geschickt hatten. Auf die Straße konnten sie sich nicht wagen. Da kam eine einfache, gute Frau aus dem Haus und bot sich an, meinen Bruder heimzuholen, was sie auch unbeirrt durchführte.« Inge Berlin hat das aufgeschrieben, weil ihr daran lag, »diese Lichtblicke hervorzuheben, die ja eine Dosis an persönlichem Mut verlangten«.

Jüdische Organisationen im Heimat- und im Asylland kümmerten sich nach dem Pogrom um die Ausreise der Kinder. Fast 10000 Kinder konnten nach England fahren. Die Londoner Regierung hatte einen Kabinettsbeschluss erwirkt, der es jüdischen deutschen Kindern unter siebzehn Jahren ermöglichte, Aufnahme in England zu finden. Das war die umfangreichste Hilfe, die geleistet wurde. Nach Schweden konnten 500 Kinder geschickt werden. Die belgische Regierung beschloss, 200 oder 300 Kindern Asyl zu geben. Für das von den Franks geleitete Heim Général Bernheim war das »Komitee zur Hilfe der jüdischen Flüchtlingskinder« zuständig. Darin hatten sich reiche Damen zusammengefunden, die sich wohltätig zeigten. Manche Kinder wurden auch von Zeit zu Zeit an Wochenenden in die Familien eingeladen. Vierzig Mädchen kamen in die Obhut der Franks, etwa fünfundvierzig Jungen wurden im Home Speyer, dem Städtischen Waisenhaus von Anderlecht am Stadtrand von Brüssel, untergebracht. Für einige Kinder fanden sich Adoptivfamilien. Ab und zu gingen manche Kinder fort, oft nur für kurze Zeit, während andere Kinder ankamen, sodass es einen häufigen Wechsel gab.

Die Mädchen vom Heim Général Bernheim mit Elka Frank (l.)

Es war ein Gemisch von Kindern, die nun, getrennt von den Eltern, miteinander auskommen mussten. Die Altersunterschiede waren groß, ebenso das Niveau der Bildung, der mitgebrachten Schulkenntnisse. Die einen hatten ein Lyzeum

Die Jungen vom Home Speyer mit Gaspard Deway (l.) und seiner Frau Lucienne (oben, 7. v. l.)

oder Gymnasium besucht, andere nur die Volksschule kennen gelernt. Manche von ihnen hatten wohlhabende Eltern, bei manchen wurde jeder Groschen gezählt. Die Väter oder Mütter waren Kaufleute, Arbeiter, Intellektuelle, Angestellte. Die Kinder kamen aus orthodoxen Familien, aus einer liberalen jüdischen Umgebung oder sie waren atheistisch erzogen worden. Gemeinsam war allen, dass sie nach den Nürnberger Gesetzen von 1935 jüdisch waren. Es gab Kinder, die sich bis dahin ihrer Herkunft gar nicht bewusst waren. Nun aber gehörten sie per Gesetz zu einer Kategorie von Menschen, die nichts Gutes zu erwarten hatte. Das bewog die Eltern, sich lieber von den Kindern zu trennen, als sie einer gefährdeten Zukunft auszusetzen. Alle lernten, was es bedeutete, in dieser Zeit jüdisch zu sein. Und alle, egal woher sie kamen und was sie vorher dachten, alle lebten von nun an bewusst als jüdische Kinder.

Reichsbürgergesetz
vom 15. September 1935

Gesetz zum Schutze des deutschen Blutes und der deutschen Ehre
vom 15. September 1935

Gesetz zum Schutze der Erbgesundheit des deutschen Volkes (Ehegesundheitsgesetz)
vom 18. Oktober 1935

nebst allen Ausführungsvorschriften
und den einschlägigen Gesetzen und Verordnungen

erläutert von

Dr. Wilhelm Stuckart und **Dr. Hans Globke**
Staatssekretär   Oberregierungsrat
im Reichs- und Preußischen Ministerium des Innern

C. H. Beck'sche Verlagsbuchhandlung
München und Berlin 1936

Titelseite der Kommentare zu den Nürnberger Gesetzen, in: "Kennzeichen J", hrsg. von Helmut Eschwege, Berlin 1981, S. 80

Vom Winter 1938/39 bis zum Mai 1940 waren die Kinder in Sicherheit. Die Mädchen lebten unter guten Bedingungen, aber auch für die Jungen war es entschieden besser, das strenge Regime in Anderlecht zu ertragen, als in Deutschland zu leben, wo sie den Beleidigungen und Demütigungen einer feindseligen Umgebung ausgesetzt gewesen wären. Hier in Belgien konnten sie neue Freundschaften schließen, zur Schule gehen, einen Beruf lernen, sich nach eigener Lust beschäftigen. In Berlin, Wien, Köln und in allen anderen deutschen und österreichischen Städten wäre ihnen nach dem Pogrom der Schulbesuch verboten und eine berufliche Ausbildung verwehrt worden. Natürlich gab es neben den Augenblicken heftigen Heimwehs auch noch tausend kleine und ein paar große Probleme zu bewältigen. Dabei half ihnen der Umstand, dass sie nicht allein waren und sich alle in der gleichen Lage befanden. Sie spürten schon hier in Brüssel, dass sie zusammengehörten.

In diesen Monaten begann der Krieg. Deutsche Truppen fielen in Polen ein. Zwar gab es Bündnisverträge mit Großbritannien und Frankreich, aber die polnische Armee musste allein kämpfen und wurde zerschlagen. Am 5. Oktober 1939 war das ganze Land besetzt. Davon, dass die polnischen Juden verfolgt, ghettoisiert, getötet wurden, drang nichts zu den Kindern. Sie wussten jedoch, dass Krieg ein schlimmer Zustand ist und von dem Land gleich hinter der belgischen Grenze geführt wurde. Dort lebten die Eltern, die sie wegschickten, um sie in Sicherheit zu wissen. War dies die Gefahr, die die Eltern fürchteten? Beunruhigende Gedanken schlichen sich in die Köpfe der Kinder. Aber es waren Kinder. Sie konnten diese Gedanken noch leicht verdrängen. Je jünger sie waren, um so besser gelang es ihnen.

Am 10. Mai 1940 fielen die deutschen Truppen in Belgien

ein. Jetzt erreichte sie die Gefahr. Bei Bombenalarm stürzten sie in den Keller. Vor dem Heim Général Bernheim hoben die Mädchen einen Schützengraben aus, den sie benutzten, um bei einem Angriff auf das Haus nicht unter seinen Trümmern verschüttet zu werden. Panikartige Unruhe herrschte.

Elka Frank drang darauf, Belgien so schnell wie möglich zu verlassen. Sie rief die Damen vom Komitee für jüdische Flüchtlingskinder an und bat um Unterstützung. Die Damen antworteten, sie hätten jetzt keine Zeit, sie seien gerade dabei, die Koffer zu packen und nach England zu fliehen. Alexander, Elkas Mann, hatte einen Bruder in einer einflussreichen ministeriellen Position. An ihn wandte sich Alexander. Der Bruder veranlasste, dass zwei Güterwaggons für die Kinder an einen nach Frankreich fahrenden Zug angehängt wurden. Alles musste sehr schnell gehen. Wenn die deutschen Truppen in Belgien erst Fuß gefasst hätten, ginge es gegen die Juden, daran zweifelte niemand. Die Franks und die Köchin Flora Schlesinger waren Juden und ebenso gefährdet wie die Kinder.

Am 14. Mai, vier Tage nach Kriegsbeginn, packte jedes Kind seine Sachen zusammen, aber es durfte jeweils nur eine Tasche mitgenommen werden. Das Nötigste stopften sie da hinein und so viel wie möglich zogen sie an. Gegen vier Uhr am Nachmittag hieß es wieder einmal, Abschied zu nehmen und aus einem Haus, in dem sie heimisch geworden waren, auszuziehen. Es soll ein trauriger Anblick gewesen sein, als die Kinder zur Straßenbahn marschierten, denn sie waren bedrückt, weil sie die Geborgenheit zurückließen. Der Mädchentrupp fuhr zuerst nach Anderlecht, um die Jungen abzuholen. Elka Frank hatte Gaspard Deway überzeugt, dass es unbedingt nötig sei, die Kinder fortzubringen. Der Heimdirektor war zunächst nicht zur Flucht bereit. »Unsere Kinder bleiben«, sagte er. »Wir haben schon die Okkupation 1914/18 mitgemacht, wir werden notfalls auch diese überstehen.« Gaspard Deway befürchtete für sich persönlich nichts von den Deutschen, er war kein Jude und kein Emigrant. Aber er sah schließlich ein, dass für jüdische Kinder eine besondere Gefahr bestand.[4]

Mädchen und Jungen zogen gemeinsam zum Bahnhof und fanden ihn voller Menschen vor, weil eine allgemeine Flucht eingesetzt hatte. Viele wollten raus aus Belgien, um nicht unter einer Besatzungsmacht leben zu müssen und nicht als Feind behandelt zu werden. Hunderttausende Belgier und mit ihnen die zahlreichen Emigranten aus Deutschland, Österreich und der Tschechoslowakei strömten in den Süden. Sie versuchten, einen Platz in einem Zug nach Frankreich zu bekommen.

Obwohl die beiden Güterwaggons für die Kinder reserviert waren, konnten die Wartenden erst nach fünf Stunden, abends um elf Uhr, einsteigen. Ein Waggon für die Mädchen, ein Waggon für die Jungen. So gelang es den Franks, die Kinder, die den Belgiern anvertraut worden waren, außer Landes zu bringen. Zur Begleitung waren dabei: aus dem Heim Général Bernheim Elka Frank und die Köchin Flora Schlesinger. Elias Haskelewitsch, ein Mann für die verschiedensten Arbeiten im Heim, war nicht bei den Kindern im Zug, weil er zu Beginn des Krieges interniert wurde. Aus dem Waisenhaus von Anderlecht fuhren Gaspard Deway und seine Frau Lucienne mit, die junge Pflegerin Lea Gillis und Arthur Haulot, dessen Stellung mir niemand nennen konnte. Auch Alexander Frank konnte nicht mit den Kindern fahren, denn er gehörte der belgischen Armee an und diente nun in der Luftwaffe. Die Arbeit im Heim Général Bernheim war ihm bis zum Kriegsausbruch von der Armee gestattet worden.

Mit ihrem Drängen zur eiligen Flucht hatte Elka Frank das einzig Richtige getan, denn bereits achtzehn Tage nach Kriegsbeginn unterzeichnete König Leopold III. die Kapitulationsurkunde. Die belgische Regierung floh nach London und überließ das Land seinem Schicksal unter deutscher Besatzung.

Für die Kinder aus Brüssel begann eine überaus beschwerliche Fahrt, eine Fahrt ins Ungewisse. Nicht einmal das Land, in dem sie ankommen würden, stand sicher fest. Sie fuhren zwar nach Frankreich, aber wie immer in Kriegswirren konnte viel Unvorhersehbares passieren.

Elka Frank schildert in einer authentischen Erzählung diese Situation: »Wir wissen nicht, wohin wir kommen, wo man uns unterbringt, vielleicht in einem Lager, vielleicht in einer Scheune. Mit der Verpflegung sind wir aufs Rote Kreuz angewiesen, und an Gepäck können wir nur so viel mitnehmen, wie jeder mühelos tragen kann, denn vielleicht müssen wir streckenweise zu Fuß gehen. Außerdem sind wir unterwegs Luftangriffen ganz besonders ausgesetzt. Und doch, als der Direktor (Deway) mich fragte, ob ich die volle Verantwortung übernehme, habe ich ohne Zögern ja gesagt.«[5]

Überall, wo der Zug hielte, würde man gute Menschen treffen, also gäbe es immer Hilfe. Mit dieser Hoffnung fuhren sie los. Die Probleme stellten sich schnell ein. In einem Güterwaggon gab es natürlich weder Toilette noch Wasser, der Zug hielt völlig unregelmäßig und fuhr ohne Ankündigung weiter, sodass es riskant war auszusteigen, was man aber tun musste, um Wasser zu besorgen und Toiletten zu suchen. Diese Dinge wurden irgendwie geregelt. Größer war ein anderes Problem: Die Züge waren Ziele der deutschen Bombenflugzeuge. Bereits am 3. September 1939, gleich nach dem Überfall der deutschen Wehrmacht auf Polen, hatte die französische Regierung gemeinsam mit Großbritannien Hitler-Deutschland den Krieg erklärt. Nun marschierten deutsche Truppen nach Paris. Sie waren auf einem Siegeszug; Die Niederlande hatten bereits am 14. Mai kapituliert. Die Flüchtlinge durften keine Zeit verlieren, sie mussten im Süden sein, ehe Paris besetzt war. Möglichst weit weg wollten sie fahren, in die Nähe solcher Länder, in die man ausweichen konnte, wenn die Verfolger nachrückten und nach ihnen zu greifen versuchten.

In Abbeville an der Somme nahe der atlantischen Küste wurden Züge, die zur Küste oder in den Süden fuhren, bombardiert. Der Zug mit den beiden Kinderwaggons hatte einen stundenlangen Aufenthalt. Die Passagiere erfuhren, dass der Zug nach ihnen von Bomben getroffen worden war. Opfer waren belgische Nonnen. Überdies begegnete ihnen ein Zug mit verwundeten Soldaten, deren Verbände schmutzig und blutverkrustet waren, was die Kinder natürlich sehr erschreckte.

Als sich der Zug mit den Flüchtlingen wieder in Bewegung setzte, fuhr die Angst mit, die sich noch schwerer ertragen ließ als die Strapazen. Die Kinder machten sich gegenseitig Mut, sie trösteten die Ängstlichen. Die Frauen im Mädchenwaggon strahlten Ruhe aus und versuchten den Kindern die unerträgliche Lage zu erleichtern. Toni Rosenblatt, damals sieben Jahre alt, sehr klein, sehr zart, erinnert sich, dass sie während der Fahrt immerzu weinte. Sie verstand nicht, was vorging, warum sie das Heim verlassen mussten. Sie weigerte sich kategorisch, zu essen und zu trinken; man nahm sie in die Arme, sie fühlte sich beschützt, aber sie weinte.

Wohin fuhr der Zug eigentlich? Da er sich zunächst zur französischen Küste bewegte, war das Ziel möglicherweise gar nicht Frankreich, sondern England, die vielleicht okkupationssichere Insel, wohin viele Belgier flüchten wollten. In Abbeville hätte eine Verschiffung stattfinden können, aber womöglich stand kein Schiff für eine Fahrt über den Kanal zur Verfügung. So würde sich auch der stundenlange Aufenthalt in Abbeville erklären. Von hier aus bog der Zug nach Süden ab. Nun musste das Ziel sein, möglichst weit im Süden anzukommen.

Nach vier Tagen und vier Nächten, in denen manche keinen Schlaf fanden, erreichte der Zug Toulouse. Von dort war es nur noch eine kurze Strecke bis Villefranche. Hier stiegen die Kinder mit ihren Begleitern aus. Der Bürgermeister empfing sie und hielt eine Rede über die französisch-belgische

Freundschaft. Die Kinder riefen: »Es lebe Frankreich!« Die Franzosen antworteten: »Es lebe Belgien!« Frauen der Stadt bewirteten die Kinder mit Suppe. Dann brachte sie ein Bus in ein kleines Dorf, Seyre. Sie waren am Ziel. Es war früher Abend.

Nirgends finde ich einen Hinweis darauf, warum der Kindertrupp gezielt nach Seyre fuhr. Alexander Frank sagte, es sei eine Sache des Zufalls gewesen. Vielleicht gab es auch eine zufällig schon vor der Abfahrt oder während der Fahrt entstandene Verbindung dorthin und eine Absprache. Allerdings lassen die äußerst mangelhaften Bedingungen, die die Flüchtlinge in Seyre antrafen, darauf schließen, dass das Dorf ein Asylort war, der in der Not spontan gewählt oder von irgendjemandem zugewiesen worden war, möglicherweise vom Bürgermeister in Villefranche im Augenblick der Ankunft der Kinder. Das Wahrscheinlichste ist, dass der Zug ohne bestimmtes Ziel in den Süden fuhr und in der Gegend von Toulouse nicht mehr weiterfahren konnte. Wichtig allein ist, dass die Kinder in Seyre ankamen und dass das Dorf die Kinder aufnahm.

DIE SITUATION IN FRANKREICH

Was für ein Land war Frankreich, als die Kinder und ihre Begleiter dort ankamen?

Sie waren nicht die Ersten, die hier Asyl suchten. Es gab bereits massenhaft Flüchtlinge aus Deutschland und Österreich, die schon 1933 und danach geflohen waren wegen ihrer politischen Ansichten, ihrer Mitgliedschaft in verbotenen Parteien oder gesellschaftlichen Gruppen oder wegen ihrer Zugehörigkeit zu verfolgten religiösen Gemeinschaften, was in Bezug auf die Juden als rassische Zugehörigkeit galt. Oftmals trafen mehrere Gründe zusammen. Die Asylpolitik Frankreichs war nicht dazu angetan, den Flüchtlingen einen Aufenthalt zu gewähren, der ein einigermaßen normales Leben ermöglichte. Frankreich unterschied sich darin nicht von anderen Ländern an Deutschlands Grenzen. Immerhin fanden viele Menschen Aufnahme in Frankreich.

Gleich 1933, als die erste Verfolgungswelle in Deutschland international registriert wurde, verfasste die französische Regierung eine Note zur Asylfrage für das Außenministerium.[6] In dem Dokument vom 31. März heißt es, dass Frankreich zwar eine gute Tradition als Asylland habe, dass aber ökonomische, soziale und sicherheitspolitische Probleme auftreten können, wenn diese Tradition unverändert fortgeführt und vorbehaltlos Einreisevisa gewährt würden. Sie empfahl deshalb, »die Einreise zu verwehren 1) bei mittellosen Personen, die der französischen Gesellschaft zur Last fallen und den Arbeitsmarkt überschwemmen würden; 2) bei offenkundig verdächtigen Personen; 3) bei deutschen und staatenlosen Juden, die um Asyl bäten, ohne unmittelbarer Gefahr im Dritten Reich ausgesetzt zu sein«. Heute wissen wir, welche Schranken mit solcher Politik aufgebaut werden.

Angesichts der Entwicklung in Hitler-Deutschland und der undemokratischen inneren Zustände unter Ministerpräsident Laval 1935/36 entstand die »Volksfront für Frieden, Freiheit und Brot«, in der sich Kommunisten, Sozialisten und Radikalsozialisten zusammenschlossen und einen großen Wahlsieg errangen. Während der 1. Volksfrontregierung unter Léon Blum 1936/37 wurden faschistische Organisationen verboten und weitgehende Sozialreformen angestrebt. Gleichzeitig jedoch verhängte Léon Blum als Ministerpräsident eine der von der Volksfront heftig kritisierte Blockade gegen die Spanische Republik. Die sozialen Programme der Volksfrontregierung kamen schließlich unter dem Druck der ökonomisch Mächtigen des Landes zu Fall. Die 2. Regierung Blum kam im März/April 1938 zustande, die Volksfront

brach jedoch kurz darauf auseinander und der Radikalsozia-
list Edouard Daladier gelangte an die Regierungsspitze; seine
Unterschrift steht unter dem Münchener Abkommen, mit
dem die Tschechoslowakei preisgegeben wurde.

Seit September 1939 ging das offizielle Frankreich einen
diktatorischen Weg, markiert durch die Verfolgung demo-
kratischer Kräfte, das Verbot der Kommunistischen Partei
und die Verhaftung ihrer Abgeordneten.

Als die deutschen Truppen nach dem 22. Juni 1940 ein-
marschierten, hatte die Regierung das Land im Grunde schon
aufgegeben. Nicht so ein großer Teil der Franzosen, der sich
sehr schnell zum Widerstand formierte. Eine starke Basis dafür bildete Frankreichs Süden, wohin die Flüchtlinge in Mas-
sen strömten, mit ihnen die jüdischen Kinder aus Brüssel.

Sie waren ohne Probleme über die französische Grenze gekommen, als ob es keine Kontrollen und keine Beschrän-
kungen für Asyl suchende Juden gab. Nach den außenpoli-
tischen Richtlinien Frankreichs von 1933 gehörten sie zur
dritten Gruppe, denen die Einreise zu verwehren war, sofern
sie nicht einer unmittelbaren Gefahr durch Hitler-Deutschland ausgesetzt war. Letzteres brauchten sie nicht nachzu-
weisen. Im Chaos der Fluchtbewegungen fragte wohl niemand nach ihrer Herkunft und ihren Papieren.

IM SÜDFRANZÖSISCHEN DORF SEYRE

Seyre, das Asyl nach beschwerlicher Fahrt, war nicht besonders schön. Ringsum Wiesen, Maisfelder, Obstgärten und
Brachland mit trockenem Kraut, am Horizont niedrige Hügel. Kleine Häuser standen an der Dorfstraße, am Ende eine
alte Kirche mit einem Glockenturm, das einzige imposante
Gebäude, damals wie heute, daneben der Friedhof. Eine Post

gab es, in der zwei ältere Frauen Briefmarken, Tabak, Süßigkeiten und Kleinigkeiten für den Alltag verkauften. Viele Jugendliche von Seyre hatten das Dorf schon vor Kriegsbeginn verlassen, die anderen waren mobilisiert worden. Die jungen Bauern fehlten bei der Arbeit, sodass manche Felder nicht bestellt werden konnten. Für die Dorfbewohner hätte die Ernte gereicht, doch nun hatte sich die Zahl der Esser plötzlich um hundert Kinder vermehrt.

Die Bauern besaßen nicht viel, waren jedoch bereit zu helfen und die Flüchtlinge notdürftig zu versorgen. Was aber konnten die kaum dreihundert Dorfbewohner tun, als die große Kinderschar auf dem Platz vor der Kirche stand, erschöpft und hungrig? Jedes Kind trug nicht mehr als eine Tasche, die Notwendiges zum Leben enthielt und manches, was als Ballast erschien, woran aber das Herz hing und deshalb lebensnotwendig war, vielleicht ein Spielzeug, ein Andenken, Fotos, Briefe.

Die Bauern brachten die Kinder in einem verlassenen Gehöft unter. Die Gebäude gehörten einem Baron de Capèle. Es waren völlig kahle Räume, ohne Licht, ohne Fenster, nur mit Mauerlöchern ohne Glas. Stroh wurde ausgebreitet und jedes Kinder bekam eine Decke. Die größeren Jungen baten in den nächsten Tagen um Holz und zimmerten Tische und Bänke, damit sie das Abendbrot nicht auf dem Boden sitzend oder im Stehen essen mussten. Ein paar Wochen später trieben die Flüchtlinge auch Bretter auf, aus denen sie primitive Betten bauten. Sie richteten sich auf einen längeren Aufenthalt ein. Es fehlte an allem. Die Kinder litten unter dem Mangel und vermissten die Eltern mehr als vorher. Die Leitung des Lagers übernahm Gaspard Deway, Elka war verantwortlich für die Mädchen, Arthur Haulot für die Jungen.

Als dem Lagerleiter die Situation in Belgien übersichtlich erschien und er für sich keine Gefahr sah – er war nichtjüdischer Belgier – beschloss er zurückzukehren. Er und seine Frau verließen eines Morgens die Kinder ohne Abschied und nahmen, wie erzählt wird, die Kasse der Kinderkolonie mit. Seine Mitarbeiter aus dem Waisenhaus von Anderlecht folgten dem Lagerleiter.

Zum Glück für die Kinder befand sich Alexander Frank mit seiner Luftwaffenkompanie gerade westlich von Toulouse. Er hatte erfahren, dass die Kinder und seine Frau nur sechzig Kilometer entfernt seien. Er bat um seine Entlassung und ging nach Seyre. Die Franks und Flora Schlesinger waren sich einig, bei den Kindern zu bleiben. Sie waren nun die einzigen Betreuer der Jungen und Mädchen.

Ein Zertifikat der Chefin des Brüsseler Hilfskomitees belegt, dass Alexander Frank die Verantwortung für die Kinderkolonie übergeben worden ist: »Ich, die Unterzeichnende, Madame Goldschmidt Brodsky, Frau des Vize-Präsidenten des Roten Kreuzes von Belgien, bestätige, dass Herr Frank die Kinderkolonie in Brüssel geleitet hat und gegenwärtig verantwortlich ist für die Flüchtlinge der Kinderkolonie von Seyre und den Direktor Deway ersetzt, der nach Belgien zurückgekehrt ist. M. Goldschmidt Brodsky, Cahors, den 10. September 1940«

Edgar Chaim, ein Junge aus Berlin, Sohn eines Schneiders, äußert sich nicht sehr freundlich über Gaspard Deway: »Ich konnte diesen Mann schon seit Brüssel nicht ausstehen.« Er hatte es unter Deways Regime in Seyre nicht ausgehalten. »Mit etwas Geld, das ich hatte, bin ich aus Seyre ausgerückt und von einem Auto bis Toulouse mitgenommen worden. Ich habe in Toulouse den Zug bestiegen und fuhr bis Chateauroux, hart an der Demarkationslinie. Weiter konnte und wollte ich natürlich nicht. Geld hatte ich nicht mehr. Ich irrte in den Straßen umher und wurde gegen Abend von einem französischen Soldaten, einem gebürtigen Elsässer, angehalten. Er nahm mich mit in seine Kaserne, wo er mich versteckte und mich versorgte. Nach etwa drei Wochen konnte ich mit Seyre Verbindung aufnehmen und erfuhr, dass die Familie Gaspard nach Belgien zurückgekehrt und die Leitung in Seyre von

Elka und Alexander Frank, aufgenommen vor der Flucht aus Brüssel

Herrn und Frau Frank übernommen worden sei. Der französische Soldat, der mir so lange Unterkunft gewährt hatte, gab mir Geld für die Rückreise nach Toulouse und Seyre.«

Um nicht im Chaos unterzugehen, organisierte Alexander Frank eine Kinderrepublik. Unter Deways Leitung hatte es bei Disziplinverstößen als Strafe Stockhiebe gegeben. Die La Hiller, die ich danach befragte, nannten mir zum Beispiel Rudi Öhlbaum, der von Deway auf diese Art aus nichtigem Anlass misshandelt worden war. Und Joseph Dortort wurde eine ganze Woche bei Wasser und Brot eingesperrt, weil er ein Verbot missachtet hatte. »Ich hatte mich mit meinem Freund Bernhard Eisler gestritten und dabei deutsch gesprochen.« Auch Mädchen wurden so behandelt, wenn sie etwas auf Deutsch sagten. Edith Jankielewicz erzählte, dass sie mehrere Tage im »schwarzen Zimmer« bei Wasser und trockenem Brot eingesperrt war, aber die anderen haben von ihrem Essen etwas zu der Eingesperrten geschmuggelt. Als die einstigen Kinder sich Jahrzehnte später in Südfrankreich trafen, suchten sie nach dem »schwarzen Zimmer« ihrer Erinnerung und fanden es gegenüber dem Haus, in dem sie damals lebten und vor dessen Eingang sie sich 1940 und 1993 fotografieren ließen.

Gaspard Deway wird als eine diktatorische Natur charakterisiert, der die Kinder mit kreischender Stimme beschimpfte. Nur ein La Hiller verteidigte Gaspard Deway, er hält alle übrigen Aussagen für üble Nachrede. Nach den konkreten Schilderungen der vielen anderen zu urteilen, war es jedoch höchste Zeit für eine radikale Änderung, damit die Kinder keinen psychischen Schaden nahmen und entwurzelten.

Alexander rief die Kinder zu einer Versammlung und redete mit ihnen. Er sagte: »Ab heute wird nicht mehr geschlagen, ihr müsst so viel Selbstbeherrschung haben, dass ein normales, ordentliches Leben möglich ist.«

Inge Berlin mit ihrer Gruppe, v. l.: Alfred Eschwege, Henri Voss, Gustav und Manfred Manasse, Martin Findling, Manfred Tidor

Jedes Kind erhielt eine Aufgabe. Die Ältesten, das waren die Fünfzehn- und Sechzehnjährigen, die dazu fähig waren und es auch wollten, wurden verantwortlich für Gruppen von fünf bis sieben Kleineren. Jedes der jüngsten Kinder bekam eine Ersatzmutter, ein dreizehn- bis vierzehnjähriges Mädchen. Alle haben ihre Aufgabe sehr ernst genommen. Ein »Rat des Heimes« wurde gebildet, dem natürlich auch Kinder angehörten. Als einer der Ältesten wurde zum Beispiel Werner Rindsberg in den Rat gewählt. Alexander Frank schrieb viele Jahre später: »Durch sein ruhiges, bescheidenes, sachliches und freundliches Auftreten trug Werner viel zum geordneten Leben der Kinderrepublik bei.« Ähnliches lässt sich bestimmt von allen sagen, die dem Rat angehörten und daran mitgewirkt haben, dass die Kinderrepublik sich selbst zu regieren vermochte. Im Rat des Heimes wurden Probleme und ihre Lösungen beraten. Manche zweifelten allerdings anfangs, ob es möglich sei, ohne Strafen Disziplin und Ordnung zu halten. Es zeigte sich jedoch, dass die Kinderrepublik ausgezeichnet funktionierte.

Der Lebenswille war stark. Weil sie Freude in den tristen Stall, der jetzt der Speisesaal war, bringen wollten, bemalten zwei Mädchen die Wände mit lustigen bunten Gestalten. Eines der Mädchen war Frieda Steinberg. Sie wurde nach dem Krieg Grafikerin und Kunsthistorikerin in Israel. Ihr Talent bewies sie bereits in Seyre. Die Wandmalerei ist bis heute erhalten, etwas verblasst und stellenweise abgebröckelt, aber noch immer bewundernswert.

Frieda Steinberg erzählte, dass Alexander Frank den Anstoß für das Bemalen der kahlen Wände gegeben habe. Im Spätsommer, als Alexander Frank die Leitung des Camps übernommen hatte, rief er Frieda in den Raum, der als sein Büro bezeichnet wurde, ohne wie ein solches auszusehen, und steckte dem Mädchen ein paar getrocknete Datteln und Feigen zu, eine Rarität damals in Seyre, und er sagte: »Für dich habe ich eine besondere Aufgabe. Bemale die Wände im

Speisesaal!« Ihr Kommentar nach sechs Jahrzehnten: »So fing es an mit meiner Malerei in Seyre.«

Alexander Frank, Agronom von Beruf, war als Pädagoge ein Naturtalent. Elka verstand es ebenfalls hervorragend, mit den Kindern umzugehen. Bei beiden beruhte dies auf der Liebe zu den Kindern, die der Obhut bedurften.

ALEXANDER FRANKS LISTE

Es gibt eine Liste mit den Namen und Geburtstagen aller Personen, die im September 1940 zur Kinderkolonie gehörten, geschrieben von Alexander Frank. Ohne Zweifel war sie als Unterlage für die französische Behörde bestimmt, um das Tagegeld zu beantragen, das an Flüchtlinge zum Kauf der nötigsten Verpflegung gezahlt wurde und das auch die Kinderkolonie einige Zeit lang erhielt. Gleichzeitig wurde die Liste sicher auch geschrieben, um die neuen Bewohner in der Präfektur anzumelden und Anspruch auf die Lebensmittelrationen anzuzeigen. Ich gebe nachfolgend die Liste so wieder, wie sie von Alexander Frank geschrieben wurde, die Namen nach Jahrgängen geordnet, Mädchen und Jungen getrennt. Die Schrift ist sehr klein und an einigen Stellen nicht mehr lesbar.

Liste de la population du Foyer de Seyre c. Nailloux

Nom, prénom date de naissance		Nom, prénom date de naissance	
Blau, Rosa	6.10.31	Wulff, Else	25.12.25
Jankielewitz, E.	23.7.31	Goldapper, Edith	12.11.24
Rosenblatt, Toni	31.8.31	Grabkowicz, C.	30.10.24
Rubler, Ingeborg	11.4.31	Klonover, Ruth	9.11.24
Schütz, Betty	18.1.30	Moser, Edith	28.12.24

Nom, prénom	date de naissance	Nom, prénom	date de naissance	Nom, prénom	date de naissance
Blau Rosa	6.10.31	Wulff Ilse	25.12.25	Haas Guy	9.6.29
Jankielewicz Eg.	23.7.31	Goldberg Edith	12.11.24	Schlesinger Paul	8.6.29
Rosenblatt Toni	31.8.31	Grabkowitz P.	30.10.24	Schumann Gérard	9.8.29
Publer Ingeborg	11.4.31	Klonover Ruth	9.11.24	Berlin Egon	19.1.28
Schütz Betty	18.1.30	Moser Edith	28.12.24	Sortout Joseph	29.5.28
Flanter Karla	21.6.29	Stragenstein V.	4.12.24	Herz Georges	27.8.28
Kuhlberg Fanny	26.5.29	Steinberg Frieda	23.12.24	Chiles Bernhard	14.10.28
Stückler Cécile	25.3.29	Berlin Ingeborg	24.6.23	Findhig Joseph	21.6.28
Bernhard Inge	24.4.28	Nussbaum S.	19.8.23	Krolik Max	10.11.28
Kantor Eva	26.6.28	Brunell Else	15.1.23	Oehlbaum Rolf	13.11.27
Kuhlberg Regine	1.3.28	Hertz Ruth	18.4.22	Grossmann Willy	11.2.26
Dessauer Gertrude	8.6.27	Königshöfer A.		Iwaykowsky Jean	2.3.26
Goldmark Rosa	28.10.27	Flanter Laure	15.11.34	Kantor Arthur	9.6.26
Smid Gertrude	25.5.27	Manasse Manfred	29.7.35	Salz Pierre	19.2.26
...senblatt Regine	29.7.27	Vos Henri	25.7.33	Fortheim Klaus	3.1.26
...nfeld Frieda	22.6.27	Findhig Martin	8.8.32	Stückler Norbert	25.5.26
...num Marta	3.3.27	Steinhardt Kurt	14.2.32	Brunell Henri	13.7.25
...lt Ingeborg	21.3.26	Tüdor Manfred	16.3.32	Klein Kurt	11.12.25
...sberge Adele	15.9.26	Manasse Gustave	1.12.31	Kamlet Manfred	16.6.25
...re Margot	9.10.26	Goldwege Alfred	1.7.31	Lewin Léo	23.1.25
Schlummer Hanni	26.1.26	Kammer Herbert	15.6.31	Lindermann Pierre	22.5.25
...mann RoseMarie	3.1.25	Templer Manfred	25.3.31	Oberzitzke Gert	18.7.25
...ch Ingeborg	13.9.25	Weinmann Rolf	13.5.31	Nussbaum Adolf	10.4.25
...lein Eva	18.9.25	Bergmann Pierre	2.5.30	Roth Jacques	11.1.25
...le Rita	24.1.25	Findhig Siegfried	4.12.30	Strauss Walter	5.2.25
Ros...blatt Elie	25.11.25	Steinhardt Jules	27.12.30	Wolfgang Lucien	2.11.25
Schütz Regine	31.3.25	Wolpert Willy	29.9.30	Blumenfeld Charles	29.3.26

le 15 août 1940, Frank arrivé le 11 octobre, alec Brunell et Ruth Hertz le 10 ...

Sismuth ... novembre.

Die vierspaltige Liste Alexander Franks
(Ausschnitt)

Nom, prénom	date de naissance	Nom, prénom	date de naissance
Flanter, Karla	21.6.29	Schragenheim, I.	4.12.24
Kuhlberg, Fanny	26.5.29	Steinberg, Frieda	23.12.23
Stückler, Cécile	25.3.29	Berlin, Ingeborg	24.6.23
Bernhard, Inge	27.7.28	Nussbaum, I.	19.8.23
Kantor, Eva	26.6.28	Brunell, Ilse	15.1.23
Kuhlberg, Regine	1.3.28	Herz, Ruth	18.2.22
Dessauer, Gertrude	8.6.27	K., A.	
Goldmark, Rosa	8.10.27	Flanter, Loure	15.11.34
Lind, Gertrude	25.5.27	Manasse, Manfred	27.7.35
Rosenblatt, Régine	29.7.28	Vos, Henri	25.7.33
Rosenfeld, Frieda	22.6.27	Findling, Martin	8.8.32
Storosum, Marta	3.3.27	Steinhardt, Kurt	14.2.32
Helft, Ingeborg	21.3.26	Tidor, Manfred	18.3.32
Hochbeger, Adele	15.9.26	Manasse, Gustave	1.12.31
Kern, Margot	9.10.26	Eschwege, Alfred	1.7.31
Schlimmer, Hanni	26.1.26	Kammer, Herbert	15.6.31
Cosmann, Rose-Marie	3.1.25	Templer, Manfred	25.3.31
Joseph, Ingeborg	19.9.25	Weinmann, Rolf	13.5.31
Klein, Helga	18.9.25	Bergmann, Pierre	2.6.31
Leistner, Rita	24.1.25	Findling, Siegfried	4.12.30
Rosenblatt, Else	25.11.25	Steinhardt, Jules	27.12.30
Schütz, Ruth	31.3.25	Wolpfert, Willy	29.9.30
Haas, Guy	7.6.29	Dortort, Emile	7.3.24
Schlesinger, Paul	8.6.29	Winter, Norbert	1.1.24
Eckmann, Gérard	7.8.29	Grossmann, Léo	2.8.24
Berlin, Egon	17.1.29	Vos, Manfred	8.6.24
Dortort, Joseph	27.6.28	Rindsberg, W.	27.2.24
Herz, Georges	27.8.28	Garfunkel, J.	21.4.24
Eisler, Bernhard	14.10.28	Chaim, Edgar	20.7.23
Findling, Joseph	21.6.28	Elkan, Bertrand	24.5.22
Krolik, Max	10.11.28	Moser, Kurt	20.6.22
Öhlbaum, Rolf	13.11.27	Kamlet, Walter	21.10.22
Grossmann, Willy	11.2.26	Steuer, Antoinette	24.7.36
Kwazkowsky, Gérard	2.3.26	Krolik, Rosette	24.8.33

Nom, prénom date de naissance		Nom, prénom date de naissance	
Kantor, Arthur	7.6.26	Seelenfreund, I.	21.4.21
Salz, Pierre	14.2.26	Schlesinger, Flora	18.9.01
Sostheim, Klaus	3.1.26	Frank, Elka	18.3.15
Stückler, Norbert	25.5.26	Haskelevin, E.	10.6.03
Brunell, Henri	19.7.25	Frank, Alexandre	21.12.13
Klein, Kurt	11.12.25	Frank, Irène	8.12.88
Kamlet, Manfred	14.6.25	Cette liste comprend les 93 en-	
Lewin, Léo	23.1.25	fants et 6 personnes du perso-	
Landsmann, Pierre	22.5.25	nel du Foyer. Tous sont arrivés	
Obersitzker, Gerd	14.7.25	à Seyre le 17 mai 1940 sauf elles	
Nussbaum, Adolf	10.1.25	soulignée en rouge qui sont ar-	
Roth, Jacques	11.1.25	rivées aux dates suivants vous	
Strauss, Walter	5.2.25	tes: Frank Alexandre le 15 août	
Wolfgang, Lucian	2.11.25	1940, Frank Irène le 28. octo-	
Blumenfeld, Charles	29.3.26	bre, Ilse Brunell et Ruth Herz le	
		10. octobre, K… A… le … no-	
		vembre.	

Die Zeilen in der 4. Spalte unten lauten: Diese Liste umfasst 93 Kinder und 6 Angestellte des Lagers. Alle sind am 17. Mai 1940 (richtig ist: 18. Mai) angekommen, außer den rot unterstrichenen, die mit folgenden Daten angekommen sind: Frank Alexandre am 15. August 1940, Frank Irène am 28. Oktober, Ilse Brunell und Ruth Herz am 10. Oktober, A… K… am … November.

Als Erwachsene stehen in der Liste: Alexander, Elka und Irène Frank, Elias Haskelevin, Flora Schlesinger und Irma Seelenfreund. Alexanders Mutter, Irène Frank, war hinzugekommen, als die Kinder bereits in Seyre waren. Sie begann sofort mit dem Unterricht in Französisch und setzte fort, was in Belgien begonnen worden war. Elias Haskelewitsch, den Alexander Frank als Haskelevin in die Liste eingetragen hat, gehörte, wie schon erwähnt, zum Heim Général Bernheim und war bei Kriegsbeginn in Belgien interniert worden.

Er konnte aus einem Internierungslager entkommen und war im Herbst, als die Liste geschrieben wurde, in der Kinderkolonie. Die neunzehnjährige Irma Seelenfreund, die als Siebzehnjährige aus Deutschland geflohen war, ging der Köchin zur Hand und wurde von Alexander Frank ihres Alters wegen als zum Personal gehörig aufgeführt.

Die Liste verdeutlicht, dass das Wohl der vielen heimatlosen Kinder von einer ganz kleinen Gruppe von Betreuern abhing. Sie waren entschlossen, die Kinder über die Zeit zu bringen, um sie den Eltern wohlbehalten zurückzugeben. Die größte Verantwortung lag bei Alexander und Elka Frank. Er war ein weitsichtiger und entschlossener Mann, Elka eine ebenso entschlossene Frau.

Ein paar Kinder hielten sich am Tage der Flucht aus Brüssel nicht im Heim Général Bernheim auf und konnten nicht rechtzeitig den Zug erreichen. Zum Beispiel eine der vier Schwestern Rosenblatt. Von einer der Schwestern, Toni, habe ich schon geschrieben. Es war jenes kleine Mädchen, das im Zug immer nur weinte. Zwei ihrer Schwestern fuhren ebenfalls mit nach Südfrankreich, aber Ruth Rosenblatt kam nicht zum Zug und musste in Brüssel zurückgelassen werden. Sie machte sich auf den Weg zurück zu ihren Eltern in Baesweiler bei Aachen und wurde zusammen mit ihnen deportiert und ermordet. (s. Abb. auf S. 11)

Auch Ruth Schütz, der es als Dreizehnjähriger gelang, mit ihrer Schwester Betty Deutschland zu verlassen, musste Bronja, die jüngste Schwester, in Brüssel zurücklassen. Die Mutter war mit der Jüngsten den beiden älteren Mädchen nach Brüssel gefolgt. Sie hatte eine Einreisebewilligung aus England erhalten, durfte aber die Kinder nicht mitnehmen; nur unter der Bedingung, dass sie sofort ihre Arbeit als Dienstmädchen aufnahm, durfte sie das Land betreten. Sie gab die vierjährige Bronja in ein belgisches Waisenheim für kleine Mädchen und fuhr nach England, darauf hoffend, bald in der Lage zu sein, die Kinder nachkommen zu lassen. Inzwischen wurde Belgien besetzt. Als es hieß, die Kinder des Heims Général Bernheim verlassen Belgien, lief Ruth in Panik zum Telefon und versuchte verzweifelt, das Waisenhaus von Bronja zu erreichen, aber umsonst. Alle Telefonleitungen waren unterbrochen. »Ohne meine Schwester kann ich Belgien nicht verlassen«, erklärte sie Elka Frank. »Auf irgendeine Art werden auch diese Kinder aus Belgien fortgebracht werden«, versicherte sie der aufgeregten Ruth. Das war überzeugend, denn alle Einwohner Brüssels schienen das Land verlassen zu wollen. Aber es war ein Irrtum. Bronja blieb allein zurück.

Einige der Größeren, die kurzzeitig nicht im Heim waren, wurden zu Beginn des Krieges verhaftet und kamen in verschiedene belgische Internierungslager. Auch nach ihrer Ankunft in Seyre wurden mehrere der Älteren interniert und in das Lager Gurs gebracht. Alexander Frank gelang es, acht Jugendliche aus den Lagern herauszuholen und in die Kinderkolonie von Seyre zu bringen. Sieben von ihnen gehörten zu den Brüsseler Flüchtlingen. Es ist nicht überliefert, wie er sie in den Lagern aufgespürt hat, wohl aber, wie er sie herausbekommen hat. Beim Bürgermeister forderte er sie als Hilfskräfte an und bei der Präfektur in Toulouse beantragte er Aufenthaltsgenehmigungen für Seyre, die auch bewilligt wurden. So kamen nach Seyre:

Ilse Brünell, 17-jährig, ihr zwei Jahre jüngerer Bruder Heinz/ Henri befand sich in der Kinderkolonie; sie war in Gurs interniert;
Bertrand Elkan, 17-jährig;
Werner Epstein, an Malaria erkrankt, als er in Seyre ankam;
Ruth Herz, 18-jährig; sie war in Gurs interniert;
Walter Kamlet, 17-jährig, er kam in Seyre wieder mit seinem jüngeren Bruder Manfred zusammen;
Kurt Moser, 18-jährig, seine zwei Jahre jüngere Schwester Edith war in der Kinderkolonie;
Fritz Wertheimer,16-jährig, er war in Gurs interniert.

In Seyre, v. l.: Ruth Herz, Walter Kamlet, Rolf Weinmann und Werner Rindsberg, der dem Rat des Heimes angehörte

Es glückte Alexander Frank auch, ein nichtjüdisches Mädchen aus Gurs nach Seyre zu holen. Die Eltern des Mädchens waren als politische Flüchtlinge interniert worden. Sie hatten Deutschland verlassen, weil sie Anhänger des Pastors Niemöller und seiner von den Nazis verfolgten Bekennenden Kirche waren. Ein Mann aus der Leitung der Bekennenden Kirche, Karl Barth, lebte zu der Zeit in Basel. Er war aus dem Lehramt entfernt worden, wie viele andere auch, dann als Professor an der Baseler Universität tätig und arbeitete gleichzeitig in einer illegalen Baseler Organisation, um Flüchtlingen zu helfen. Als die jüdischen Kinder in Seyre ein Asyl fanden, bestanden bereits Verbindungen zwischen Geflüchteten und Internierten einerseits und lange schon existierenden oder neu gebildeten Hilfsorganisationen andererseits. Wie der Kontakt zwischen Alexander Frank und dem Kind zustande kam, darüber schreibt das Mädchen selbst in einer Erklärung von 1959: »Auf Ersuchen des Schweizer Kinderhilfswerks unternahm Herr Frank Alexandre, damaliger Direktor eines Heimes für Flüchtlingskinder in Seyre/Nailloux in der Nähe von Toulouse, die nötigen Schritte zu meiner Befreiung aus dem Lager und nahm mich in diesem Heim in Seyre auf.« Ich fragte mehrere der damaligen Kinder, wer das nichtjüdische Mädchen war. Sie wussten es nicht. Eine von ihnen soll keine Jüdin gewesen sein? »Wir waren doch alle gleich.« Sie machten keine Unterschiede. Alle waren auf dieselbe Art gefährdet und gehörten darum zusammen. Erst als ich die umfangreichen Lebenserinnerungen Irène Franks las, fiel mir eine Bemerkung auf, die der Schlüssel zum Namen des Mädchens war. Eine weitere Nachfrage bestätigte mir, dass ich mich nicht irrte. Das Mädchen von damals, die heutige ältere Dame, wünscht aber, dass ich ihren Namen nicht nenne. Vielleicht möchte sie ihrerseits keinen Unterschied zu anderen erzeugen. Außerdem lebt sie heute in einer konservativen christlichen Umgebung und ich nehme an, dass sie unter anderem wegen dieser Umgebung anonym bleiben möchte. Man soll wohl nichts über ihre Herkunft erfahren, denn nach den Nürnberger Gesetzen ist sie das, was die Nazis eine Halbjüdin nannten. Ein »J« auf ihrem deutschen Pass blieb ihr erspart. Gefährdet war sie dennoch. Die Formulierung »nicht-jüdisches Mädchen«, die Alexander Frank gebrauchte, betraf nur die religiöse Zugehörigkeit.

Schließlich hat Alexander Frank auch den Mann der Köchin, Ernst Schlesinger, aus dem Lager Saint Cyprien herausgeholt. Damit war die Familie Schlesinger vereint, denn der Sohn, Paul, gehörte seit Brüssel zu den Kindern des Heims Général Bernheim. Ernst Schlesinger blieb in der Kinderkolonie, solange es ihm möglich war.

Auf der Liste von Alexander Frank sind die aus den Internierungslagern geholten Jugendlichen jeweils ans Ende der Namen der Mädchen und der Namen der Jungen gesetzt.

Werner Epstein, Fritz Wertheimer und Ernst Schlesinger stehen nicht auf der Liste, sie waren, als sie geschrieben wurde, noch nicht in Seyre.

Die Kinderkolonie

In Seyre fehlte es an Geld. Die Summe, über die die Flüchtlinge verfügten, war gering. Sie reichte nur deshalb, weil es nicht viel zu kaufen gab, Lebensmittel waren rationiert. Geld und Nahrung wurden immer knapper, da sich im Süden Frankreichs mehr und mehr Menschen sammelten, die Verfolgung befürchteten. Das waren außer Deutschen und Österreichern auch französische Elsässer und Menschen aus Osteuropa und vom Balkan.

Brot und Milch konnte man sich im Dorf besorgen, andere Lebensmittel waren im nächsten Ort erhältlich. Alexander und die größeren Kinder fuhren, um dort einzukaufen, mit Fahrrädern einen steilen Weg hinab und beladen wieder hinauf. Fleisch war sehr knapp. Sie behalfen sich mit Euter und mit Innereien wie Lunge und Magen, das mochten die Franzosen nicht und es war billig. Manchmal machten sie sich bereits in der Nacht auf den Weg, um Mais zu kaufen und ihn gleich mahlen zu lassen. Davon wurde eine Art Polenta gemacht. Edgar Chaim aus Berlin schreibt: »Ich erinnere mich an die Wege, die wir zurückgelegt haben mit einem Sack Mais auf der Schulter, kilometerweit über verschneite Wege und Felder. Heute könnte ich so einen Sack nicht mehr tragen.« Morgens und abends gab es Maisbrei, mal süß, mal mit Zwiebeln gekocht. Das Mittagessen bestand aus einer Rübensuppe, nahrhaft gemacht mit den Innereien. Es roch nicht besonders gut, aber es stillte den Hunger. Die Kinder nannten es Topinambur, ein Name, den ich nicht deuten konnte. Das Lexikon klärte mich auf: Topinambur oder Helianthus tuberosus ist eine Erdartischocke, eine kartoffelähnliche Frucht, die nach den Schilderungen der Kinder den Grundbestandteil der mittäglichen Suppe bildete.

Um satt zu werden, sammelten die Kinder in der Umgebung Essbares. Ich zitiere wieder Ruth Schütz, von der ich schon erzählte, welchen abenteuerlichen Weg sie mit ihrer Schwester Betty nach Brüssel gegangen ist: »Nicht weit vom Dorf Seyre war ein Kastanienwald. Mittags zündeten wir ein Feuer an, um uns zu wärmen. In der Glut brieten wir uns Esskastanien, den Rest der gesammelten Schätze brachten wir nach Hause, jeder bekam zum Abendbrot ein paar Kastanien auf seinen Teller. Auch Marmelade wurde von den Kastanien gekocht. Diese bewahrten wir für festliche Anlässe. Frau Schlesinger kochte von Brennesseln Gemüsesuppen und Herr Schlesinger verarbeitete sie zu Spinat. Alexander Frank leitete die Brennessel-Ernte. Wenn man die Brennessel fest anfasst, dann brennt sie nicht, sagte er und wir pflückten und beherrschten den Schmerz. Am Ende des Sommers reiften die Brombeeren am Wegrand. Sie waren groß und süß und bereicherten unser Menü. Wir durchforschten die abgeernteten Maisfelder in der Hoffnung, vergessene Maiskolben zu finden.«

Wasser holten die Kinder von einer Pumpe auf dem Hof. Einmal in der Woche wärmten sie das Wasser auf offenem Feuer, um sich gründlich zu waschen. Danach wurde es zum Waschen der Wäsche benutzt.

Der Mangel wurde besonders spürbar, nachdem die französische Behörde kein Tagegeld mehr an die Kinderkolonie zahlte. Zu viele Flüchtlinge waren zu versorgen. Zum Mangel gesellten sich noch Plagen wie Läuse und Krätze. Die Jagd auf Läuse begann schon unterwegs im Zug: Die Franks hatten dafür gesorgt, dass mehrere Kinder, die gerade nicht im Heim wohnten, zum Zug geschafft wurden. In letzter Minute hatten Lotte und Karla Flanter den Zug erreicht. Die roten Locken der sechsjährigen Lotte waren voller Läuse. Lea Gillis aus dem Heim von Anderlecht schubste sie in eine Waggonecke, um sie zu isolieren, und nannte sie Läusesack, was den Kindern sehr missfiel. Die Mädchen nahmen sich der Kleinen an. Das hatte zur Folge, dass sich auch andere bald kratzten. Eine andere Plage war die Krätze. Zu ihrer Bekämpfung mussten die Kinder in Schwefelbottiche steigen und die Haut bürsten, bis sie aufsprang und die Milben herauskamen.

Inge Berlin notierte viele Jahre später: »Die Bauern des Dorfes waren durchaus freundlich, aber die Lebensbedingungen waren schlimm. Ganz unzureichende Nahrung, ohne Heizmöglichkeit während eines besonders bitteren Winters, keine Kanalisation bei einer Besetzung von rund hundert Kindern, Sorge um die Eltern, Sorge darum, wie mein jüngerer Bruder wohl durchhalten würde, schließlich Läuse, eine schwere, schmerzhafte Furunkulose und die Gelbsucht, ohne jeden medizinischen Beistand. Zudem wurde ich von einer großen, eiternden Frostwunde geplagt, was meiner Erinnerung nach den anderen erspart blieb.«

In mehreren Aufzeichnungen der damaligen Kinder lese ich einen bemerkenswerten Satz: »Elka und Alexander Frank brachten Ordnung in unser Leben.« Wäre nicht eine vernünftige Ordnung in die Kinderkolonie eingezogen, hätten manche vielleicht den Winter, der der kälteste seit siebzehn Jahren in Südfrankreich war, nicht überstanden. Die Kinder konnten nur schlecht gegen die Kälte geschützt werden. Sie wehte durch die offenen Fensterlöcher in die nicht heizbare Unterkunft herein. Es fehlte an Kleidung und an Decken. Weil jedes Kind nur eine Wolldecke besaß, krochen sie zu zweit oder zu dritt unter zwei oder drei Decken. Gerhard Kwaczkowski erzählt im Film von Ursula Junk, dass sich drei Jungen gegen die Kälte schützten, indem sie zwei Betten zusammenschoben und sich mit einer Strohmatratze zudeckten. Strümpfe waren längst aufgetragen, also wickelten sie die Füße in Papier und steckten sie in die Holzpantinen, den Schuhersatz. Das Wasser in der Waschschüssel bedeckte am Morgen eine Eisschicht, trotzdem mussten sich die Kinder mit dem eisigen Wasser waschen, darauf achteten die Verantwortlichen der kleinen Gruppen.

Alle Umsicht und Mühe nützte nichts – viele Kinder bekamen Gelbsucht. Weder die Betreuer noch die hilfsbereiten Dorfbewohner kamen gegen die Not an. Es musste viel mehr getan werden. Alexander Frank fuhr nach Toulouse, wo das Schweizer Rote Kreuz in der Rue du Taur seinen Sitz hatte und von Maurice Dubois geleitet wurde. Zu ihm nahm Alexander Frank Kontakt auf und erreichte, dass die Schweizer die Kinderkolonie übernahmen und sie ab 1. Oktober 1940 unter ihren Schutz stellten. Zu dieser Zeit versorgte das Schweizer Rote Kreuz – ab 1942 Schweizer Rotes Kreuz/ Kinderhilfe, dessen Leiter in Bern Rodolfo Olgiati wurde[7] – französische Schulen mit Nahrung für die Kinder und dehnte die Hilfe auf die Kolonie der Flüchtlinge aus. Das war gegen Ende des Jahres zu spüren.

Die Schweizer haben nicht allein für das Materielle in dem harten Winter gesorgt, sondern sich auch darum gekümmert, dass die Kinder eine andere Unterkunft bekamen. Monsieur Maurice Dubois und seine Frau Eleanor, von denen noch viel Rühmenswertes zu erzählen sein wird, kamen nach Seyre und überzeugten sich von den unzulänglichen Verhältnissen in der Kinderkolonie. Sie machten am Fuß der Pyrenäen in der Region von Ariège ein leeres Schloss ausfindig und mieteten es für die Kinderkolonie. Bis zum Frühjahr musste man noch auf den Umzug warten. Den langen, harten Winter 1940/41 verbrachten die Kinder in Seyre.

Die Bauern von Seyre vergaßen das Jahr mit den Kindern und Jugendlichen nie. Die wenigen Alten, die dabei waren und noch in Seyre leben, und die nachgewachsenen Dorfbewohner sind mit Recht stolz, dass die Flüchtlinge mit ihrer Hilfe das erste Jahr der Flucht überstanden haben.

Kinder vor dem Eingang ihrer Unterkunft in Seyre 1940

Im ersten Jahr des französischen Asyls lebten die jungen Flüchtlinge entbehrungsreich, aber sie wurden nicht behelligt. Die Behörden verhielten sich ihnen gegenüber loyal, sie unterstützten sie wie die anderen Flüchtlinge auch. Die Menschen ihrer dörflichen Nachbarschaft sahen in ihnen die

Das Schloss La Hille

Gruppenfoto aus der Zeit in Seyre, v. l. - hintere Reihe: Heinz Storosum, Walter Kamlet, Walter Strauß, Werner Rindsberg, mittlere Reihe: Joseph Findling, Bernhard Eisler, Peter Salz, Manfred Voss, kniend: Gerard Obersitzker, Werner Epstein, Artur Kantor (?), Henri Brünell, davor: Klaus Sostheim und Willy Grossmann

Einer der Jungen in Seyre in der Kleidung, die fast alle Kleinen trugen

Der Eingang der Unterkunft von 1940 mit Alexander Frank und dem
Bauern Tonja, rechts an der Mauer die Erinnerungstafel

hilfsbedürftigen Kinder, die man in ihrer Not nicht allein lassen durfte. Zwölf Monate vergingen, ehe die Kolonie im Schloss La Hille ein gutes Domizil bekam. In dieser Zeit herrschte im Süden Frankreichs eine vorübergehende Sicherheit.

DIE FREIE ZONE

Der Krieg auf französischem Boden endete am 22. Juni 1940 mit einem Waffenstillstand, den Marschall Henry Philippe Pétain unterzeichnete. Zwei Drittel des Landes besetzten die deutschen Truppen, der Rest Frankreichs blieb die so genannte freie Zone. Die Grenze verlief zwischen dem Norden und dem Süden, mitten durch Frankreich. Auch ein Streifen des atlantischen Küstengebietes bis zur spanischen Grenze wurde besetzt. Paris war in den Händen der Deutschen.

Die Regierung Pétain übersiedelte am 1. Juli nach Vichy, nahe der nördlichen Grenze der freien Zone. Zehn Tage später löste sich das Parlament selbst auf und besiegelte damit das Ende der Dritten Republik mit ihrer bis dahin gültigen Verfassung. Sie besiegelte das Ende einer Demokratie, die mit der Losung »Freiheit, Gleichheit, Brüderlichkeit« begonnen hatte, einer Losung, die viele Völker aufgegriffen haben, aber bis heute nicht in eine reale Gesellschaft umzusetzen vermochten. Vichy bedeutete für Frankreich die Aufgabe des Losungsziels für eine damals nicht abschätzbare Zeit.

Pétain war ein alter Mann, eine Gallionsfigur, hinter der sich eine diktatorische Clique formierte, die sich eng mit den deutschen Faschisten verbündete. Der mächtigste Mann war nicht Pétain, sondern Pierre Laval, der bereits seit 1935 als Ministerpräsident eine Politik der Verständigung mit dem faschistischen Regime in Deutschland betrieb, von Pétain zwar 1940 entlassen, aber auf Druck der Deutschen in sein Amt zurückgeholt wurde. Neben Laval bekam Joseph Darnand eine Spitzenposition im Vichy-Regime. Er gründete die Milice, eine alsbald gefürchtete französische Truppe, die hauptsächlich gegen die Maquisards, die bewaffneten Kämpfer des Widerstands, eingesetzt wurde.

Gegen die Vichy-Regierung sammelten sich die Kräfte des Widerstands. Sie operierten in der Résistance und in Partisaneneinheiten. Die Francs-Tireurs et Partisans nahmen den Kampf gegen die Okkupanten und Kollaborateure auf. Der General Charles de Gaulle, stellvertretender Kriegsminister Frankreichs, war nach England emigriert. Er gründete die Bewegung Freies Frankreich und beeinflusste von London, später von Algier aus entscheidend die Kämpfe zur Befreiung des Landes.

Die Kämpfer der Résistance machten am 7. November 1940 zum ersten Mal auf sich aufmerksam. Es geschah in Toulouse, einem Zentrum der Widerstandbewegung. Während des ersten offiziellen Besuchs Marschall Pétains in einer

Großstadt schritten Pétain und seine Begleitung zu Fuß die Rue d'Alsace-Lorraine entlang und ein Flugblattregen ergoss sich über die Repräsentanten der Vichy-Regierung. Die Blätter enthielten keineswegs die erwartete Huldigung, sondern eine Kampfansage. Wie Toulouse entwickelten sich auch Paris, Lyon, Marseille und Grenoble zu Zentren der Résistance. Gerhard Leo, ein deutscher Emigrant, Mitglied der Résistance, berichtet darüber in seinem autobiografischen Buch »Frühzug nach Toulouse«.[8]

Der Widerstand, der sich ausbreitete und trotz einsetzender Repressionen verstärkte, sollte für die Kinder bald eine wichtige Rolle spielen. Aber in Seyre erfuhr man nur wenig von diesen Ereignissen, obwohl sie sich in der Gegend zutrugen. Nachrichten gelangten nur durch sporadische Kontakte mit informierten Personen zur Lagerleitung, außerdem brachten die Großen, die bei Bauern arbeiteten, Neuigkeiten mit. Das Radio war damals noch nicht sehr verbreitet.

Noch schlechter sah es mit Nachrichten aus Deutschland und Österreich aus. Verbindungen zu den Eltern wurden meist über Mittelspersonen geknüpft, die die Briefe erhielten und weiterleiteten. Die Sorge um die Verwandten verstärkte sich, weil die Briefe manchmal lange auf sich warten ließen und ihr Inhalt oft nicht ermutigend war.

Das Schloss La Hille

Der Umzug ins Schloss La Hille fand am 31. Mai 1941 statt. Das war ein großes Ereignis, das alle Beteiligten froh stimmte. Damit erfüllte sich die Hoffnung auf ein richtiges Heim. Alles würde jetzt besser werden. Und es war Frühling, das Leben wurde leichter. Das Schloss La Hille liegt zwanzig Kilometer von Foix, der Hauptstadt der Region

Beim Bau des Brunnens

Ariège, entfernt und gehört zu dem kleinen Dorf Montégut-Plantaurel am Fuße der Pyrenäen. Die Landschaft ist malerisch schön. Das Schloss ist eingebettet in grüne Hügel, den Ausläufern der mächtigen Berge, die nach Spanien hinüberführen. Das Schloss war leer und von seinem Besitzer schon lange nicht mehr bewohnt worden. Für die Kinder aus Seyre musste es daher erst bewohnbar gemacht werden.

Zu Beginn des Jahres 1941, genau am 12. Februar, ging eine Gruppe der älteren Jungen voraus ins Schloss, begleitet von Ernst Schlesinger. Sie reinigten das Gebäude von dem Schmutz, der sich in einem unbenutzten alten Gemäuer ansammelt. Zwei Jahrzehnte hatte niemand das Schloss betreten. Die Jungen und Ernst Schlesinger bauten außerhalb des Gebäudes einfache Toiletten für die große Schar von Kindern, die einziehen würden. Sie bauten auch eine Zisterne und eine Pumpe und legten Elektrizität ins Haus. Sie müssen ihre Sache sehr gut gemacht haben, denn ein baulicher

Vor dem Schloss La Hille, v. l., stehend: Leo Lewin, Addi Nußbaum,
Bertrand Elkan, Emil Dortort, Heinz Storosum, Irène Frank, Walter
Kamlet,Peter Landsmann, Werner Epstein, Kurt Klein, Kurt Moser,
sitzend: Norbert Stückler, Manfred Kamlet, Manfred Voss, Jacques
Roth, Charles Blumenfeld, Werner Rindsberg, Peter Salz, Walter Strauß

Missstand, der das Leben beeinträchtigt hätte, wird in keiner Erinnerungsnotiz erwähnt. Am 31. Mai war es dann soweit, die Kinderkolonie konnte umziehen.

»Schon beim ersten Blick war ich bezaubert. Es war ein
wirkliches Schloss. Das schwere, eindrucksvolle Tor führte
in den inneren Hof. Auf zwei Flügeln des Gebäudes standen
Türme und die Mauern waren mit Efeu bewachsen. Innen
waren die Wände mit Holz getäfelt und den Fußboden bedeckte Parkett. Grüne, mit saftigem Gras bedeckte Hügel
umringten das Schloss. In der Nähe plätscherte ein kleiner
Fluss mit kristallklarem Wasser. Platanen und Zypressen
wuchsen hier und da in der Umgebung. Die Luft war klar und
betäubend.« So hat Ruth Schütz das Schloss beschrieben.

Über das Leben im Schloss La Hille lasse ich die Erinnerungen der einstigen Bewohner sprechen. Es sind spontane
Äußerungen vor dem Mikrofon, aufgenommen für den Dokumentarfilm von Ursula Junk oder im Gespräch mit mir.

Es kommen auch ehemalige Kinder zu Wort, die erst nach dem Umzug nach La Hille in die Kolonie gebracht wurden. Unter den Flüchtlingen aus Deutschland hatte sich herumgesprochen, dass es in dem Schloss ein gutes Obdach gab. Zeitlich wird bei dem, was erzählt wird, vielfach schon vorgegriffen. Es sind Erinnerungen einer Zeitspanne von mindestens zwei Jahren.

Leo Grossmann, Jg. 1924:
»Ich gehörte zu denen, die die Aufgabe hatten, Material für die Küche von Frau Schlesinger zu beschaffen. Wir mussten in der Frühe aufstehen und hinaus in den Wald gehen. Große Stämme und Äste haben wir geschleppt. Für die Polenta haben wir auch Säcke mit Mais angeschleppt.«

Gekocht wurde in großen Wäschekesseln, unter jedem Kessel musste Feuer gemacht werden. Wie Flora Schlesinger es schaffte, auf diese Art täglich für hundert Menschen das Essen zu bereiten, ist eigentlich ein Rätsel. Sie wird beschrieben als eine freundliche Frau mit krausem Haar, das im Nacken zusammengebunden war. Über das Essen erzählen die meisten La Hiller etwas. Frau Schlesingers Kochkunst wird oft gerühmt. Sie verstand es offenbar, das Wenige, Einfache schmackhaft und in bescheidenem Maße auch abwechslungsreich zuzubereiten. Was auf den Tisch kam, war kräftig und nahrhaft, allerdings nicht unbedingt leicht zu verdauen. Verglichen mit den mehr und mehr an Nahrungsmittelnot leidenden Franzosen in den Städten, waren die Schlossbewohner gut dran. Sie richteten einen Gemüsegarten ein, um den Speiseplan zu verbessern, und sorgten für Obst aus der Umgebung. Obst wuchs reichlich im milden Süden, Feigen besonders reichlich, sie fielen von den Bäumen, da sie von den Bauern nicht aufgesammelt wurden, gingen die Kinder daran, die noch brauchbaren aufzulesen und von Frau Schlesinger zu Marmelade verarbeiten zu lassen.

Georg Herz (hinten) und Fernand Nohr holen Wasser

Joseph Dortort, Jg. 1928:
»Es ist ein besonderer Platz gewesen, das Château de la Hille. Es hat sich eine starke Beziehung zwischen uns entwickelt. Die Großen haben auf die Kleinen aufgepasst. Da ist nie Streit gewesen. Da gab es keine Strafen. Es war etwas Wunderbares. Jeder hat gearbeitet. Wir, die älteren Jungen, haben die gesamte Elektrizität im Schloss eingebaut. Wir haben auch eine Zisterne für Wasser gegraben. Wir waren vierzehn, fünfzehn Jahre alt.«

Irene Kokotek:
»Am Morgen sind wir sehr früh aufgestanden, gegen 6.30 oder 7 Uhr. Wir haben uns gewaschen und sind zum Frühstück alle in dem großen Saal zusammengekommen. Und unsere Gruppe, ungefähr 25 Burschen und Mädchen, sind zur Schule, zur Dorfschule gegangen. Die anderen Kinder sind vom Lehrer im Schloss unterrichtet worden. Von 8.30 bis 12

56

Uhr waren wir in der Schule. Unser Schulweg war fünf Kilometer lang und den sind wir meistens barfuß gegangen. Im Sommer, kann ich mich erinnern, war die Straße manchmal so heiß von der Sonne, dass wir rennen mussten, weil wir barfuß waren. Und wir hatten immer großen Durst, darum haben wir die Früchte von den Obstbäumen an der Straße gegessen. Im Schloss gab es dann Mittagessen. Nachmittags hatten wir unsere Arbeit im Schloss, in der Küche helfen oder nähen oder wir hatten Unterricht bei den größeren Kindern. Ein Junge machte mit uns Mathematik und eine alte Frau (gemeint ist Irène Frank) gab französische Literatur. Nach dem Abendbrot war eine ganz bestimmte Atmosphäre im Schloss. Jeder hat sich allein beschäftigt. Man hat ein Buch genommen oder etwas geschrieben, ein Tagebuch oder einen Brief an Freunde. Dann war in diesem großen Saal kein Wort zu hören. Es war der Moment, an dem jeder wahrscheinlich an seine Eltern dachte und sich gefragt hat, warum er hier ist und wie das ausgehen wird.«

Fernand Nohr, Jg. 1930:
»Was bleibt an Erinnerungen? Eigentlich wenig. Ich war nur vier Monate in La Hille, dreizehn Jahre war ich alt. Es war eine relativ glückliche Zeit in einem romantischen Schloss in einer schönen Landschaft, in einem Heim, in dem es, verglichen mit dem Leben außerhalb, reichlich und gut zu essen gab und in dem ich gut aufgehoben war, was auch aus den Briefen an meine Mutter hervorgeht. Ich erinnere mich an den riesigen Emmentaler Käse, so groß wie ein Wagenrad, den wir eines Tages aus der Schweiz erhielten, und an das Schlachten von drei Schweinen und an das Wurstmachen auf der Wiese vor dem Schloss aus Anlass der Hochzeit von Annelies Keller und Heinrich Kägi. Ich weiß noch, wie die Großen sich um uns kümmerten, uns auch Unterricht gaben. Bei Walter Kamlet hatte ich Latein. Es war wie in einer großen Familie, das spürte auch ich, obwohl ich nur kurze Zeit dort

war. Aber von der Gefahr, verhaftet zu werden, in der die Großen schwebten, habe ich nie etwas erfahren.

Das Leben im Schloss war gut organisiert. In einem Brief vom 17. Januar 1944 an meine Mutter schrieb ich: ›Ich erzähle Dir jetzt, was wir den ganzen Tag machen. Morgens stehen wir um 7 Uhr auf, gehen uns waschen und machen unsere Betten. Wir frühstücken um 8 Uhr. Wenn uns bis dahin noch etwas Zeit bleibt, wärmen wir uns noch in einer Klasse ein wenig auf. Nach dem Frühstück gehen wir bis Viertel nach zwölf arbeiten: Holz ins Schloss holen, in der Tischlerei arbeiten, Holz sägen. Von halb eins bis eins gibt es Mittagessen. Von halb zwei bis halb sechs Uhr haben wir Unterricht. Bis sechs Uhr, wenn es Abendbrot gibt, haben wir Freizeit. Dann lesen oder spielen wir. Um halb neun gehen wir schlafen. Nur am Samstag können wir länger aufbleiben, bis neun.‹

Wir hatten auch Küchendienst, der hauptsächlich Kartoffel schälen oder Gemüse putzen bedeutete. An der Pumpe, die es heute noch am Stall vor dem Schloss gibt, mussten wir Wasser holen. Mit Hilfe von zwei langen Stangen trugen wir zu zweit einen großen, schweren Kessel bis in die Küche. Die meisten von uns trugen übrigens Holzpantinen als Schuhwerk, so wie die Bauern in der Gegend.

Von Montag bis Freitag hatten wir nach dem Mittagessen im Schloss Unterricht: Französisch, Englisch und Deutsch, Rechnen, Geographie und Naturwissenschaften, auch Sport. Untereinander sprachen wir hauptsächlich Französisch, schon deshalb, weil viele der Kleinen ihr Deutsch fast vergessen hatten, so wie ich. Sonntags haben wir oft Wanderungen unternommen, manchmal sind wir den ganzen Tag in der Umgebung unterwegs gewesen und bis zu fünfundzwanzig Kilometer gelaufen.«

Fernand Nohr faßte die Art der Gemeinsamkeit der La Hiller mit dem Satz zusammen: »Jeder war für jeden da.« Das musste so sein. Die Arbeit war nur gemeinsam zu bewältigen. Und sie waren so sehr miteinander verbunden, dass sie die

Die Lehrerin Anne-Marie Piguet (Mitte), Gerti Lind (l.) und Cilly Stückler verstricken die Wolle aus der Schweiz

Zusammengehörigkeit für ihre selbstverständliche Lebensart hielten.

Die Mädchen waren meist im Haus beschäftigt. Sie halfen in der Küche, im Gemüsegarten, beim Waschen der Wäsche. Sie strickten aus der Wolle, die die Schweizer schickten, Pullover und Schals, sie stopften Strümpfe und waren für alle da, die kleine Wünsche hatten. Die Jungen betätigten sich vor allem draußen. Sie erledigten die schwereren Arbeiten wie Wasser tragen, Holz aus dem Wald holen, Säcke mit Lebensmitteln heranschaffen; unter Anleitung von Herrn Nadal, einem spanischen Bürgerkriegsemigranten, zimmerten sie Bänke, Tische und Betten.

Alexander Frank verlangte von den Jungen, dass sie sich unten im Fluss waschen, auch im Winter, wenn zuvor das Eis aufgehackt werden musste. »Das waren Alex' Methoden«, sagte mir einer der La Hiller, und er meinte, dass sei ein gutes Überlebenstraining gewesen. Erst hätten sie es nicht so gut gefunden, später seien sie ihm dafür dankbar gewesen.

Zu den Bauern der Umgebung wurde Kontakt aufgenommen, das war nötig für die Versorgung der Kinderkolonie und

Zum Kartoffelschälen werden viele Hände gebraucht

auch für ein gutes Miteinander. Man brauchte verlässliche
Nachbarn, um zurechtzukommen und um sicher zu sein.
Ganz ohne Reibung ging es bei der Nachbarschaft nicht. Rudi
Öhlbaum meint: »Die französischen Bauern waren alle sehr
freundlich. Selbstverständlich war da ein Heim mit vielen Kindern. Die haben zum Beispiel Obst gestohlen. Aber die Bauern blieben freundlich. Manche großen Jungen haben für sie
gearbeitet, ein paar Wochen im Sommer. Dafür haben die Bauern Kartoffeln und andere Lebensmittel gegeben. Ein paar
Jungen sind dann bei Bauern geblieben, ich war einer von
ihnen, bis ich zum Maquis ging. Es gab keinen unter ihnen, der
mit der Vichy-Regierung sympathisierte. Sie waren alle gegen
die Deutschen und gegen die Besetzung und keiner hat uns
verraten. Manche Bauern haben uns später für einige Zeit versteckt.«

Das Schloss wurde die von allen geliebte neue Heimstatt für
mehr als anderthalb Jahre, für einen Teil der Bewohner noch
länger, für Einzelne bis zum Ende des Krieges und der Verfolgung. Bezeichnend ist, dass sie sich die La Hiller nennen.

Die Kinder nahmen das Schloss mit seinen großen Räumen, seinen Türmen und versteckten Gemächern in Besitz. Sie brachten Leben nach La Hille. Noch während des Aufenthaltes in Seyre hatte das Schweizer Rote Kreuz die Obhut über die Kinderkolonie übernommen, was die Lebensbedingungen dort aber nur wenig änderte. Erst in dem Château in den Ausläufern der Pyrenäen besserte sich die Lage der Kinder deutlich. Das Schweizer Rote Kreuz schickte Lebensmittel und Decken und tausend Dinge, die für ein normales Leben nötig waren. Jedes Kind hatte hier ein Bett und bekam zwei warme Decken. In lebendiger Erinnerung ist ihnen geblieben, dass sie Pudermilch erhielten und einmal einen riesigen gelben Käse, der am Sonntag auf den Tisch kam. Jeden Donnerstag gab es zum Maisbrei ein Ei, das roh geschluckt werden musste, darauf bestand Alexander Frank, weil es nur so seinen vollen Nährwert habe. Manche akzeptierten es nur als eine Art Medizin, die ja auch nicht immer angenehm ist. Und viel Wasser musste von der Pumpe geholt und ins Haus getragen werden, um die Mahlzeiten zu bereiten, um die Wäsche zu waschen, um das Haus zu säubern. Dafür benutzte man den von Fernand Nohr schon erwähnten großen Kessel, der von zwei Jungen mit zwei Stangen getragen wurde – ein mit Wasser gefüllter großer Kessel hat ein beachtliches Gewicht.

Das Schweizer Rote Kreuz sandte nicht nur die materiellen Dinge, sondern auch eine neue Leiterin, Rösli Näf. Bei ihrer Ankunft machte sie auf die Kinder keinen besonderen Eindruck. Ihr hellblondes Haar war glatt gekämmt, eine dreißigjährige Frau ohne Schmuck. Energisch, fleißig, sachlich, streng, das sind die Attribute, die man ihr gab. Sie scheute weder das vergleichsweise schwere Leben noch die vielen Arbeitsstunden. Alexander und Elka Frank standen Rösli Näf mitverantwortlich zur Seite. Das Schweizer Rote Kreuz schickte außerdem die Kindergärtnerin Gret Tobler, die den Unterricht der Kleinen übernahm.

Während Rösli Näf als neue Chefin von den Kindern akzeptiert wurde – war sie doch die Verkörperung des hilfreichen Schweizer Roten Kreuzes –, bahnten sich gegenüber Gret Tobler Vorbehalte an, als sie erfuhren, dass deren Bruder der deutschen Armee angehörte, und als sie bei ihr eine gewisse Deutschfreundlichkeit bemerkten. Es kam vor, dass sich die Kinder vor ihr versteckten. Ich denke, sie waren sehr empfindsam in allen Dingen, die sich auf Deutschland und »die Deutschen« bezogen, und konnten die Lehrerin der Kleinen nicht gerecht beurteilen, denn als es ernst wurde, rettete Gret Tobler zwei Mädchen.

Der Einzug der Schweizer ins Schloss La Hille erleichterte das Leben der Kolonie in vieler Hinsicht. Rösli Näf brachte Kisten mit, die mit Spenden von Schweizer Bürgern gefüllt waren, zum Beispiel mit blau- und rotkariertem Baumwollstoff. Für alle Mädchen wurde daraus ein Kleid genäht. Auch Stoff für Nachthemden war dabei, viel Stoff, Mädchen wie Jungen trugen daher nachts die gleichen Hemden aus grobem Leinen, so wie sie bei Schweizer Bauern seit Generationen üblich waren. Sie lachten über die breiten, kurzen, am Brustteil bei Jungen wie bei Mädchen bestickten Gewänder, aber es war neue, frische Kleidung, die geachtet wurde.

Fräulein Näf, so wurde sie gerufen, brachte noch etwas Wichtiges mit: Bücher, Kisten voller Bücher. Gebrauchte, nicht mehr genutzte Schulbücher hatte man in der Schweiz gesammelt, Lehrbücher für Mathematik, Physik, Chemie, Geschichte. Es waren Bücher mit altersgelben Flecken und mit dem Geruch von Staub, aber es war Stoff für die Lernbegierigen und Handwerkszeug für die Lehrer. Und das Rote Kreuz sandte Lehrer. Zuerst Eugen Lyrer, später Anne-Marie Piguet, Sebastian Steiger und Heinrich Kägi. Sie trafen zwischen 1941 und 1943 im Schloss ein.

Bereits in Seyre hatte Irène Frank für den Unterricht in französischer Sprache gesorgt. Das gehörte zu den lebensnotwendigen Dingen im Asylland und war gleichzeitig eine Schutzmaßnahme. Die Kinder sollten, wo sie auch wären, nicht sofort als Deutsche, nicht als Juden erkannt werden. Also mussten sie die Sprache gut beherrschen. Und überhaupt sollten die Kinder nicht ohne Bildung heranwachsen. Es war ja kein Ferienaufenthalt, es konnte ein Zustand auf Jahre werden. Irène Frank verband die Sprachvermittlung mit der französischen Literatur und versuchte die Liebe zum Schönen zu wecken, indem sie den Kindern vor dem Mittagessen stets ein paar Seiten vorlas. Aber auf das Essen warteten alle mehr als auf die literarische Vorspeise, die ihnen Irène Frank bot. Natürlich gefiel ihnen, was sie las, aber sie lauerten auf das abschließende Wort: Guten Appetit.

Eine Gruppe von Kindern ging zur Schule im Dorf Montégut-Plantaurel, zu dem das weit abgelegene Schloss La Hille gehörte. Montégut zählte kaum hundert Einwohner. Der Lehrer war René Vigneau, ein junger Mann, dessen Karriere als Dorfschullehrer mit Flüchtlingen begann. Er unterrichtete zwei Klassen in einem Raum. Die Schule der Dorfkinder war gleich nebenan. In den Pausen trafen sich alle auf dem Hof. Edith Jankielewicz, damals neun Jahre alt, gehörte zu den Kleinen, die hier unterrichtet wurden. Sie schreibt darüber: »Alles war französisch. Samstags hissten wir die Fahne und sangen die Hymne vom Marechal, und auf einer Mauer war ein Plakat mit Pétain, der Hitlers Hand hält. Darunter stand: ›Der Marechal hält seine Versprechen und auch die der anderen.‹ Für uns war klar, dass wir in der Schule nichts dazu sagen würden.« Von den Lehrern im Schloss erhielten die Kinder zusätzliche Aufgaben.

Der Unterricht in der französischen Schule war 1942 dringend nötig geworden, weil Elka Frank durch lange Krankheit als Lehrerin ausfiel und die Kinder, die sie bis dahin unterrichtete, von Irène Frank übernommen werden mussten, das waren viel mehr, als sie übernehmen konnte. Etwa fünfzig Kinder verschiedenen Alters und unterschiedlicher Vorbildung sollte sie ausbilden, aber Zeit und Kraft reichten dafür nicht. Da Rösli Näf schon längere Zeit vorher vom Bürgermeister aufgefordert worden war, die Kleinen in die öffentliche Schule zu schicken, und weil bereits eine Kontrolle im Schloss stattgefunden hatte, um zu prüfen, ob die Flüchtlingskinder etwa gegen das Gesetz ohne Unterricht aufwüchsen, erklärten sich die Directrice und Irène Frank bereit, wenigstens einen Teil der Kinder ab Januar 1942 in die nahe Volksschule zu schicken – schon der Sprache wegen und um einen näheren Kontakt zu den Dorfbewohnern herzustellen. Das schien angesichts der entstandenen Überlastung die beste Lösung. Der Schuldirektor im benachbarten Montégut war auch bereit, La Hiller Schüler aufzunehmen. Die Zahl wurde auf zwanzig begrenzt, da der Platz in der Dorfschule nicht für mehr Schüler reichte.

Die Auswahl der Kinder, die nach Montégut geschickt werden sollten, entwickelte sich als unerwartetes Problem. Die Geeignetsten waren die, denen die Sprache schon geläufig war. Irène und Alexander Frank und der für den Mathematik-Unterricht eingesetzte achtzehnjährige Walter Kamlet überlegten, wen sie auswählen sollten. Es sollten weder die schwer lernenden noch die nicht besonders disziplinierten Schüler sein, weil sie kein gutes Bild von der Kinderkolonie vermitteln würden. Die besonders Begabten und die Wissbegierigsten sollten aber auch nicht in die Dorfschule gehen, weil sie dort nicht die nötige Förderung bekommen hätten. Irène Frank wollte außerdem nicht die Schüler gehen lassen, die ihr besondere Freude machten. Sie wollte sie nicht einem Lehrer überlassen, der Geschichte möglicherweise gleichgültig abhandelte, ohne neue Horizonte zu eröffnen. Es lief schließlich auf die Auswahl der Ordentlichen, der Fleißigen und Unkomplizierten hinaus.

Irène Frank hat einen Lebensbericht verfasst, ein umfangreiches Manuskript ohne Titel, ein Abschnitt umfasst die Jahre 1941 bis 1943.[9] Irène Frank erklärt darin unter anderem die Auswahl-Überlegungen: »Max Krolik wollte ich nicht weglassen, und andere, wie Martha Storosum, hätten kein Wort verstanden und nur gestört. Guy Haas war ein braver Musterschüler ohne Komplexe und seelische Probleme, er würde überall gut mitkommen, und ihm gefiel die Idee einer wirklichen Schule mit französischen Kindern sehr. Paul Schlesinger war sein Freund, auch er war keine problematische Natur, ein lieber, kluger Bursch, der, ohne sich viel anzustrengen, immer gut mitkommen und sich jeder Schule gut anpassen könnte.« Diese beiden auf die Schülerliste zu setzen hatte unerwartete Folgen. Als Irène Frank vor den Kindern die Liste verlas, bemerkte sie erschreckt bei Paul, dem immer zufriedenen, lustigen Jungen, eine Grimasse wütenden Trotzes. Nichts konnte mehr rückgängig gemacht werden und sie beruhigte sich mit dem Gedanken, dass es nur eine momentane Abwehr gewesen sei. Aber es hatte Auswirkungen auf das Verhältnis zu Pauls Eltern. Einige Male hatten die Schlesingers der Lehrerin versichert, wie dankbar sie ihr seien, weil Paul, früher ein kleiner Faulpelz, lernlustig und fleißig geworden sei. Nun aber erklärte Frau Schlesinger, dass ihr Sohn sich verstoßen fühle. Alle Argumente über den Vorteil, den eine echte Schule und der sprachliche Umgang mit Franzosen biete, beantwortete Frau Schlesinger mit dem traurigen Satz: »Der Junge wird schwer darüber hinwegkommen.« Und der Vater, mit dem Irène Frank manchmal gemütlich über die alte Kaiserstadt, den Wurstelprater, das Burgtheater und das schöne, leichte frühere Leben in Wien geplauscht hatte, sprach nun kein Wort mehr mit ihr. Paul wich der Lehrerin aus, er antwortete nur kurz auf die Fragen nach der Schule in Montégut. Die Schlesingers wandten sich von der Frau ab, zu der sie bisher ein freundschaftliches Verhältnis hatten. Eine Spannung war entstanden, die nur schwer überspielt werden konnte.

Das Schweizer Rote Kreuz vermittelte 1941 den ersten Schweizer Lehrer nach La Hille, Eugen Lyrer. Er übernahm unter anderem die Fächer Englisch, Französisch und Literatur. Lyrer entlastete vor allem Irène Frank. Als die junge Schweizerin Anne-Marie Piguet später hinzukam, übernahm sie die Ausbildung der Kinder im mittleren Alter, die »die Mittleren« hießen. Daneben gab es »die Kleinen« und »die Großen«. Diese Einteilung reichte für die Bedürfnisse der Kinderkolonie aus.

Die schulische Ausbildung bereitete weder den Lehrern noch den Schülern Probleme. Die Kinder lernten gern, das brachten sie schon von zu Hause mit. Es war ihnen mitgegeben worden, dass das Lernen wie Wasser und Sonne zum Leben gehört. Die Pädagogen brauchten darum nur hervorzuholen und zu fördern, was in den Kindern steckte. Das heißt nicht, dass allen Kindern das Lernen leicht fiel. Es gab unter ihnen sehr begabte und solche, die sich die Kenntnisse schwer erarbeiten mussten.

Alle Schweizer Lehrerinnen und Lehrer, die im Laufe der Zeit nach La Hille entsandt wurden, waren jung und politisch unerfahren. Keiner von ihnen, auch nicht der etwas ältere Eugen Lyrer, kannte das Ausmaß der Gefahr für die Kinder. Sie konnten sich kaum vorstellen, dass es diese Gefahr gab, geschweige denn, wie ernst sie war. Sie traten ganz einfach eine neue Arbeitsstelle an. Das Glück für die Kinder bestand darin, dass die Schweizer Pädagogen sehr schnell begriffen, was auf dem Spiel stand, und dass sie willens waren, die Kinder nicht ihrem Schicksal zu überlassen.

Zunächst aber begann ein arbeitsreiches, keineswegs bequemes Leben. Die Schweizer wurden Verbündete der Flüchtlinge. Aufopferungsvoll sorgten sie für das leibliche, das geistige und das seelische Wohl der Kinder und Jugendlichen. Als es darauf ankam, kämpften sie um die Rettung ihrer Schützlinge. Besonders die jungen Schweizerinnen Anne-Marie Piguet und Rösli Näf, Lehrerin die eine, Directrice die andere, erwiesen sich als mutig handelnde Frauen.

Im September 1941 traf Eugen Lyrer, ein vierzigjähriger, stiller Mann, in La Hille ein. Er kam mit dem Bus in Pailhes, fünf Kilometer von La Hille entfernt, an und wurde von zwei Jungen abgeholt. Einer war Jacques Roth, er berichtet: »Er war uns vom Schweizer Roten Kreuz als Hauslehrer gesandt worden. Ich habe mit meinem Freund Walter Strauß den Auftrag bekommen, ihn in Pailhes abzuholen. Wir sind mit einer Schubkarre zur Autobushaltestelle gegangen. Da stieg ein Mann mit einem winzigen kleinen Köfferchen aus, in dem er möglicherweise ein Paar Hosen trug und ein Hemd und vielleicht noch ein Paar Schuhe, und mit einem riesengroßen Wäschekorb voller Bücher, die waren für uns, es gab Nahrung für unsere Lern- und Lesewut. Am Sonntagmorgen hat Lyrer uns aus den Büchern, die für uns Größere geeignet waren, vorgelesen. Den Kleinen haben wir die Geschichten dann erzählt, und wenn wir noch irgendwo ein deutsches Märchenbuch fanden, haben wir es ihnen vorgelesen.«

Die Kinder liebten Eugen Lyrers Unterricht vom ersten Tage an. In Toulouse kaufte er von seinem eigenen Geld Bücher für die Kinder. Er trug dazu bei, dass die kleine Bibliothek, die Alexander Frank zusammengetragen hatte, auf mehr als hundert Bücher anwuchs. Lesen war eine wichtige Beschäftigung für viele Kinder, das hatte schon Irène Frank erfahren. Ruth Schütz sagt zum Beispiel, dass sie alle Bände »Les misérables«, Die Elenden, von Victor Hugo gelesen habe, danach konnte sie Französisch.

Ein geregeltes Leben begann. Die Struktur, die sich in Seyre als Kinderrepublik herausgebildet hatte, blieb erhalten und funktionierte sogar besser als vorher, weil vieles leichter geworden war. Die Älteren, die für Jüngere verantwortlich waren, begleiteten ihre Gruppe aber nicht mehr den ganzen Tag, sondern nur noch nach der Schulzeit. Sie spielten mit ihnen und versuchten ihnen beizubringen, was sie selbst wussten und konnten, nicht nur Schulstoff, sondern auch Lieder und Tänze.

Auf dem Schlosshof, v. l., hinten: Eva Fernanbuk, Edith Jankielewicz(?),
sitzend: Rita Kuhlberg, Renée Riemann, Martha Storosum, Trude
Dessauer

Das Musische spielte im Schloss eine wichtige Rolle, um
die Kreativität zu fördern und Vergnügen zu schaffen. Die
Kinder malten viel, wenn sie Papier und Stifte hatten, was
nicht immer der Fall war. Sie waren erfinderisch und nutzten
auch Blätter, Kartons und andere Dinge, die nicht anderwei-
tig gebraucht wurden. Man erkennt es an den Zeichnungen,
die ich im Nachlass von Alexander Frank fand. Die Kleinen
spielten außerdem für die Großen Theater, kleine Stücke, die
Rösli Näf und andere Betreuer mit ihnen vorbereiteten.

Die Musik avancierte zu einem wichtigen Lebenselixier.
Eines Tages war ein Klavier da, es kam wer weiß woher. Und
es gab musikalische Talente. Zwei Jungen, Heinz Storosum
und Walter Kamlet, musizierten in jeder freien Minute,
Heinz spielte Geige, Walter Klavier. Klassische Musik hörte
man im Schloss, Mozart und Schubert vor allem, und die Kinder fanden Gefallen daran. Ab und zu gaben Heinz und Walter Konzerte, zuweilen zusammen mit Edith Goldapper, die

Gartenarbeit neben dem Schloss, von l.: Leo Lewin, Alexander Frank, Kurt Moser

ebenfalls gut Klavier spielte. Walter war viel krank und konnte keine schwere Arbeit leisten, doch das Klavier bot ihm einen Ausgleich, er spielte viel.

Mit Musik wurden auch die Feste im Schloss gefeiert – keine jüdischen, sondern Ostern und Weihnachten. Auch der Schweizer Nationalfeiertag am 1. August war ein Festtag in La Hille. Es wurde ein Lagerfeuer entfacht und die Geschichte von Wilhelm Tell aufgeführt. Zu den Festen wurden Gäste eingeladen, unter anderem die Dorfbewohner, von denen manche hier ihr erstes Konzert hörten. Auch Maurice und Eleanor Dubois vom Schweizer Roten Kreuz in Toulouse kamen zu Besuch und zu Ostern 1942 war unter anderem die Schweizerin Elsbeth Kasser unter den Gästen. Diese war zu der Zeit im Internierungslager Gurs als Krankenschwester tätig, erschien aber ab und zu im Schloss La Hille, um ihr Patenkind Fritz Wertheimer und andere La Hiller zu sehen, die wie Fritz kurze Zeit in Gurs interniert gewesen waren. Von Elsbeth Kasser, einer ungewöhnlichen Frau, wird noch etwas zu erzählen sein.

Nachdem Maurice Dubois den Pianisten Walter und den

Mittagessen auf dem Schlosshof

Geiger Heinz am Weihnachtstag 1941 bei einem Konzert gehört hatte, war er von ihren Talenten überzeugt und sorgte für ein Probespiel im Konservatorium von Toulouse. Die Jungen wurden sofort angenommen und erhielten Studienplätze. Maurice und Eleanor Dubois räumten ihnen ein Zimmer in der großen Wohnung ein, in dem sich ihre Privaträume und das Büro des Schweizer Hilfskomitees befanden. Als ihre Gäste erhielten die Jungen dort auch Speis und Trank. Für Walter und Heinz ging ein Traum in Erfüllung, aber ihre tägliche Musik fehlte im Schloss, bis ihr Musikstudium plötzlich ein Ende fand. Das Konservatorium wurde geschlossen. Aber das war später. Vorläufig nahm das Leben für alle La Hiller einen guten Verlauf.

Ein beliebtes Sommervergnügen hieß: Baden in dem kleinen Fluss, der Lèze. Eine Badestelle befand sich unterhalb eines mächtigen glatten, schräg liegenden Felsen. Nur die Kinder kamen hierher, denn in der Nähe wohnte sonst niemand. Nach ausgiebigem Getümmel im Wasser legten sich die Kinder auf den Felsen und ließen sich von der Sonne bescheinen.

Rückblickend betrachten die einstigen Kinder den Aufenthalt in La Hille als eine glückliche Zeit, nur getrübt durch die Sorge um die Eltern in Deutschland, von denen immer

70

Ruth und Betty
Schütz

seltener Post kam, später erhielten sie überhaupt keine Nachrichten mehr. Sie wussten nicht, was mit ihren Eltern geschehen war.

Betty Schütz, die jüngere Schwester von Ruth, schrieb Jahrzehnte nach dem Krieg in einem Brief an Alexander Frank in Berlin: »Wenn ich jetzt so ab und zu an die La Hiller Jahre zurückdenke, so erinnere ich mich weniger an alles, was mich damals geplagt hat, als an die Kameradschaft und den Hilfsbereitschaftssinn von Groß und Klein und besonders an die Musik, an Geschichte und Literatur dank Bli-Bla (Irène Frank) und an die vielen guten Bücher dank Herrn Lyrer, die mir den Horizont erweitert und mir über alles andere hinweggeholfen haben. Aber Topinambur kann ich bis zum heutigen Tag nicht essen.«

Joseph Dortort verweist in einem Brief an mich auf die Verdienste Irène Franks für die Erziehung der La Hiller: »Indem sie unseren Sinn für schöne Literatur anregte, brachte sie auf ihre Art einen Hauch von Zivilisation in unser notgedrungen primitives Dasein. Außerdem sprach sie ein elegantes

71

Irène Franks Notiz zu diesem Foto: »Ich (sehr verunstaltet), auf meinen Knien das ›Baby‹ unserer Kolonie, Antoinette Steuer, kaum 5 Jahre alt, daneben Henry Voss, 8 Jahre, und dann Lotte Nußbaum mit Manfred Manasse, der sehr begabt ist und nach 3 Monaten fließend lesen konnte.«

Französisch, das bewusst oder unbewusst unsere noch ungepflegte Sprache verfeinerte. Ich habe oft gedacht, wie ›out-of-place‹ die alte Dame sich in dieser Umgebung wohl fühlen mochte. Zudem hatte sie einige Eigenheiten, die Jugendliche in den Flegeljahren dazu reizten, sich über sie lustig zu machen. Sie war unter dem Spitznamen Bli-Bla bekannt. Souverän setzte sie sich über all das hinweg und fuhr unbeirrt in ihrem Wirken fort.«

Interessant ist, dass Joseph Dortort von der »alten Dame« schreibt. Er sieht Irène Frank noch mit den Augen des Jugendlichen von damals. Frau Frank war einundfünfzig Jahre alt, als sie nach Seyre kam, viel jünger, als Joseph Dortort heute ist.

Die Quäker holen zwanzig Kinder
in die USA

Noch im Frühjahr 1941 nahmen die La Hiller Abschied von einer Gruppe von Kindern, die von den Quäkern in die USA geholt wurde.

Die Quäker sind eine im 17. Jahrhundert gegründete religiöse Vereinigung, die immer soziale Hilfe geleistet hat und sich schon im 1. Weltkrieg durch ihre Gefangenenfürsorge einen Namen gemacht hatte. Es gab und gibt sie in den USA und in europäischen Ländern, unter anderem auch in Frankreich zur Zeit der deutschen Okkupation. Das American Friends Service Committee der amerikanischen Quäker war Mitglied eines Komitees in Nîmes, das insgesamt fünfundzwanzig Mitglieder zählte. Dieses Komitee war im November 1940 gegründet worden und hatte sich in den Süden Frankreichs zurückgezogen, um die Arbeit verschiedener Hilfsorganisationen zu koordinieren. Büros der Quäker befanden sich aber auch in mehreren anderen Städten.

Für die Hilfsorganisationen waren nicht nur viele nie öffentlich genannte Menschen tätig, sondern auch einige Persönlichkeiten, deren Namen nach dem Krieg durch die internationale Presse gegangen sind. Eine besondere Rolle spielte zum Beispiel das Ehepaar Noel und Herta Field, doch in der Regel ist nur von dem Mann gesprochen worden, obwohl Herta Field eine ebenso wichtige Arbeit geleistet hat. Sie fuhr wie ihr Mann von Lager zu Lager, um sich über die Internierten zu informieren und die misslichen Zustände zu mildern. Sie hat für Medikamente, für ärztliche Hilfe, für Kontakte mit den Angehörigen und nicht zuletzt für dringend benötigtes Geld gesorgt. Von Herta Field erzählen die, die damals ihre Hilfe erfahren haben, dass sie auch Wärme ausstrahlte, was in einer bedrückenden Umgebung besonders nötig war und gut tat. Von einer kleinen, charakteristischen

Episode hörte ich. Herta Field kam in den Tagen vor Weihnachten zu zwei Emigrantenfrauen und gab ihnen ein bisschen Geld mit der Bemerkung: »Ihr wollt euch doch bestimmt einander etwas schenken.«

Die Verbindung der Kinderkolonie zu den Hilfsorganisationen und über sie zu den Quäkern hat ohne Zweifel Alexander Frank im Frühjahr 1941 hergestellt, obwohl es nirgends dokumentiert ist. Es ist jedoch denkbar, dass der Kontakt über das Ehepaar Dubois in Toulouse zustande kam. Bei Alexander Franks Dokumenten findet man auf jeden Fall den Hinweis, dass die American Friends Quaker Organisation Vertreter in Frankreich hatte; er nennt die Französin Nicole Gotthelf und den US-Amerikaner Thomas Conrad, was nahe legt, dass er Verbindung zu ihnen unterhielt.

Die Quäker haben offensichtlich alle Formalitäten für die Ausreise der Kinder erledigt, die Reise organisiert und die Kosten dafür getragen. Zwanzig Kinder, vor allem jüngere und Geschwisterkinder, wurden im April 1941 in die Hand der Quäker gegeben, die sie sicher in die USA brachten. Die Kinder wurden von jüdischen Familien aufgenommen. Auf diesem Weg wurden gerettet:

Blau, Rosa	9 Jahre	Findling, Joseph	12 Jahre
Eckmann, Gérard	12 Jahre	Findling, Martin	9 Jahre
Eisler, Bernhard	11 Jahre	Findling, Siegfried	10 Jahre

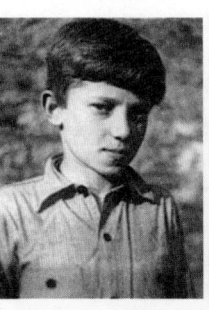

Rosa Blau   Bernhard Eisler   Joseph Findling

| Flanter, Klara | 12 Jahre | Kammer, Herbert | 10 Jahre |
| Flanter, Lore | 7 Jahre | Kantor, Arthur | 15 Jahre |

Martin Findling

Siegfried Findling

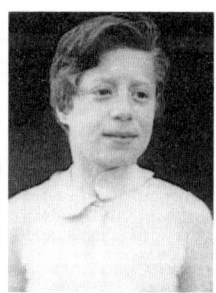
Karla Flanter

Lore Flanter

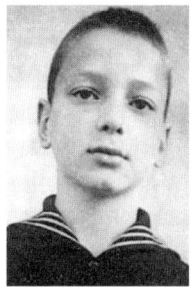
Herbert Kammer

Artur Kantor

Eva Kantor

Jules Steinhardt

Kurt Steinhardt

Rosette und Max Krolik; auf anderen Gruppenfotos sind abgebildet: Gerd Obersitzker und Klaus Sostheim (s. Abb. S. 49), Rolf Weinmann (s. Abb. S. 42, 79). Von Gerhard Eckmann war kein Kinderfoto in Alexander Franks Nachlass.

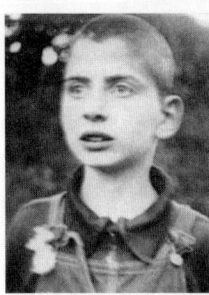

Willy Wolpert

Kantor, Eva	13 Jahre
Krolik, Max	12 Jahre
Krolik, Rosette	8 Jahre
Obersitzker, Gerd	16 Jahre
Sostheim, Klaus	15 Jahre
Steinhardt, Jules	10 Jahre
Steinhardt, Kurt	9 Jahre
Steuer, Antoinette	5 Jahre
Weinmann, Rolf	10 Jahre
Wolpert, Willy	9 Jahre

Porträtfotos: FaP 26-38

EINZELNE BEWOHNER DER KINDERKOLONIE GEHEN FORT

Die Abreise der Quäker-Gruppe war das erste Anzeichen einer Trennung.

Frankreich lag mehr oder weniger im Machtbereich Hitler-Deutschlands. Der Krieg weitete sich aus. Deutsche Truppen standen im Norden und Süden Europas, sie beherrschten das Gebiet vom Atlantik bis zur Grenze der Sowjetunion, sie besetzten Nordafrika, sie kämpften in Südosteuropa und verhalfen profaschistischen Verbündeten zur Macht, im Juni 1941 überfielen sie die Sowjetunion von der Ostsee bis zu den Karpaten und standen Ende November vor Moskau, ohne allerdings diese Stadt einnehmen zu können. Es war der erste Stopp einer mächtigen Kriegsmaschinerie.

Sich nach sicheren Plätzen umzusehen, war notwendig, denn eine Kolonie jüdischer Kinder war gewiss nicht der Ort, in dem man ruhig auf das Ende des Krieges und der faschistischen Verfolgung warten durfte. Ehe Pearl Harbor, der Flottenstützpunkt der USA auf Hawaii, am 7. Dezember 1941 von den Japanern überfallen wurde, konnten die Kinder oder ihre Betreuer Briefe an Verwandte und Freunde in den USA schicken und um ein Affidavit für die Einreise in die Vereinigen Staaten bitten. Danach befand sich die USA im Krieg gegen die Achsenmächte Deutschland-Italien-Japan und die Korrespondenz konnte nicht mehr auf direktem und schnellem Weg befördert werden. Einiges war jedoch bis dahin bereits auf den Weg gebracht worden.

Zwei Mädchen und ein Junge verabschiedeten sich von den Bewohnern der Kinderkolonie. Kurz vor dem Umzug nach La Hille konnte Hanni Schlimmer, ein fünfzehnjähriges Mädchen, mit gültigen Papieren aus Frankreich ausreisen. Hannis Eltern, die in Berlin lebten, hatten ein Visum für die USA erhalten. Das war um diese Zeit ziemlich ungewöhnlich, kam aber, wie man sieht, tatsächlich vor. Daraufhin beschaffte Eleanor Dubois für Hanni ebenfalls ein Visum, was in diesem Fall nicht ganz so schwierig war. Die Formalitäten wurden in Marseille erledigt, offenbar durch eine Hilfsorganisation, vielleicht durch die Quäker. Für jeden, der mittellos in den USA um Asyl bat, musste jemand im Land garantieren, für den Unterhalt aufzukommen. Das Dokument dafür war das Affidavit. Da Hannis Eltern für ihre Tochter sorgen würden, entfiel die größte Schwierigkeit für eine Einreise. So konnte

Hanni im Mai 1941 nach Spanien fahren, wo ihre Eltern bereits warteten. In Bilbao trafen sie sich und schifften sich gemeinsam nach New York ein. Das Schiff nahm jedoch, wie damals oft geschehen, zu viele Passagiere auf und es brach Typhus aus. Hanni und ihre Mutter überstanden die Krankheit, der Vater nicht. Hanni berichtet: »Mein lieber Vater, noch jung, holte sich die Krankheit noch auf der Reise. Schwer krank kam

Hanni Schlimmer (hinten) mit Edith Jankielewicz

er in New York an und starb wenige Tage nach der Ankunft.«

Nachdem eine Kindergruppe mit den Quäkern in die USA gereist war und Hanni Schlimmer mit einem Visum die spanische Grenze überquert hatte, konnten noch zwei andere Bewohner der Kinderkolonie Frankreich verlassen: Inge Rübler und Werner Rindsberg.

Die zehnjährige Inge Rübler wurde eines Tages in La Hille abgeholt. Ein Bekannter ihrer Eltern, die mit falschen Papieren in Belgien lebten, hatte versprochen, das Mädchen nach Belgien zu bringen. Sie reiste mit dem Mann den weiten Weg durch ganz Frankreich, durch die freie Zone und durch das besetzte Gebiet, und kam ohne Komplikationen in Belgien an. Die Familie Rübler blieb unerkannt bis zum Ende des Krieges und wohnte bis 1949 in Belgien, dann aber unter ihrem richtigen Namen.

Werner Rindsberg, der dem Rat der Kolonie angehörte, hatte eine Tante und einen Onkel in den USA, die für seine Einreise sorgten und die nötigen Unterhaltsgarantien übernahmen. Aber niemand begleitete den Jungen auf dieser

Die Kleinen mit Elka und Irène Frank auf dem Schlosshof; hinten Elka Frank, hintere Reihe v. l.: Inge Rübler, Edith Jankielewicz, Willy Wolpert (?), Gustav Manasse, vorn v. l.: Henri Voss, Rosa Krolik auf dem Schoß von Irène Frank

Seyre 1940, v. l: hinten Rolf Weinmann, der mit den Quäkern fortging, und Ruth Herz, vorn Walter Kamlet und Werner Rindsberg

schwierigen langen Reise. Der siebzehnjährige Werner verließ La Hille mit guten Papieren, ging allein über die Grenze und quer durch Spanien und Portugal bis nach Lissabon, sicherte sich eine der begehrten Passagen und fuhr mit einem Schiff über den Ozean.

Abschied von La Hille nahm auch Ruth Herz, eines der beiden Mädchen, die Alexander Frank aus Gurs herausgeholt hatte. Allerdings blieb sie in Frankreich und hielt Kontakt zu den La Hillern. Von einer der Schweizerinnen vermittelt, begann Ruth Herz in einem Heim des Schweizer Roten Kreuzes in Praz sur Arly zu arbeiten. Sie verließ das Schloss La Hille im Frühling des Jahres 1942, als sie gerade zwanzig Jahre alt geworden war. Wenn die bereits erwachsen gewordenen Kinder eine Arbeitsstelle erhielten, traten sie sie mit fremder Identität an und waren, wenn alles gut lief, selbst versorgt, sodass sie die Kinderkolonie entlasteten. Das Heim in Praz sur Arly, geleitet von Madame Barusseau, befand sich in dem Teil Südfrankreichs, in dem bei der späteren Besetzung des Südens nicht die Deutschen, sondern die Italiener einrückten. Es hieß, die italienische Besatzung ließe die Juden weitgehend in Ruhe. Ruth Herz benötigte für die Arbeit bei Madame Barusseau anfangs keine falschen Papiere. Als aber 1943 die Italiener von den Deutschen abgelöst wurden, kam das junge Mädchen in eine schwierige Lage. Madame Barusseau verhalf ihr zu falschen Papieren und schickte sie in ein anderes Heim. Es befand sich in der Nähe von Castres im Gebiet Ariège, in dem auch La Hille lag. Ruth Herz arbeitete hier bis 1947. (Ruth Herz s. Abb. auf S. 42, 83)

Und noch einer verabschiedete sich von den La Hillern, Elias Haskelewitsch, der schon im Heim Général Bernheim tätig war und seinen Teil dazu beigetragen hatte, dass die Kinder über das harte Jahr in Seyre kamen. Es hat wohl Streit gegeben zwischen Haskelewitsch und der Directrice Rösli Näf. Das berichtet Sebastian Steiger, der zwei Jahre danach als Lehrer in die Kinderkolonie kam und ein Buch über seine

Erlebnisse in La Hille geschrieben hat.[10] Die Ursache der Auseinandersetzung nennt Steiger nicht, vielleicht hat niemand so genau darüber Bescheid gewusst. Welchen Grund kann es für einen Streit gegeben haben? War er so schwerwiegend, dass er nicht auszuräumen war? Der Älteste der Findling-Brüder, die zu den Quäker-Kindern gehörten, war damals dabei, aber zu jung, um etwas zu verstehen. In einem Brief an Alexander Frank fragt er, was für Unstimmigkeiten es zwischen Rösli Näf und Elias Haskelewitsch gegeben habe. Der Antwortbrief ist nicht erhalten. Ich kann nur feststellen, dass die Directrice und der Mann für alle Arbeiten offenbar nicht gut miteinander auskamen und dass Haskelewitsch deshalb aus dem Schloss auszog. Die Kinder waren traurig, sie mochten »Monsieur Elias«. Er verließ La Hille am 1. Oktober 1941. Das Fortgehen war, wie sich später zeigte, eine folgenschwere Entscheidung. (Elias Haskelewitsch s. Abb. auf S. 9)

Für einige Zeit verließen drei Jungen das Schloss, galten aber weiterhin als zur Kinderkolonie gehörig und besuchten ihre Freunde dort. Maurice Dubois, der Chef des Kinderhilfswerks in Toulouse, wachte als guter Geist über La Hille und förderte, wo er konnte, die Entwicklung der Flüchtlinge. Er ermöglichte drei Jungen eine Ausbildung, die allerdings nach wenigen Monaten abgebrochen werden musste, weil die Verfolgung der Juden sich verschärfte. In La Rochade wurde 1941 eine Landwirtschaftsschule eröffnet. Dubois bot Norbert Winter und den Brüdern Leo und Willy Grossmann an, ihnen dort einen Platz zu beschaffen. Das nahmen die Jungen gern an. Sie zogen Ende 1941 nach La Rochade, lernten viel und hatten bis zum Abbruch der Ausbildung eine gute Zeit. Ab und zu kamen sie nach La Hille, das ja ihr Zuhause war.

Im Nachlass Alexander Franks fand ich eine Schachtel mit Fotos der Kinder und Jugendlichen, die mir Rätsel aufgeben. Es sind 20 Porträtfotos im Passformat, 36 Profilfotos im gleichen Format und ein kleines Foto mit zwei Mädchen. Die Bilder sind auf einen langen braunen Papierstreifen aufgeklebt und in der sehr kleinen, dünnen Schrift Alexander Franks nummeriert. Die Profilfotos beginnen bei 1, die Porträtfotos bei 38. Abweichungen von dieser geordneten Zählung sind das Porträtfoto mit der Nummer 35, das zwischen die Profilfotos geraten ist, und das Foto Nummer 39 mit den beiden Mädchen (Hanni Schlimmer und Edith Jankielewicz). (Die davon verwendeten Fotos sind mit FaP markiert: Foto auf Papierstreifen.)

Das Papier ist so brüchig, dass erst Kopien angefertigt werden mussten, damit der Streifen bei der Arbeit mit den Fotos unbeschädigt blieb. Regina, die mir den Nachlass übergeben hatte, half mir, die Bilder in die Welt zu schicken, damit die La Hiller feststellen, wer abgebildet ist. Bis auf drei der kleineren Jungen wurden alle Kinder und Jugendlichen identifiziert.

Die Profilfotos wurden im Freien aufgenommen, alle an derselben Stelle, aber leicht variiert, vor einer mit Strauchwerk bewachsenen Mauer. Im Hintergrund sind manchmal Bäume und auf drei Fotos ist in schemenhafter Ferne eine hügelige Landschaft zu sehen. Alles deutet auf die Umgebung von La Hille hin. Das Foto mit den beiden Mädchen zeigt ein Stückchen Haus, das allem Anschein nach zum Schloss gehört. Die Porträtfotos sind an unterschiedlichen, nicht bestimmbaren Stellen gemacht worden.

Ich denke, es ist klar, wo die Bilder entstanden. Auch der Zeitpunkt der Aufnahmen lässt sich bestimmen. Es geschah im Sommer. Der letzte Sommer, in dem Alexander Frank in La Hille arbeitete, war der des Jahres 1941. Von einem der

In La Hille 1942, oben v. l.: Meister Salvide aus Spanien, Addi Nussbaum,
Bertrand Elkan, Hans Garfunkel, Meister Max Mousier, ebenfalls Emi-
grant, Inge Schragenheim, Rosemarie Cosmann, Emil Dortort, Ruth
Herz, Helga Klein, Leo Lewin, Edgar Chaim, Irma Seelenfreund, Ernst
Schlesinger, Kurt Moser, mittlere Reihe: Leo Grossmann, Else Rosen-
blatt, Lixie Grabkowicz, Frieda Steinberg, Rita Leistner, Margot Kern,
Inge Helft, Ilse Wulff, Edith Moser, vorn: Gerhard Kwaczkowski, Lucien
Wolfgang, Egon Berlin, Max Krolik, Joseph Dortort, Kurt Klein,
davor: Norbert Winter. Fast alle auf diesem Foto waren schon 16 Jahre
alt und wurden nach Vernet gebracht, ausgenommen die drei jüngeren:
Egon Berlin, Max Krolik und Joseph Dortort.

Jungen, der mit den Quäkern in die USA ging, gibt es ein
Profilfoto, sodass der Zeitpunkt der Aufnahmen vor dem
Weggang der Quäker-Kinder liegen muss, also im Frühjahr
1941. Wenn Alexander Frank die Fotos nicht gemacht hat,
wer war es dann?

Es gibt noch mehr Fragen. Warum wurden Profilfotos gemacht, auf denen Kopf und Oberkörper abgebildet sind? War
es notwendig, die Mädchen und Jungen zu fotografieren, und
zwar auf diese Art? Wenn ja, worin bestand die Notwendigkeit? Für Erinnerungsbilder kann man beliebige Fotos machen, da sieht nicht eins wie das andere aus. Außerdem würde

man die Personen, von denen man sich ein Foto als Andenken wünscht, mit dem Gesicht zur Kamera fotografieren. Und weiter: Nur von älteren La Hillern, die 1926 oder davor geboren waren, existieren Profilfotos, also von denen, die 1942, als die Deportationen begannen, mindestens sechzehn Jahre alt waren und als besonders gefährdet galten. Aber nicht von allen »Großen« gibt es diese Fotos. Waren sie gerade nicht oder schon nicht mehr im Schloss, als fotografiert wurde? Oder sind die Bilder verloren gegangen, bevor sie auf dem Streifen fortlaufend nummeriert wurden? Oder waren die Fotos, die ich vermisse, nicht mehr da, weil sie für einen bestimmten Zweck benutzt wurden, zum Beispiel als Vorlage für eine falsche Identitätskarte? War dies womöglich der Sinn dieses Fotografierens? Vielleicht lassen sich die Fragen irgendwann beantworten. Es ist schade, wenn man ein Rätsel nicht lösen kann.

NEUE BEWOHNER IM SCHLOSS

Es kamen auch neue Bewohner ins Schloss und wurden gern aufgenommen, da sie eine gute Hilfe darstellten. Es waren spanische Bürgerkriegsemigranten. Chaime Palau und seine Frau Marie gehörten zu den neuen Bewohnern. Er war ein Mann für die verschiedensten Arbeiten und seine Frau machte sich in dem riesigen Haushalt nützlich. Auch Joseph Marimon und seine Frau Carmen waren Emigranten; er arbeitete im Schloss als Gärtner, seine Frau Carmen in der Wäscherei. Später kam das Ehepaar Nadal hinzu. Herr Nadal war ein geschickter Kunsttischler und Maler und also auch ein gefragter Mann in La Hille. Rösli Näf hatte sich schon lange mit dem Gedanken getragen, die großen Jungen ein richtiges Handwerk lernen zu lassen. Herr Nadal war der geeignete

Mann dafür. Ein Nebengebäude wurde als Tischlerwerkstatt eingerichtet, in der mehrere Jungen mit Eifer lernten und ein erstaunliches Geschick entwickelten. Frau Nadal war Weißnäherin und lehrte die Mädchen und einige Jungen – zum Beispiel Manfred Kamlet, den Bruder des Pianisten – dieses Handwerk und half ansonsten wie Carmen Marimon beim Waschen und Bügeln. Die Spanier waren froh, eine Zuflucht gefunden zu haben, sie verzichteten auf jede Entlohnung.

Die Kunde von der Kinderkolonie in La Hille sprach sich unter Hilfe suchenden Emigranten herum. Sie brachten ihre Kinder zum Schloss, manche nur für ein paar Monate, andere bis zum Ende des Krieges. Andere jüdische Kinder kamen hinzu, so die Schwestern Irene und Guita Kokotek aus Chemnitz, sie gehörten seit dem 25. Juli 1942 zu den La Hillern. Auch Kinder aus Holland, Belgien und Frankreich, deren Eltern illegal lebten, meist im Untergrund tätig waren und die Kinder in guter Obhut wissen wollten, wurden in der Kinderkolonie aufgenommen. Zu nennen sind:

Eva Fernanbuk und Renée Riemann (s. Abb. auf S. 68)
Fanny Weinberg (ohne Foto)
Frieda Kriegstein, eine Cousine der Geschwister Storosum (ohne Foto)
Fernand Nohr (s. Abb. auf S. 56, S. 117)
Israel (Isi) Bravermann (s. Abb. auf S. 117)

Isi Bravermann, ein jüdischer Junge aus Belgien, war im Camp Vernet interniert und wurde auf nicht überlieferte Weise aus dem Lager geholt.

Die Geschichte von Fernand Nohr, der oben zitiert wird und anschaulich das Leben im Schloss schildert, zeigt beispielhaft die Bedingungen, unter denen sich Eltern entschlossen, ein Kind den Betreuern von La Hille anzuvertrauen. Seine jüdischen Eltern waren nach dem Reichstagsbrand nach Frankreich emigriert, weil sie auf einer Liste der zu verhaftenden Nazigegner standen. Die Familie lebte seit 1933 in Paris. 1939 wurde sein Vater als Ausländer interniert und als so genannter Prestataire nach Nordafrika geschickt, wo er bis Kriegsende blieb. Ein Prestataire war ein Ausländer, der von der Regierung zu Hilfsdiensten für die Armee geholt wurde. Fernands Mutter kam in das Lager Gurs, konnte fliehen und arbeitete dann für die Résistance in Toulouse. Da die Mutter mit ihrem Sohn illegal in Montauban lebte, einer Stadt an der Garonne nordwestlich von Toulouse, brachte sie ihn im Schloss La Hille unter. Dort war er in nicht allzu großer Entfernung von ihr und vorerst gut aufgehoben.

Die Situation der jüdischen Flüchtlinge

Im Süden Frankreichs fühlten sich die Flüchtlinge sicher, aber wie lange es so bleiben würde, war schwer zu sagen. Nur dass es sich um eine Sicherheit auf Zeit handelte, mag manchem wohl bewusst gewesen sein. Im Schloss gab es inzwischen ein Radio, mit dem der Londoner Rundfunk empfangen werden konnte. Die Nachrichten aus London und die Existenz der Internierungslager ließen auf nichts Gutes schließen.

Schon seit jener Note zur Asylpolitik vom 31. März 1933, mit der sich die französische Regierung auf eigene Initiative als Partner der Hitler-Regierung anbot, bestanden für Emigranten viele Einschränkungen. Juden durften nur sehr bedingt arbeiten, hatte demzufolge kaum Einkünfte und waren auf Hilfe angewiesen; sie durften sich auch nicht frei bewegen. Es gab Hunderttausende, die keinen anderen Weg als den nach Frankreich gefunden hatten und trotz der Schwierigkeiten in dieses Land geflohen waren. Zu den aus

Deutschland und Österreich Geflohenen kamen nach dem Bürgerkrieg in Spanien viele spanische Republikaner und Interbrigadisten hinzu. Für letztere speziell wurden 1939 die ersten Internierungslager eingerichtet, zuerst eins unter freiem Himmel an den Stränden des Mittelmeeres, dann die Lager Gurs und Rieucros. Am 2. September 1939, dem Vorabend der Kriegserklärung an Deutschland, wurde das Militär beauftragt, in jedem Departement eine Sammelstelle zur Sichtung der Ausländer, sprich: ein Internierungslager zu errichten.

Drei Tage später verbreiteten Radio, Presse und Plakate einen Aufruf, dass sich alle Deutschen und Österreicher von 17 bis 65 Jahren in der Sammelstelle ihres Departements einzufinden hätten. Alle anderen mussten sich in ihrem Wohnsitz zur Feststellung ihrer Personalien melden. Nur ein Teil der Internierten wurde nach kurzer Zeit wieder freigelassen.

Mit der französischen Niederlage innerhalb von sechs Wochen begann die große Fluchtwelle in den Süden aus Angst vor einer Auslieferung an die Deutschen. Im Waffenstillstandsabkommen, Artikel 19, war festgelegt worden, dass alle von den Deutschen namentlich benannten, missliebigen Personen auszuliefern seien. Das besetzte Gebiet und die unbesetzte Zone wurden durchkämmt, um diese Personen zu finden und zu verhaften. Internierungslager entstanden in großer Zahl in ganz Frankreich, besonders viele im Süden.

Die Regierung Pétain deklarierte am 3. Oktober 1940 die jüdischen Emigranten zu einer besonderen Gruppe. Danach galten jüdische Flüchtlinge als eine besondere Gruppe der Emigranten, die jeweils gesonderten Bestimmungen unterworfen werden konnten. Schon wenige Tage später wurde es spürbar, als ein weiterer Erlass den Präfekten der Departements erlaubte, Ausländer »jüdischer Rasse« in »besondere Lager« zu schaffen. Am 24. Oktober traf sich Pétain in Montoire, einem kleinen Ort an der Loire, mit Hitler und schlug ihm eine Politik der Kollaboration vor. Danach begann in

Frankreich die Judenverfolgung nach deutschem Vorbild. Das schon erwähnte Plakat, auf dem sich Pétain und Hitler für die Presse freundschaftlich die Hand reichen, hing in allen Orten. Die neunjährige Edith Jankielewicz hatte es täglich vor Augen, mit ihr die anderen La Hiller, die im Dorf Montégut zur Schule gingen.

Nach den Erlassen gegen die Juden stand am Anfang die Internierung oder die Zuweisung eines Zwangsaufenthaltortes auf dem Programm der französischen Regierung, ab August 1942 die Auslieferung an die deutsche Besatzung. Das betraf die Juden, die aus Deutschland und Österreich geflohen waren, die jüdischen Flüchtlinge aus den von Deutschland okkupierten und besetzten Ländern und zuletzt auch die französischen Juden.

1942 begannen massenhafte Deportationen. Das hing mit der Entschlossenheit der deutschen Faschisten zusammen, die von ihnen geplante »Endlösung der Judenfrage« zu realisieren. Am 20. Januar 1942 fand in einer Villa am Wannsee in Berlin die berüchtigte Wannsee-Konferenz statt, eine Besprechung des Chefs der Sicherheitspolizei und SS-Obergruppenführers Heydrich mit Staatssekretären und SS-Führern, auf der beraten wurde, wie die Vernichtung der europäischen Juden zu organisieren sei und um wie viele Juden es sich handle. Es heißt im Protokoll der Wannsee-Konferenz: »... hat der Reichsführer-SS und Chef der Deutschen Polizei im Hinblick auf die Gefahren einer Auswanderung im Kriege und im Hinblick auf die Möglichkeiten des Ostens die Auswanderung von Juden verboten. Anstelle der Auswanderung ist nunmehr als weitere Lösungsmöglichkeit nach entsprechender vorheriger Genehmigung durch den Führer die Evakuierung der Juden nach dem Osten getreten. Diese Aktionen sind jedoch lediglich als Ausweichmöglichkeiten anzusprechen, doch werden hier bereits jene praktischen Erfahrungen gesammelt, die im Hinblick auf die kommende Endlösung der Judenfrage von wichtiger Bedeutung sind. Im Zuge dieser Endlösung der europäischen Judenfrage kommen rund 11 Millionen Juden in Betracht, die sich wie folgt auf die einzelnen Länder verteilen: (...) Frankreich/Besetztes Gebiet 165000, Unbesetztes Gebiet 700000. (...) Bei den angegebenen Judenzahlen der verschiedenen ausländischen Staaten handelt es sich jedoch nur um Glaubensjuden, da die Begriffsbestimmungen der Juden nach rassischen Grundsätzen teilweise dort noch fehlen. (...) Unter entsprechender Leitung sollen im Zuge der Endlösung die Juden in geeigneter Weise im Osten zum Arbeitseinsatz kommen. In großen Arbeitskolonnnen, unter Trennung der Geschlechter, werden die arbeitsfähigen Juden straßenbauend in die Gebiete geführt, wobei zweifellos ein Großteil durch natürliche Verminderung ausfallen wird. Der allfällig endlich verbleibende Restbestand wird, da es sich bei diesem zweifellos um den widerstandsfähigsten Teil handelt, entsprechend behandelt werden müssen, da dieser, eine natürliche Auslese darstellend, bei Freilassung als Keimzelle eines neuen jüdischen Aufbaues anzusprechen ist. (...) Im Zuge der praktischen Durchführung der Endlösung wird Europa vom Westen nach Osten durchgekämmt.«[11]

Die Zahlen für das besetzte und das unbesetzte Gebiet beziehen sich auf französische Juden und zeigen an, dass sie zum großen Teil in den unbesetzten Süden geflohen waren. Die »Endlösung« hatten die Faschisten aber für alle Juden vorgesehen, auch für die aus Deutschland nach Frankreich geflohenen. Die Grundlage für die Festlegung, wer Jude oder im Hinblick auf die »Endlösung« wie Juden zu behandelnder »Halbjude« ist, bildeten die Nürnberger Gesetze von 1935.[12] Sie galten für alle Personen jüdischer Herkunft, unabhängig davon, ob sie als Juden lebten oder assimiliert waren. Die faschistischen Rassengesetze sollten in allen europäischen Staaten bei der »Endlösung« zugrunde gelegt werden. Im Wannsee-Protokoll wird ausdrücklich von der »Endlösung der europäischen Judenfrage« geschrieben.

Eine Wende war vollzogen worden. Im Osten Europas hatten deutsche Truppen weite Gebiete erobert, Raum genug, der den faschistischen Führern geeignet erschien, die Juden dorthin zu verfrachten und sie hier zu liquidieren. Zunächst war an Vernichtung durch Arbeit gedacht, denn die Gaskammern von Auschwitz waren noch nicht funktionsbereit. Sie konnten erst ab 19. Juli 1942 für den industriemäßigen Mord eingesetzt werden.

Mit der Aufgabe, in Frankreich den als Endlösung bezeichneten Völkermord in Gang zu bringen, wurde im Frühjahr 1942 ein Vertrauter Eichmanns beauftragt, Theodor Dannecker, Leiter des Judenreferats der Gestapo in Frankreich. Er sollte die Deportation der in Frankreich lebenden Juden durchsetzen, und zwar so, dass die französische Öffentlichkeit nicht in Aufruhr versetzt wurde, die Kollaboration mit der Vichy-Regierung stabil blieb und die Autorität der Besatzer gestärkt wurde. Der Vichy-Regierung, allen voran Laval, war daran gelegen, die Juden los zu werden, und sie wollte es ebenfalls ohne großes Aufsehen vollziehen. Man verhandelte intensiv über die Zahl der zu Verhaftenden und anschließend zu Deportierenden, über Termine, über die Züge, die pünktlich zur Verfügung stehen müssten, und über die Begleitmannschaften. Im Januar war die Wannsee-Konferenz, am 1. März endete die erste Verhandlungsrunde über die »zu liefernde Menschenware« aus Frankreich. Eichmann stimmte zu, 1000 arbeitsfähige männliche Juden bis 55 Jahre aus Internierungslagern sofort zu deportieren, weitere 5000 aus Paris bis Ende 1942. Der erste Transport verließ Frankreich am 27. März mit 1112 Männern und einer Gruppe jugoslawischer Juden. Dannecker begleitete den Zug bis nach Auschwitz und überzeugte sich von dem Weg zur »Endlösung«. Achtzig Prozent der mit den ersten Zügen Deportierten starben in den ersten sieben bis zehn Wochen, obwohl zu dieser Zeit die Gaskammern noch nicht funktionierten.

Von März bis Mai wechselten die Spitzen der deutschen und der französischen Organisatoren der Vernichtung. Von Heydrich ausgewählte SS-Führer kamen nach Frankreich, alle jung, kalt, brutal. Laval, der zwischenzeitlich von Marschall Pétain entlassen worden war, wurde wieder Regierungschef und ernannte René Bousquet, einen ehrgeizigen jungen Mann und heftigen Judengegner, zum Generalsekretär der Polizei. Mit den neuen Männern setzten Massenverhaftungen ein. Auch Frauen und Kinder waren nun betroffen.

Bousquet strebte für ganz Frankreich nach der Souveränität Vichys. Dafür war er bereit, den gemeinsamen Feind, die Kommunisten und die staatenlosen Juden, an die Deutschen auszuliefern. Er war es, der als Erster die Deportation von Juden aus dem unbesetzten Gebiet zur Sprache brachte. Ohne unter Druck zu stehen, schlug er Heydrich vor, die in der freien Zone internierten staatenlosen Juden – das waren vor allem die Juden, die Deutschland und Österreich verlassen hatten und denen daraufhin die Staatsangehörigkeit aberkannt worden war – auf Transport zu schicken. Wegen Transportschwierigkeiten konnte Heydrich auf diesen Vorschlag nicht sofort eingehen, was einen Aufschub für wenige Wochen ergab.

Am 11. Juni wurde bei Eichmann, dem Leiter des Judenreferats der Gestapo in Berlin, beschlossen, dass aus beiden französischen Zonen 100000 Juden »abgeschoben« werden sollen, mit jedem Transport 1000 Menschen, beginnend am 13. Juli, voraussichtlich beendet nach acht Monaten. Deportiert werden sollten Männer und Frauen zwischen 16 und 40 Jahren.

Dannecker, der Chef des Judenreferats der Gestapo in Frankreich, der an der Beratung bei Eichmann in Berlin teilnahm, hatte ermittelt, dass es in der besetzten Zone nur 47000 Juden in dem von Eichmann erwarteten Alter gab, und ergänzte darum für das Beschlussprotokoll die Worte: »einschließlich unbesetztes Gebiet«, um die 100000 zu erreichen.

In diesem Sinne begann Dannecker zu planen: ab 13. Juli 1942 wöchentlich drei Züge, insgesamt hundert Züge. Bousquet, der Polizeichef Frankreichs, stimmte dem zu. Der Personenkreis und die Altersbegrenzung wurden in der Folgezeit mehrfach erweitert, um die Forderungen der SS-Führer erfüllen zu können.

Es gab Schwierigkeiten. Zum einen konnten nicht genug Züge bereitgestellt werden. Zum anderen hatte Pétain gewisse Bedenken: Tausende Juden befanden sich in Internierungslagern und konnten ohne großes Aufsehen deportiert werden. Um aber die vereinbarten 100000 den Deutschen zu übergeben, mussten Massenverhaftungen stattfinden. Pétain wollte aber nicht, dass die französische Polizei die Juden festnahm, weil die Öffentlichkeit darauf empfindlich reagieren würde. Es schien ihm nicht ratsam, Franzosen gegen französische Juden einzusetzen. Darum musste der Polizeichef Bousquet am 4. Juli gegenüber den Deutschen erklären: »Aufgrund einer Intervention des Marschalls hat Laval vorgeschlagen, dass die französische Polizei die Festnahme in dem besetzten Gebiet nicht durchführt. Vielmehr möchte er die Durchführung dieser Festnahmen der Besatzungstruppe überlassen. Für das unbesetzte Gebiet hat Laval aufgrund der Intervention des Marschalls vorgeschlagen, dass zunächst einmal nur die Juden ausländischer Staatsangehörigkeit festgenommen und überstellt werden.«[13] In der besetzten Zone sollten also die Deutschen die schmutzige Arbeit selbst leisten und in der freien Zone sollten sich die Aktionen zunächst auf die ausländischen Juden beschränken, die staatenlosen wurden umgehend mit einbezogen, hatten sie doch keines Staates Schutz zu erwarten. Schließlich gab Bousquet in den Verhandlungen mit den Deutschen nach und erklärte sich bereit, die ausländischen Juden im gesamten Frankreich gemeinsam mit den deutschen Besatzern in der gewünschten Anzahl festnehmen zu lassen, das hieß fürs Erste: 10000 in der freien Zone, 20000 in der besetzten Zone. Für dieses Entgegenkommen versprachen die SS-Führer, die französischen Juden vorerst zu schonen.

Vor den Aktionen der Verschleppung mussten die Franzosen das Problem der jüdischen Kinder klären. Laval überließ es den Deutschen, in der besetzten Zone über das Schicksal der Kinder, deren Eltern verhaftet und deportiert wurden, zu entscheiden. In der freien Zone sah er die Deportation ganzer Familien vor, ohne Altersbegrenzung. Laval wusste sehr genau, wohin die Züge fuhren und dass es sich nicht, wie von den Deutschen vorgetäuscht, um eine Umsiedlung in ein jüdisches Reservat in Osteuropa handelte. Er kann unmöglich die wiederholte, vor großem Publikum hinausgeschriene Ankündigung Hitlers überhört haben, die Juden auszurotten. Überdies verwiesen die SS-Führer ihre Kollaborationspartner mitunter, um Druck auszuüben, auf Hitlers Reden. Laval wusste auch, dass die Öffentlichkeit eine gewaltsame Trennung der Familien auf Befehl der französischen Regierung nicht einfach hinnehmen würde. Wie hätte er erklären können, warum die Kinder zurückgelassen werden? Um sie später zu den Eltern zu bringen? Das war unglaubwürdig, da ja die Eltern angeblich zum Arbeitseinsatz geschickt würden, wo sollte da Platz für Kinder sein? Oder sollte Laval sagen, er wolle ihnen das Schicksal Auschwitz ersparen? Damit hätte er die deutsche Regierung des Genozids beschuldigt. Also wurde angewiesen: Bei den Razzien in der freien Zone werden Einzelpersonen unter 16 Jahren ausgenommen, Familien aber zusammen mit den Kindern verhaftet.

Pierre Laval hatte die antijüdischen Maßnahmen schon seit Januar 1942 verschärft. Auf Beschluss der Vichy-Regierung hatte man die Juden nach drei Regionen eingeteilt und ihnen Aufenthaltsorte zugewiesen: Lacaune im Gebiet Tarn, Tournon im Gebiet Lotet-Garonne und Aulus les Bains im Gebiet Ariège, in dem auch Montégut-Plantaurel und außerhalb dieses kleinen Dorfes das Château La Hille lag.

Am 16. Juli gab es in Paris die erste große Razzia, bei der mehrere Tausend Juden im Vélodrome d'Hiver, einer Radrennbahn, zusammengetrieben und anschließend deportiert wurden. Diese Nachricht gelangte nach Toulouse, auch zu den 640 Juden von Aulus. Einige verließen die Stadt und kampierten in Hütten und Grotten, manche hatten das Glück, nach Spanien zu entkommen. Die meisten Juden in Aulus wähnten sich aber in der freien Zone in Sicherheit, zwar ghettoisiert, aber nicht in Lebensgefahr.

Noch erkannte kaum ein Jude die Veränderung. Bisher war es bei der Verhaftung von Juden um Isolierung und Internierung gegangen, jetzt wurde damit ein anderer Zweck verfolgt: die Deportation in Vernichtungslager. Ob besetzte oder freie Zone, Unterschiede wurden nicht mehr gemacht.

Dannecker fuhr zu den Lagern in der freien Zone, um an Ort und Stelle zu erkunden, ob eine hinreichende Zahl von Juden für Transporte »zur Verfügung stehe« – so die Sprache der SS. Er überzeugte Bousquet von der Notwendigkeit der Inspektion. Das von Dannecker verfasste Beratungsprotokoll zeigt die Denkweise des SS-Führers: »Schließlich sah Bousquet ein, dass er eine vorherige Besichtigung des Judenmaterials durch einen deutschen Beauftragten nicht ablehnen könne.«[14]

Am 29. Juli 1942 fand bei dem Nachfolger Danneckers, Röthke, eine Beratung aller Einzelheiten des Plans zur Auslieferung der Juden der freien Zone statt. Röthke, der neue Leiter des Judenreferats der Gestapo in Frankreich, ein Mann von dreißig Jahren, bestand darauf, sämtliche staatenlosen Juden zu internieren und ins besetzte Gebiet zu überführen.

In dem auf dieser Beratung beschlossenen Programm wurde festgelegt, bis zum 17. August vier Züge mit Juden aus den Internierungslagern der freien Zone nach Auschwitz zu schicken und zwei weitere Züge am 28. und am 30. August mit Juden, die erst noch zu verhaften seien. Röthke ging davon aus, dass es noch 12 000 staatenlose Juden in der freien Zone gäbe. Außerdem forderte er, auch die holländischen und belgischen Juden zu überführen. Angekündigt wurde zudem ein Gesetz zur Aberkennung der Staatsangehörigkeit für naturalisierte französische Juden, um auch sie zu Staatenlosen zu machen. Man konzentrierte sich in dieser Zeit auf die freie Zone, um nach Eichmanns Weisung die Züge nach dem Osten zu füllen. Pétain und Laval gaben in allen Punkten ihr Einverständnis.

Das Zentralkonsistorium, das Leitungsgremium der französischen und ausländischen Juden in Frankreich, richtete eine mutige Protesterklärung an die Vichy-Regierung gegen die Verfolgungsmaßnahmen, »deren Umfang und Grausamkeit einen Grad von Barbarei erreicht haben wie kaum je zuvor in der Geschichte«. Es sei, so wird erklärt, die vornehmste Pflicht jedes zivilisierten Staatswesens, »die Güter, die Freiheit, die Ehre und das Leben seiner Bürger zu wahren und diejenigen Ausländer zu schützen, denen auf regulärem Weg Gastfreundschaft auf seinem Territorium gewährt wurde«. Das Konsistorium bittet die Regierung »inständig, mit allen ihr noch zur Verfügung stehenden Mitteln zu versuchen, Tausende von unschuldigen Opfern zu retten, denen kein anderer Vorwurf gemacht werden kann als der, der israelitischen Religion anzugehören«.[15] Bitten und Proteste bewirkten nichts.

Im Spätsommer wurden Juden aus der freien Zone in Lager gebracht. Der erste Transport ging am 10. August 1942 von Drancy nach Auschwitz ab. Es war der Transport Nr. 17 mit 525 Frauen und 475 Männern, alles deutsche Juden. Nach der Ankunft in Auschwitz wurden 766 Deportierte sofort vergast. Nur ein einziger Mann dieses Transports hat überlebt.[16]

Die Transporte Nr. 18 und 19 folgten am 12. und 14. August. Man hatte es nun eilig, die unliebsamen Personen loszuwerden. Schon am 19. August erhielten die Präfekten der Region um Toulouse die Weisung, alle deutschen, österreichischen und polnischen Juden in Aulus und im gesamten Departement zu verhaften und zu den Sammelpunkten für die Transporte nach Polen zu bringen. Das galt auch für die Präfektur von Foix, zu der La Hille gehörte. Die Jungen und Mädchen von La Hille, die schon 16 Jahre alt waren, zählten zu den zu verhaftenden Personen.

Pétain, Laval und Bousquet und seine Gendarmerie behaupteten, die Juden kämen zur Arbeit nach Polen. Dass die Deportationen diesen Sinn haben sollten, glaubte jedoch kaum noch jemand, seit Kinder, Alte und Kranke verfrachtet wurden. Nichts Genaues war über das Schicksal bekannt, das die Juden am Bestimmungsort der Transporte erwartete, aber alle Umstände deuteten darauf hin, dass es ums Leben ging.

PROTESTE GEGEN DIE DEPORTATIONEN

Die Agentur Reuters verbreitete die Nachrichten über Verhaftungen der Juden in beiden Zonen, ihre Auslieferung an die deutschen Besatzer und über die unmenschlichen Bedingungen bei den Transporten. Es gab internationale Proteste, die jedoch mit verlogenen Argumenten zurückgewiesen wurden. Laval rechtfertigte die Maßnahmen nach uraltem Muster: Er schrieb die Schuld den Juden selbst zu. Man müsse sich ihrer entledigen, weil sie der Nation Schaden zugefügt hätten, indem sie sich auf dem Schwarzen Markt betätigten und der gaullistischen und kommunistischen Propaganda folgten. Außerdem sei ihre Zahl im Verhältnis zur französischen Bevölkerung viel zu groß.

Mitte August 1942 erhoben kirchliche Würdenträger ihre Stimme gegen die Deportationen. Kardinal Suhard sprach mit Laval. Kardinal Gerlier schrieb »als Bischof und Franzose« an Pétain. Er wandte sich gegen die Verhaftungen in der freien Zone und bat dringlich, »diesen unglücklichen Menschen, soweit es möglich ist, die Leiden zu ersparen, von denen sie bereits in so großem Ausmaß betroffen sind«[17]. Pastor Boegner schrieb ebenfalls an Pétain, er bat ihn nicht, sondern er forderte ihn auf zu handeln: »Die Wahrheit ist, daß den Deutschen Männer und Frauen ausgeliefert wurden, die aus politischen oder religiösen Gründen nach Frankreich geflüchtet sind und von denen viele das schreckliche Los im voraus kennen, das sie erwartet. (...) Ich flehe Sie an, Herr Marschall, diejenigen Maßnahmen zu treffen, die unabdingbar sind, damit sich Frankreich nicht selbst eine moralische Niederlage beibringt, deren Auswirkungen unberechenbar sein würden.«[18] Pétain antwortete, die Maßnahmen gingen von den Deutschen aus, sie seien bedauerlich, er könne aber nichts dagegen tun.

Der Erzbischof von Toulouse, Monseigneur Saliège, wandte sich an die Öffentlichkeit, an die christlichen Gemeinden seines Amtsbereichs. Er richtete einen Hirtenbrief an die Pfarrer, der zwischen dem 23. und 30. August in den meisten Kirchen der Diözese Toulouse verlesen wurde. Darin hieß es:

»Es gibt eine christliche Moral, es gibt eine menschliche Moral, die Rechte und Pflichten gebietet. Diese Rechte und

Pflichten entspringen der humanistischen Natur, sie kommen von Gott. Man darf sie nicht ächten. Kein Sterblicher darf sie je abschaffen. Die Kinder, die Frauen, die Männer, die Väter und die Mütter haben sich wie in einer Herde hingeschleppt, sie sind Mitglieder von Familien, die voneinander getrennt und in eine unbekannte Richtung transportiert wurden. Die Juden sind Männer, die Juden sind Frauen, die Fremden sind Männer, die Fremden sind Frauen. Es wurde ihnen nicht erlaubt, Männer unter Männern zu sein, Frauen unter Frauen. Sie konnten nicht wie Mütter und Väter in einer Familie leben. Und doch waren sie Menschen. Sie sind unsere Brüder. Ein Christ darf das niemals vergessen.«[19] Auch die Erzbischöfe von Marseille und Lyon wandten sich öffentlich gegen die Verschleppung der jüdischen Männer, Frauen und Kinder. Der Bischof von Montauban, der ebenfalls einen Hirtenbrief verschickte, setzte seinen Worten voran: »Zu verlesen ohne Kommentar bei allen Messen in allen Kirchen und Kapellen der Diözese am Sonntag, dem 30. August 1942.«

Die internationale Presse berichtete, dass die Deportationen in Frankreich eine heftige Empörung in der Bevölkerung und in den christlichen Kirchen ausgelöst haben. Pétain und Laval, die es in der Hand hatten, hielten den Fortgang der Deportationen trotzdem nicht auf. Laval ließ im Gegenteil sogar Personen verhaften, die Juden retten wollten. Der deutsche Botschafter in Paris, Abetz, telegrafierte am 2. September seinem Auswärtigen Amt: »Laval teilt heute mit, daß er gestern in Lyon den Jesuitenoberen, Chaillet, verhaften ließ, weil er 80 Kinder aus jüdischen Familien, die von der französischen Regierung zum Weitertransport nach dem Osten in besetztes Gebiet überstellten wurden, verborgen hielt und sie dem polizeilichen Zugriff entziehen wollte.«[20] Abetz bezeichnete Chaillet als die rechte Hand Gerliers, des Erzbischofs von Lyon.

Am 29. August 1942 wurde von protestierenden Organisationen und kirchlichen Kreisen ein Komitee zur Emigration besonders gefährdeter Kinder und Jugendlicher gegründet, das später das Genfer Komitee genannt wurde. Den Vorsitz führte Donald Lowrie, der auch der Leiter des französischen Koordinationskomitees in Nîmes war. Dem Genfer Komitee gehörte auch Eleanor Dobois an. Das Schweizer Rote Kreuz/Kinderhilfe beteiligte sich nicht.[21]

Die grosse Razzia in der freien Zone

Während die Züge mit den Menschen aus den Internierungslagern der freien Zone in Drancy eintrafen und von dort Güterwagen in Richtung Osten abfuhren, liefen die Vorbereitungen für eine große Razzia in der freien Zone. Bousquet fürchtete, dass der festgelegte Termin vorher bekannt werden könnte und wies per Telegramm die Präfekten an, alle Personen zu internieren, die durch ihre Einstellung oder ihre Handlungen die Aktion behindern könnten.

Am Montag, dem 24. August, gab die Vichy-Regierung den Präfekten bekannt, dass die Razzia am Mittwoch, dem 26., beginnen werde, und zwar in den frühen Morgenstunden zwischen vier und fünf Uhr. Der Termin wurde eingehalten.

Am 28. August fuhren tausend Juden mit dem Transport Nr. 25 von Drancy nach Auschwitz ab, zusammen mit 280 elternlosen Kindern, die man loswerden wollte, ohne Unruhen zu erzeugen; Kinder und Erwachsene gemeinsam im Zug – das sah aus, als würden die Familien nicht auseinandergerissen. In diesem Zug befanden sich auch 167 Juden aus der freien Zone. In einem weiteren Transport, Nr. 26, wurden am 31. August 499 Frauen und Männer deportiert, die bei der großen Razzia in der freien Zone verhaftet worden waren. Auch in den nachfolgenden Transporten Nr. 27 und 28, die am 2. und 4. September von Drancy abfuhren, waren Verhaftete aus der freien Zone. Nach dem Willen der Vichy-Regierung sollten sich im Transport Nr. 28 auch die Jugendlichen aus La Hille und mit ihnen ihre jüdischen Betreuer befinden. Alles war dafür vorbereitet und verlief zunächst wie geplant.

VERSCHLEPPUNG INS LAGER LE VERNET

Im Departement Ariège begannen die Verhaftungen in der Nacht vom 25. zum 26. August in dem kleinen Badeort Aulus, dem zugewiesenen Zwangsaufenthaltsort für die erwähnten 640 Juden. Im Gebiet Ariège verstreute Juden wurden durch die Gendarmerie aufgegriffen und verschleppt.

Die Nachricht von der Verhaftung der Juden von Aulus war noch nicht nach La Hille gedrungen, als in der Nacht darauf auf Anweisung des Präfekten Monzart eine Razzia im Schloss La Hille stattfand. Gegen vier Uhr früh umstellten französische Gendarmen das Schloss. Manche Jungen und Mädchen versuchten zu entkommen, aber das war unmöglich, denn im Haus und draußen war alles von Gendarmen besetzt. Alle jüdischen Kinder über sechzehn Jahre sollten in Omnibusse einsteigen. Auf der Liste der Gendarmen standen vierzig Namen. Rösli Näf schimpfte und schrie, dass sie das nicht zulasse, die Kinder stünden unter ihrem Schutz und sie vertrete das Schweizer Rote Kreuz. Es half nichts, die Großen mussten in die Busse einsteigen. Rösli Näf bat, ihre Schützlinge begleiten zu dürfen. Das wurde ihr nicht erlaubt. Sie wollte wissen, wohin man die jungen Menschen bringe. Man habe Befehl, darüber keine Auskunft zu geben, lautete die Antwort. Die Jungen und Mädchen und mit ihnen Flora Schlesinger und Elka und Irène Frank wurden nach Vernet gefahren. Sie waren für den nächsten Transport nach Auschwitz bestimmt. Auch die La Hiller, die sich außerhalb des Schlosses aufhielten, bei Bauern oder irgendwo anders arbeiteten, wurden verhaftet und nach Vernet gebracht.

Es musste schnell gehandelt werden, um die Jugendlichen zurückzuholen. Rösli Näf intervenierte direkt im Lager Le Vernet. Sie fuhr den Kindern hinterher und kam sonderbarerweise ungehindert ins Lager. Sie forderte den Kommandanten auf, die Kinder, die unter dem Schutz des schweizerischen Roten Kreuzes stünden, freizulassen. Dazu war er aber nicht befugt. Rösli Näf wird im Film von Ursula Junk gefragt: »Was haben Sie gemacht, als Sie wussten, dass die Kinder nach Vernet gekommen sind?« Und sie antwortet: »In der Nacht habe ich den Entschluss gefasst, morgen früh gehe ich nach Vernet in das Lager, koste es, was es wolle. Der Eingang war von zwei bewaffneten Soldaten bewacht. Ich weiß nicht, wie ihr Befehl lautete, aber sie verboten mir nicht, hineinzugehen, und plötzlich stand ich drin. Zuerst geschah nichts. (...) Dann war ich von Militär umringt und man schimpfte darüber, dass das passieren konnte. Das ging so eine Weile, noch immer stand ich am Eingang. Man wartete auf den Kommandanten, einen Franzosen, der mich sehr höflich begrüßte. Ich glaube, ich hatte keine Uniform vom Roten Kreuz an, aber immerhin sah er in mir wahrscheinlich eine Repräsentantin dieser internationalen Organisation. Er sagte, da es mir unglücklicherweise gelungen sei, hineinzukommen, müsse er mich dort behalten. Er hat mich in eine leere Baracke gebracht und mir einen laisser passer geschrieben, einen Passierschein, mit dem ich zu den Kindern gehen konnte. Die Kinder freuten sich und ich heulte vor Freude. Ich machte mir keine Gedanken darüber, ob das, was ich tat, gefährlich war. Ich hatte nur das eine große Bedürfnis, die Kinder wiederzusehen. Am Abend vor der Deportation wurde ich zum Kommandanten gerufen. Er sagte: Morgen findet die Deportation statt, aber ich kann Ihnen mitteilen, dass es Ihrem Repräsentanten in Toulouse, Herrn Dubois, gelungen ist, die Kinder freizubekommen.«

Einer der Jungen in Vernet, Jacques Roth, sagt in einem Interview, er sei überzeugt, dass Rösli Näf die Kinder nicht verlassen hätte, wenn die Intervention in Vichy erfolglos gewesen wäre; sie wäre mit ihnen auf Transport gegangen.[22]

Maurice Dubois, der sofort telefonisch über die Verschleppung der Kinder informiert worden war, hatte sich unverzüglich auf den Weg nach Vichy gemacht. Er verlangte dringend, den Ministerpräsidenten Laval zu sprechen. Der war nicht erreichbar, aber ein Gespräch mit dem Generalsekretär des Innenministers kam zustande; er war der Einzige, der die Verhaftungsbefehle rückgängig machen konnte. Dubois forderte von ihm eine Anordnung, die Kinder von La Hille sofort freizulassen. Geschehe dies nicht, werde er dafür sorgen, dass die Hilfe für tausende französischer Kinder abgebrochen werde und dass kein hilfsbedürftiger Franzose mehr die Schweiz betreten dürfe. Das hätte die Franzosen empfindlich getroffen, denn sie waren angesichts der schlechten Versorgungslage besonders auf die Hilfe des Schweizer Roten Kreuzes für die französischen Kinder angewiesen.

Maurice Dubois erzählte vor einer Kamera, seine Frau sei skeptisch gewesen, sie habe gesagt:

»Du hast es geschafft, mit ihm zu sprechen, aber du wirst es nicht schaffen, die Kinder zu befreien.« Er habe ihr geantwortet: »Wir haben ein starkes Argument. Wir sind für alle Kinder verantwortlich, zufällig auch für jüdische, für die besonders, weil man ihre Eltern vielleicht schon verhaftet hat.«

Offenbar wollte das französische Innenministerium nicht riskieren, von der Hilfe der Schweiz ausgeschlossen zu werden. Jedenfalls hatte Dubois Erfolg. An den Kommandanten von Vernet ging die Weisung zur Freilassung der Kinder von La Hille. Der Freilassungsbefehl erreichte ihn noch am selben Abend, zwölf Stunden vor der Deportation der Häftlinge. Der Zug nach Drancy fuhr ohne die La Hiller ab und wurde nach kurzem Aufenthalt als Transport Nr. 28 nach Auschwitz weitergeleitet. Alle Jugendlichen, ihre Betreuer und Rösli Näf kehrten zum Schloss zurück, das war am 2. September 1942.

Während Maurice Dubois in Vichy intervenierte, war seine Frau Eleanor nach Bern gefahren, zum Präsidenten des Schweizer Roten Kreuzes/Kinderhilfe, Colonel Hugo Remund. Sie bat den Colonel um die Erlaubnis, die jüdischen Kinder, die unter der Obhut des Schweizer Roten Kreuzes standen, in die Schweiz einreisen zu lassen. Trotz der Lebensgefahr, in der sich die Kinder befanden – noch war ja nicht bekannt, ob Maurice Dubois in Vichy etwas erreicht hatte –, blieb der Colonel reserviert und erklärte, er werde das Anliegen dem Generalrat zuleiten, wohl wissend, dass man dort nichts unternehmen würde. Colonel Remund tat seinerseits nichts, was den Deutschen nicht genehm gewesen wäre.

Zwei Wochen später war Maurice Dubois in Toulouse beim Verantwortlichen des Passwesens, dem er erzählte, was den Kindern widerfahren war, und schlug vor, Ausreiseerlaubnisse für die Kinder auszustellen, mit denen sie in die Schweiz gehen könnten. Der französische Beamte antwortete ihm, er solle die Einreisebewilligungen der Schweiz vorlegen, dann ginge es. Anträge dieser Art wurden gestellt, aber von der Schweiz abschlägig beschieden.

Edith Goldapper schreibt in ihrem Tagebuch: »4 Uhr früh. Näf kommt mit Gendarmen ins Zimmer. Alle Großen müssen sich anziehen und ihre Sachen packen. Panik herrscht.« Walter Kamlet, der Musiker, erinnert sich: »Um 4 Uhr umzingelten Gendarmen das Schloss. Ich wachte auf und hatte Angst. In jede Tür des Schlosses traten sie ein. Sie hatten Revolver in den Händen, als wären wir Kriminelle. Im Schlafsaal waren die Kleinen, die Mittleren und die Großen, alle sehr erschrocken über den Angriff der Gendarmen. Ich sehe noch heute die weinenden Mädchen, mehrere schrien, die Jungen waren wütend. Wir hatten nicht genug Zeit, um uns anzukleiden und die wichtigsten Sachen mitzunehmen. Wir stiegen in den Autobus. Die Kleinen blieben im Schloss.«

Leo Lewin erzählt: »Eines Morgens gegen vier Uhr kam ein Riesenaufgebot von französischen Gendarmen, die uns in das Lager brachten, mit verschiedenen Omnibussen. Wir kamen in das Lager Vernet, wo bereits viele andere jüdische Leute interniert waren. Während des Tages und der nächsten Tage kamen laufend neue Omnibusse mit anderen Leuten an, alle zur Deportation nach dem Osten. Die Situation war sehr bedrückend, da jeder wusste, um was es ging. Die Leute waren unsicher, sie waren aufgeregt und es gab einige, die sich das Leben genommen haben. Jeder wusste, dass die Lage ernst war.«

Einige Große hielten sich zu dieser Zeit nicht im Schloss auf, zum Beispiel Ruth Schütz. Sie arbeitete bei der bäuerlichen Familie Schmutz. In ihrem autobiografischen Buch werden Einzelheiten der Verhaftung und des Aufenthaltes in Vernet geschildert: »Ich kam mit einem Korb voll Gemüse aus dem Garten und bemerkte vor dem Haus ein schwarzes Auto und zwei Gendarmen in der schwarzen Uniform der französischen Militia. Einen Moment stand ich still und holte tief Atem. Es erinnerte mich an das Auto und die Uniform der SS, die meinen Vater vor vier Jahren in Berlin verhaftet hatten. Die Gendarmen wandten sich zu mir: ›Dein Name ist Ruth Schütz?‹ ›Richtig, das ist mein Name.‹ ›Wir haben den Befehl, dich zu verhaften. Du hast fünf Minuten Zeit, um deine Sachen zu packen.‹ Frau Schmutz stand am Herd und hob für eine Sekunde ihren Kopf, dann kehrte sie zu ihrer Arbeit zurück. Die Familie Schmutz, das waren einfache Menschen, nach ihrer Ansicht hatten die Behörden immer Recht. Auf meine Frage: ›Was habe ich getan? Wohin bringt ihr mich?‹ antwortete ein Gendarm: ›In ein Arbeitslager. Es ist Zeit, dass ihr Juden arbeitet.‹ Sein Blick war so drohend, dass ich schwieg. Nach ein paar Minuten stand ich mit meinem Bündel in der Hand vor dem Auto. Die Gendarmen durchwühlten meine Sachen, um zu sehen, ob ich etwa eine Schere oder ein Messer verstecke. Sie untersuchten auch mich nach einer verborgenen Waffe unter meinem Kleid. Ich wurde zornig: ›Ich denke nicht daran, mich umzubringen.‹ Mit einem Tritt flog ich in das Auto. Der Mutter Schmutz gelang es noch, mir ein kleines Paket mit Brot und Wurst in die Hand zu drücken. Das Auto hielt vor der Polizeistation in Pamiers. Ohne ein Wort wurde ich in eine Zelle gebracht und eine schwere Tür schloss sich hinter mir. Ich blieb allein und blickte durch ein vergittertes Fenster. Es war ein heller, schöner Sommertag. Ich sah Männer und Frauen in Sommerkleidern, die zum Mittagessen nach Hause eilten, Kinder auf Fahrrädern, Gruppen von jungen Menschen gingen lachend vorbei, ein Liebespaar – das Mädchen in einem geblümten Kleid, es neigte den Kopf zu dem Jungen. Großer Gott, mehr als zwei Jahre waren vergangen, seit ich sorglose Jugendliche gesehen hatte. Warum gehöre ich nicht zu diesen Menschen? Welcher Fluch lastet auf mir? Warum bin ich hinter Gittern eingeschlossen? Am Abend wurde ich in ein Auto geschoben, in dem schon eine Familie mit zwei Kindern saß. Nach kurzer Fahrt standen wir vor dem Tor des Lagers Vernet. Eine lange Reihe Menschen stand vor einem Tisch in der Mitte eines Platzes, und ein Beamter schrieb alle Männer, Frauen und Kinder, die an diesem Tag verhaftet worden waren, in eine Liste ein. Alles war umzäunt mit elektrisch geladenem Stacheldraht. Im Lager standen Reihen von Holzbaracken. In jeder Baracke gab es vierzig zweistöckige Betten. Von der Decke hing eine Lampe, die die ganze Nacht brannte und schwaches Licht verbreitete. Ich überlegte, wie ich jemanden benachrichtigen konnte, dass ich hier war. Früh am Morgen war Appell. Jeder musste neben seinem Bett stehen. Zum Frühstück bekam man ein Stück klebriges Schwarzbrot und ein braunes, trübes Getränk. Der Internierte, der das Getränk verteilte, ein schwarzhaariger Bursche, bemerkte meine Hilflosigkeit, als er sah, dass ich keine Tasse hatte. ›Warum hast du kein Essgefäß mitgebracht?‹, wollte er wissen. Mittags, als die Suppe verteilt wurde, hatte ich ein Essgefäß. Ramon, so war der Name des spanischen Häftlings, war schon lange im Lager. Aus einer alten Konservenbüchse hatte er für mich Essgeräte gemacht. ›Die Büchse musst du nach dem Essen gut mit Sand reinigen.‹ Irgendwann wurde gefragt: ›Wer hat eine gute Handschrift?‹ Am nächsten Tag saß ich in dem kleinen Raum des Ältesten und schrieb unendlich lange Listen der Häftlinge.

Das Lager Vernet war am Anfang ein Gefängnis für Kriminelle und später auch für politische Gefangene, meistens Spanier, die von der Regierung Francos verfolgt wurden. Am Ende wurden dort auch Juden interniert. Das Lager war in drei Teile geteilt, nach Art der Gefangenen. Zum Übergang von einem Teil zum anderen brauchte man eine besondere Erlaubnis. Im Lagerteil der Juden waren Männer, Frauen und Kinder, ansonsten nur Männer. (…) Am Abend kam Ramon in unsere Baracke. Er erzählte, dass er 27 Jahre alt sei, verheiratet ist und Vater eines Kindes. Als Anarchist habe er gegen Franco gekämpft und nach dem Bürgerkrieg sei er nach

Frankreich geflüchtet. Seine Frau lebte inzwischen mit einem anderen Mann. Am nächsten Tag kam er wieder, er brachte eine Mundharmonika mit und spielte Lieder aus seiner Heimat Katalonien. (…) Plötzlich erfasste uns ein Lichtstrahl, die Wächter bemerkten uns. Ein Schlag auf den Rücken schickte Ramon in seinen Teil des Lagers zurück.

Die französische Polizei führte fleißig die Arbeit für die Deutschen aus. Täglich verhaftete sie viele Juden und sammelte sie in Vernet. Das Leben dort wurde Gewohnheit. Früh zum Appell, in der Reihe stehen zur Verteilung von Brot und dem Getränk, Listen schreiben und wieder in der Reihe stehen für die Suppe am Mittag. In der Reihe stehen am Wasserhahn, der nur zwei Stunden am Tag Wasser hatte. Wenn es mir gelang, etwas zu waschen, musste ich an der Leine warten, bis die Wäsche trocken war, sonst wurde sie gestohlen. Der Überrest der Früchte, die die Bauern nicht zum Markt bringen konnten, Pflaumen, Pfirsische, Melonen und halb verfaulte Birnen, wurde ins Lager geschickt. Das Ergebnis war ein allgemeiner Durchfall. Die Menschen, die in aller Öffentlichkeit in den Abtritten hockten, ist mir bis heute einer der erniedrigendsten Eindrücke. Ich war schon eine erfahrene Insassin des Lagers, als eines Tages alle Jungen und Mädchen aus La Hille, die über 16 Jahre alt waren, nach Vernet kamen. Es war mir traurig zu Mute, dass auch sie verhaftet worden waren, aber ich fühlte mich wohler, wieder mit allen zusammen zu sein.

Eines Morgens merkte ich, dass besondere Vorbereitungen im Lager getroffen wurden. Der Appell verspätete sich. Der Kommandant kam in Begleitung vieler Gendarmen in unsere Baracke und las uns den Tagesbefehl vor: Jeder Häftling sollte seine Sachen packen und sich neben sein Bett stellen. Wenn sein Name aufgerufen würde, sollte er zur Bahn hinausgehen. Auf den Schienen, die das Lager durchquerten, standen Viehwagen für die Häftlinge bereit. Die Gendarmen riefen einen Namen nach dem anderen auf, und ich fragte mich, wann ich an die Reihe komme würde. Am Ende blieb ich allein in der leeren Baracke zurück, außer mir war dort nur noch eine Frau, die kurz vorher einen Franzosen geheiratet hatte und auf ihre Freilassung wartete. Die Gendarmen verschwanden. Ich wusste nicht, was ich denken sollte. Ich ging zu der Baracke, in der die La Hiller schliefen. Sie waren erregt, denn ihre Namen waren auch nicht aufgerufen worden und man sagte, sie würden befreit werden.

Am Zug herrschte Aufregung und Verwirrung. Alte Männer und Frauen schleppten schwere Koffer, kleine Kinder weinten, Eltern suchten ihre Kinder, die sie im Gewirr aus den Augen verloren hatten. Ich versuchte, den Elenden die Koffer zu tragen und die Kinder zu beruhigen. Es waren viele Häftlinge dabei, die ich kannte. Ich blieb allein auf dem Bahnsteig. Plötzlich fühlte ich: Genug! Ich will nicht weiter um mein Recht auf Leben kämpfen. Einen Moment spielte ich mit dem Gedanken, auch in den Zug zu steigen, das Schicksal aller Juden sollte auch meines sein. Meine Kameraden sahen mich auf dem Bahnsteig und holten mich zurück in unsere leere Baracke. Überall lagen noch Sachen von den Deportierten.

Am nächsten Tag konnten wir das Lager verlassen. Fräulein Näf besorgte Fahrzeuge für den Rücktransport. Als ich mit allen durch das Tor schritt, drückte mir Ramon ein kleines Päckchen in die Hand. ›Ein Andenken an Ramon‹, sagte er. Es war eine kleine Brosche, ein Flugzeug aus Blech, von einer Konservenbüchse gemacht, mit kleinen Glasscherben geschmückt. Am Stacheldrahtzaun drehte ich mich nach Ramon um, der mit Tränen in den Augen winkte. Die Brosche bewahrte ich als Talisman. Bei meinen vielen Reisen ging sie mir verloren.

Als wir uns La Hille näherten, empfingen uns die Kleinen mit Gesang. Ich war nicht fähig, mich zu freuen. Ich konnte den Anblick der Menschen bei der Deportation nicht vergessen. Radio London meldete, dass die Deportierten von Vernet noch auf dem Weg nach Osten ihr Ende fanden. Ob die Nachricht stimmte, konnte ich nicht in Erfahrung bringen. Aber von diesem Augenblick an wusste ich, dass uns dasselbe Schicksal erwartete.«

Zu ergänzen ist, dass die Dorfbewohner die Rückkehrer aus Vernet begrüßten und sich an der Bewirtung, die man für sie vorbereitet hatte, beteiligten.

Auch Irène Frank erzählt von der Verschleppung nach Vernet und von der Rettung in letzter Stunde: »An einem Morgen Ende August weckte mich heftiges Klopfen. Fräulein Näf stand vor meinem Bett, blass und erregt. Sie müssen alle fort, sagte sie, Sie und die Kinder über sechzehn Jahren, unten stehen schon die Wagen mit den Gendarmen, um Sie abzuholen. Sie müssen sofort aufstehen. Die Gestapo? fragte ich. Nein, die französischen Gendarmen aus Pailhes, lauter brave Knechte von Vichy. Ich gehe, Ihre Schwiegertochter zu wecken, sagte sie. Als ich hinunterging, hörte ich Schluchzen und lebhaftes Protestieren aus den Schlafsälen der großen Mädchen. Sie wollten sich nicht vor den Gendarmen ankleiden. Fräulein Näfs Versprechen, jeden Fluchtversuch zu verhindern, bewirkte, dass die Gendarmen die Zimmer verließen und sich nur wie eine Schildwache vor der Tür aufpflanzten. (…) Als um acht Uhr die Frühstücksglocke läutete und die jüngeren Kinder herbeieilten, erschreckt und verstört, fragten die Männer sie misstrauisch nach ihrem Alter und ließen sich von Fräulein Näf die Liste mit den Personalien der Kinder geben. Die Brüder oder Schwestern der Arretierten klammerten sich an ihre Geschwister und flehten mitgenommen zu werden. Nur Schlesingers wurde erlaubt, ihren elfjährigen Jungen mitzunehmen.[23] Zwei Mädchen, die noch nicht ganz sechzehn waren, hätten gut durchschlüpfen können, schlossen sich aber aus Solidarität ihren Kameradinnen an. Vom Personal waren nur Elka, die Schlesingers und ich jüdischer Abstammung. (Alexander wohnte im August nicht mehr im Schloss). Wir wurden in zwei großen Polizeiautos untergebracht. Die Zurückbleibenden klammerten sich weinend an uns, besonders Rita (Kuhlberg), Fanny (Kuhlberg) und die sonst so gleichgültig tuende Cilly (Stückler). Sie fluchten auf die Gendarmen, wobei sie in ihrem Zorn, jeder Vorsicht bar, wenig salonfähige Ausdrücke gebrauchten, zum Glück auf Deutsch. Wir saßen wie in einer Sardinenbüchse. Jeder reagierte nach seinem Charakter. Einige Mädchen weinten leise, einige Burschen hielten es für männlich, Witze zu reißen. Edith Moser hielt die Hand ihres Bruders Kurt fest. Elka, erst ganz ruhig, weinte furchtbar, Herr Schlesinger fluchte, die meisten blickten scheu und verstört um sich. In Vernet wurden wir am Empfangsbüro wie eine Ware abgeliefert. Wir wurden nach Waffen und spitzen oder schneidenden Gegenständen untersucht, aller Papiere und Lebensmittelkarten enteignet, ebenso wie jeden Schmucks außer unseren Uhren.

Wir, das heißt die Mädchen und ich, wurden in eine große, lange Baracke geführt, in der neben- und übereinander mindestens dreißig Betten standen, eine Art Pritschen ohne Bettwäsche, nur Strohsäcke und eine dünne Decke. Die meisten Strohsäcke waren zerrissen und das Stroh quoll heraus wie Eiter aus einer Wunde. Wir mussten als erstes die Wunden heilen, nämlich zunähen. Aber wie? Ich weiß nicht, wie wir uns ganz groben Zwirn und noch gröbere Nadeln verschafften, um das Stroh wieder in seine Hülle zu drängen. Ich hörte später, dass in der nächsten Baracke, wo unsere Buben und die Schlesingers untergebracht waren, sich ein wahrer Nähkurs entwickelte, angeleitet von Frau Schlesinger und einem Jungen, der das Schneiderhandwerk erlernt hatte. Sie hatten dasselbe Problem zu lösen.

In der irrealen Umgebung eines KZs bekam fast jede irgendwann eine Weinkrise. Beim Betreten des Lagers hatte ich schluchzend eine Aufseherin gebeten, mich nicht von meinen Zöglingen zu trennen. Diesem Wunsch trug man Rechnung. Im Übrigen gebot das die Logik. Wohin hätte man mich legen sollen?

Wir waren kaum mit unserer merkwürdigen Näharbeit fertig, als ein Aufseher, es war ein Franzose, befahl, zum Appell anzutreten. Außer uns waren noch etwa zehn Frauen in der Baracke, verschiedenen Alters und unterschiedlicher Herkunft: zwei alte polnische Jüdinnen, die nur Polnisch und Jiddisch verstanden, einige Französinnen aus dem Elsass, darunter eine sehr hübsche, fast elegante junge Frau, die sofort, wie sie sagte, ihre zahlreichen Beziehungen schriftlich verständigte und sie bat, sie hier rauszuholen. Der Aufseher, der unsere Namen auf seiner Liste verzeichnet fand, hatte große Mühe, sie auszusprechen, oder er verdrehte sie absichtlich.

Es war uns erlaubt, nachmittags in dem baum- und blumenlosen ›Garten‹ spazieren zu gehen, aber nur bis nahe der Mauer, hinter der die spanischen Internierten waren. Überschritten wir die Mauer, seien die Soldaten in ihren Wachtürmen nach zweimaliger Warnung verpflichtet zu schießen. Ebenso wenn wir in der Nacht, von einem menschlichen Bedürfnis getrieben, ins Freie gingen. Da die Latrinen sich nahe der Mauer befanden, waren die nächtlichen Ausflüge nicht ohne Gefahr. Besondere Angst litt ich um Inge Helft, die mir Walter Kamlet sozusagen anvertraut hatte, bevor er zum Konservatorium nach Toulouse ging. Er hing leidenschaftlich an ihr und betrachtete sie als seine Braut und seine Schülerin. Sie war in vielem noch ein Kind, leicht erregt und aus dem Gleichgewicht gebracht, was bewirkte, dass sie nachts öfters aufstehen musste. Als Elka und ich die Plätze bestimmten, gaben wir ihr die Pritsche über mir, und wenn sie nachts aufstand, folgte ich ihr wie ein Schatten und hielt sie von der gefährlichen Mauer fern.

Die Latrinen, Ekel erregend schmutzig, waren für drei bis vier Personen auf einmal bestimmt. Für uns Erwachsene eine Qual. Die Jugendlichen verstanden das und umstellten die Tür, wenn sie Elka, Frau Schlesinger oder mich hineingehen sahen, und ließen keinen anderen durch.

Am ersten Morgen nach unserer Ankunft erwartete uns eine Überraschung. Ein Rotkreuzwagen stand vor dem Eingang und zwei Damen traten ein, ließen sich die Liste zeigen und gaben jedem von uns ein Paket mit Brot, Margarine und der nahrhaften, aber schrecklich fetten Leberpastete, die wir schon kannten. Und gute, warme Milch wurde uns in unsere Blechnäpfe gegossen, ein Viertelliter für jeden. Sie kamen mehrmals, um uns etwas zu essen zu bringen. Das bewahrte die Jugendlichen vor Hungerqualen.

Besonders unangenehm war der Mangel an Waschgelegenheiten. Es gab im Freien zwei Pumpen, da standen ein paar irdene Waschbecken von zweifelhafter Reinheit. An einem wuschen sich die Männer und Jungen, am anderen die Frauen und Mädchen. Sollten wir uns vor den Augen der Männer, der Wachsoldaten auf den Türmen ausziehen und waschen? Im Lager muss man wohl alle natürliche oder anerzogene Scham unterdrücken? Als einige junge Mädchen, den Oberkörper entblößt, sich zu waschen begannen, schallten halb bewundernde, halb ironische Zurufe aus den Fenstern und Türen einer Baracke. Wie aufgescheuchte Vögel eilten die Mädchen, nass, wie sie waren, in ihr Handtuch gehüllt, in unsere Baracke. Sie fielen mir weinend in die Arme: Wir gehen nicht mehr raus, lieber schmutzig bleiben, so eine Gemeinheit. Frieda Steinberg, eine große, rothaarige Wienerin, so frech wie begabt, hatte die Idee, unsere leeren Konservenbüchsen zu diesem Zweck zu benutzen. Jede bekam zwei Sardinenbüchsen, eine für den Oberkörper, eine für die Füße. Ich wusch mich nackt, genau wie die Mädchen. Andere Frauen taten es uns nach. Die zwei alten Polinnen betupften sich nur etwas mit einem in Eau de Cologne getauchten Taschentuch. Die junge Elsässerin wusch den ganzen Körper mit Eau de Cologne und erzählte, dass sie schon einen Prince Charmant gefunden habe, einen echten Arier aus Toulouse. Die Hochzeit werde in drei oder vier Tagen stattfinden, dann sei sie Französin und niemand könne

ihr mehr das Geringste anhaben. ›Ist er schön, liebenswürdig, klug?‹, fragten die Mädchen. ›Das weiß ich nicht,‹ antwortete die Elsässerin, ›ich habe ihn noch nicht gesehen, das
hat jemand vermittelt, es hat übrigens auch keine Bedeutung,
wenn er mich nur aus dem Lager holt, mehr verlange ich nicht
von ihm.‹ Das begriffen unsere Mädchen nicht.

Viele von uns machten bereitwillig den Dolmetsch für die
vielen alten Leute, die dem Schwall französischer Worte der
Aufsichtspersonen hilflos gegenüberstanden. Ich schrieb
Briefe für unsere Polinnen, kurze Meldungen an Freunde in
Ariège, die dann durch die Schweiz ihrer Familie Nachricht
geben sollten. Für andere schrieb ich Briefe an die Präfektur
in Pamiers, worin sie flehentlich um ihre Befreiung baten,
Alter und körperliche Leiden geltend machend. Ich schrieb
stundenlang und war glücklich, helfen und mich beschäftigen
zu können.

Am vierten oder fünften Tag unserer Haft erschien Rösli
Näf mit ihrem Abzeichen des Roten Kreuzes. Groß, mäch-
tig und streng stand sie vor dem kleinen Direktor des Lagers.
Später erzählte Fräulein Näf, dass sie dem Lagerleiter gedroht
hätte, dass, wenn einem der Jugendlichen ein Leid zugefügt
oder einer gar verschickt würde, die Schweiz augenblicklich
ihre Liebespakete und jede Art Hilfe in Naturalien, im Post-
verkehr und in anderer Art, einstellen würde. Ihr Besuch erregte Aufsehen im ganzen Lager.

Im Lager war ein Dutzend sehr kleiner Kinder. Mehrere
Mütter warfen sich vor Fräulein Näf nieder, umfassten ihre
Knie und flehten: ›Nehmen Sie doch unsere unschuldigen
Kinder. Sie haben eine große Kolonie, da kommt es doch auf
ein paar mehr nicht an. Sie sind neutral, Sie dürfen alles. Man
wird uns nach Polen schicken, retten Sie unsere Kinder, Gott
wird es Ihnen lohnen.‹ Sie versuchte den Frauen die Lage zu
erklären: ›Sie haben in der Präfektur und bei der Polizei eine
genaue Liste mit allen Namen. Finden sie mehr Kinder, als
ich angab, bin ich strafbar, sie können mich aus dem Land

ausweisen. Was geschieht dann mit den Kindern der Kolonie?‹ Die Frauen wiederholten nur auf Deutsch, Jiddisch und Polnisch, flehend und drohend, in Todesangst: ›Retten Sie meine Kinder.‹ Wir stimmten in die Bitte ein. Streng logisch hatte Rösli Näf wahrscheinlich Recht, aber wir dachten, dass das Rote Kreuz einflussreich und die Gunst der Schweiz wichtig genug sei, um etwas für die verzweifelten Mütter tun zu können.

Eines Morgens wurde die junge, elegante Elsässerin von einem älteren Mann, einem Franzosen, abgeholt. Man entließ sie, weil der Mann die Papiere für die sofortige Heirat mitbrachte. Im Toulouser Standesamt erwartete der Bürgermeister das Paar, um die Trauung vorzunehmen.

Zwei Tage später, es war ein Freitag Abend, bemerkten wir im Nachbarpavillon, wo vierzig orthodoxe Männer untergebracht waren, eine ungewöhnliche Bewegung und hörten laute Gesänge, die zu Klagen anschwollen. Herr Schlesinger warf einen Blick durch das Barackenfenster. Er kam erregt zurück: ›Ein Rabbiner ist angekommen, sie singen Totengebete. Was soll das bedeuten?‹ ›Ich ahne, was es zu bedeuten hat‹, sagte meine Schwiegertochter leise. ›Sie werden uns alle nach Polen verschleppen und der Rabbiner ist gekommen, um sie zu trösten und auf den Abschied vorzubereiten.‹ In der Nacht klangen die Todesgebete schauerlich für uns, die wir keinen Trost im Gebet suchten.

Wir schliefen in dieser Nacht weniger als sonst. Am nächsten Tag geschah nichts. Gerade dieses hilflose Erwarten einer Katastrophe spannte die Nerven aufs Äußerste. Elka und ich griffen nach dem einzigen Mittel, das uns zu Gebote stand: Wir beschäftigten alle, ließen sie Schalen und Bestecke waschen, alle Decken ausbürsten und falten, beim Kartoffelschälen helfen, die Baracken gründlich reinigen. Sie erwiesen sich als tapfer, unsere Teenager, man hörte sie lachen und unter der Leitung des sehr musikalischen Mädchens, das die einzige Protestantin der Kolonie und nach den Nürn-

114

berger Gesetzen eine Halbjüdin war, sangen sie am Nachmittag vor den Baracken alte und neue Lieder, deutsche und französische, Schlager und Volkslieder. Selbst unsere Wächter blieben stehen und lauschten.

Elka hatte Recht. Wir alle sollten am nächsten Vormittag nach Polen verschickt werden. Wir packten unsere ärmlichen Habseligkeiten. An praktischen, ja lächerlichen Fragen hielten wir uns fest. Ich zählte meine Taschentücher und suchte mit Eifer zwei angeblich verloren gegangene. Ruth Klonover fand ihren zweiten Schuh nicht. ›Was soll ich tun‹, hörte ich sie halb verzweifelt, halb humorvoll sagen, ›ich kann doch nicht mit einem Schuh nach Polen latschen.‹

Vor dem Frühstück, neben unseren gepackten Sachen, unser letzter Appell, es war der 2. September. ›Diejenigen, die ich verlese, müssen sich zur Reise fertig machen.‹ Obwohl wir unser Schicksal für entschieden hielten und uns mit einer gewissen Ergebung hineingefunden hatten, verfolgten wir mit atemloser Spannung das alphabetische Verlesen der Namen: Adler, Bauer, Budowski usw. und dann gleich Grabowski statt Frank, und nicht Helft, nicht Klonover oder Nußbaum. Bei Z atmeten wir erstaunt auf. Alle Mitglieder der Kolonie waren ausgelassen worden. Dasselbe spielte sich in der Nachbarbaracke bei Schlesingers und den Buben ab.

›Der Zug geht gegen elf Uhr‹, sagte der Wachmann. ›Sie haben also Zeit, eventuelle Verfügungen zu treffen und etwas Proviant einzupacken. Die Bewohner von La Hille warten, bis sie am Nachmittag abgeholt werden.‹

Im ersten Augenblick konnten wir kaum an unser Glück glauben, dann überkam uns Beschämung beim Anblick der Verzweiflung unserer Pavillongenossinnen, die kein Schweizer Komitee beschützt hatte, für die es keinen Ausweg mehr gab.

Inzwischen wurde das letzte Frühstück gebracht. Wir sammelten so viel Brot wie möglich, Käse und Büchsenfleisch und gaben unseren Anteil den Verbannten. Ich überlegte, was man sonst noch für sie tun könne. Ich gab meine

Füllfeder und einige Bleistifte, das taten auch andere, damit sie an ihre Nächsten, die sie liebten, schreiben konnten, ehe sie eine Nummer waren und ihre Persönlichkeit ausgelöscht in Nacht und Nebel. Es war wie eine Prozession von Gespenstern, dieser Marsch müder, verzweifelter Menschen bis zur nahen Station, von beiden Seiten von französischen Gendarmen abgeschirmt. Man hörte keinen Laut, nicht einen Schrei, keinen Protest. Selbst die Kinder wagten nicht zu weinen. Ein unheimlicher Kontrast zu der hellen Sonne und dem südlich blauen Septemberhimmel. Wir begleiteten den Zug eine Strecke lang, der Rabbiner und ein paar andere gingen bis zur Bahn und nahmen die Briefe und Zettel entgegen, die ihnen die Abreisenden zuwarfen. Wir betrachteten das Geschriebene als ein Vermächtnis, bemühten uns, die teilweise ungeschickten, fehlerhaften Adressen zu entziffern und in verständliches Französisch zu übertragen, und frankierten die Briefe. Das war der letzte Dienst, den wir ihnen erweisen konnten. Aber wir saßen noch lange stumm vor den leeren Pritschen.

Der Selbsterhaltungstrieb ist stärker als das tiefste Mitgefühl. Es kam uns jetzt erst zu Bewusstsein, frei zu sein und heimkehren zu können. Heim – nirgends mehr war unser richtiges Heim, aber die Kolonie war in dieser Stunde ein Ideal. Gegen sechzehn Uhr kam unsere Directrice, unterzeichnete die nötigen Papiere und Entlassungsscheine. Man rief uns zum letzten Appell, dann waren wir frei. In La Hille wurden wir von unseren Kindern und dem Personal mit Blumenkränzen und Küssen empfangen. Ein paar Vierzehnjährige hatten ein Empfangsmahl fabriziert. Frau Schlesinger durfte an dem Abend nicht einen Augenblick die Küche betreten oder eine Hand rühren. Herr Lyrer hatte Wein und Fruchtsaft gespendet. Ich dankte Fräulein Näf und Herrn Lyrer und dem ganzen Schweizer Komitee im Namen aller Geretteten für ihr Bemühen, ohne welches wir nicht hier säßen, sondern das Schicksal der Unglücklichen hätten teilen

Isi Bravermann (ganz rechts) unterwegs mit Manfred Manasse (ganz links), Fernand Nohr (3. v. l.) und spanischen Emigrantenkindern

müssen. Ich sagte absichtlich humorvolle Worte und kämpfte gegen meine Sentimentalität, um keine allgemeine Rührseligkeit aufkommen zu lassen. Fräulein Näf lächelte gerührt und gütig.«[24]

An dieser Stelle muss ich auf Isi Bravermann, den Jungen aus Vernet, zurückkommen. Im Juli 1994 schrieb er an Alexander Frank, er habe von dem Treffen der La Hiller in Südfrankreich leider erst nachträglich erfahren. Aber er gehöre zu den Kindern der Kolonie. Im Schloss La Hille, fuhr er fort, »habe ich mich von August 1942 bis 1944 aufgehalten, ich war neun Jahre alt und wurde aus Vernet hergebracht, ich hieß Israel Bravermann und man nannte mich Isi«. Ich frage mich, ob er von den La Hillern aus dem Lager geschmuggelt wurde. In Vernet befanden sich die Großen, die schon sechzehn Jahre alt waren und der elfjährige Paul Schlesinger. Jedes kleinere Kind wäre in der Gruppe der das Lager verlassenden La Hiller aufgefallen. Und dennoch könnte Isi Bravermann hinausgeschmuggelt worden sein. Am wahrscheinlichsten scheint mir jedoch, dass er bereits vor der großen Razzia in La Hille war. Aber auch dann bleibt die Frage offen, wie es möglich war, den Jungen aus Vernet herauszubekommen. Es war bisher nicht möglich, ihn danach zu fragen.

Die Jugendlichen von La Hille wurden nicht nach Drancy geschafft und nicht zur Deportation an die Gestapo ausgeliefert. Das war das einzige Mal, dass Laval beziehungsweise sein Stellvertreter nachgab und die Freilassung verfügte. Der Schutz der Kinderkolonie blieb in der Folgezeit weitgehend erhalten, aber nicht absolut. Die älteren Heimbewohner waren gefährdet wie alle anderen Juden auch. Aber die jüngeren scheinen eine Zeit lang verschont worden zu sein. Überall sonst wurden auch die Kinder unter sechzehn Jahren ergriffen und deportiert, wenn sie nicht rechtzeitig in eine sichere Obhut gegeben werden konnten. Das jüdische Kinderhilfswerk OSE (Œuvre de Secours aux Enfants) hatte seine Heime zeitig genug aufgelöst, seine legale Tätigkeit eingestellt und dafür ein gutes illegales Netz aufgebaut, um alle Kinder einzeln bei Familien unterzubringen oder in öffentlichen oder privaten Einrichtungen zu verstecken. Franzosen aller sozialen Schichten nahmen Kinder auf. Unterstützung kam sogar von Präfekturen und von Bürgermeistern. Mehrere hundert Kinder der OSE-Heime wurden von israelitischen Pfadfindern illegal in die Schweiz gebracht. Es gab dabei allerdings auch Opfer. Zwei Begleiterinnen auf dem Weg in die Schweiz ließen ihr Leben für die Rettung der Kinder.

Die U.G.I.F. (Union Générale des Israélites de France), die im Gebiet von Paris Heime unterhielt, zögerte zu lange mit der Auflösung und dem Übergang in die Illegalität und vermochte die Kinder nicht zu retten.

Das einzige Heim der Südzone, das der Gestapo in die Hände fiel, war das Heim in Izieu. Es wurde von Klaus Barbie, dem Gestapochef von Lyon, liquidiert. Keines der 44 Kinder dieses Heims überlebte.[25]

Falls es einige Zeit eine Schonung für die Kinder unter sechzehn Jahren in La Hille gab, dann lag es womöglich nicht

118

allein an dem Roten Kreuz der Schweiz, sondern hatte auch eine ganz formale Ursache. Vielleicht passten die Kleinen und Mittleren der Kolonie nicht in das Fahndungsraster der Gendarmerie. Emigrantenkinder waren normalerweise mit ihren Eltern nach Frankreich gekommen. Die Weisung lautete, sie mit den Eltern zu deportieren oder, wenn diese nicht mehr am Leben waren, zusammen mit fremden Erwachsenen. Es sollte so aussehen, als führen sie mit ihren Eltern, womit man den Deportationen einen humanen Schein geben wollte. Die Kinder von La Hille waren jedoch allein emigriert, und ob sie Waisen waren, wusste niemand genau. Als günstig mag sich auch erwiesen haben, dass ab 1943 viele französische Kinder in La Hille aufgenommen wurden und dass das Heim dann nicht mehr eine rein jüdische Kolonie war, der das Rote Kreuz Schutz zu geben versuchte. Es war allerdings nicht anzunehmen, dass die Schonung von Dauer war, denn das Ziel der Verfolgung hieß »Endlösung«. Die unglaubliche Regel war die Deportation aller jüdischen Kinder, ohne jede Schonung, und der Weg ins Gas gleich nach der Ankunft im Vernichtungslager.

Das Ergebnis der Razzia im Spätsommer 1942

Die große Razzia, die am Morgen des 26. August 1942 im gesamten Gebiet der freien Zone begann, brachte nicht das Ergebnis, das sich die Handlanger der »Endlösung« vorgestellt hatten. Am Nachmittag des 26. August, als die Razzia noch lief, waren etwas mehr als 3000 Personen verhaftet worden, 10000 waren aber den SS-Führern zugesagt worden. Darum wurden die Präfekten angewiesen, auch die Kinder zwischen zwei und sechzehn Jahren, deren Eltern deportiert waren, festzunehmen. Das Innenministerium zählte am 28. August 6584 Verhaftete, die von der Polizei, der Gendarmerie und der Armee festgenommen worden waren. Das war noch nicht die endgültige Zahl, weil die Razzia noch Tage andauerte. Durch Indiskretionen, die Bousquet unter allen Umständen hatte verhindern wollen, hatten viele Juden von der geplanten Maßnahme erfahren und entkamen den Häschern. Ein Teil floh in die Schweiz, was Bousquet veranlasste, den Chef der Schweizer Polizei, Dr. Heinrich Rothmund, telefonisch darüber zu informieren, um die Razzien zu rechtfertigen und ihm zu erklären, warum Frankreich sich von den Juden befreien müsse.[26]

Um die Zahl von 10000 aus der freien Zone auszuliefernden Juden zu erreichen, drängte Bousquet die Präfekten, »die laufenden Polizeioperationen unter Einsatz aller Polizei- und Gendarmeriekräfte fortzusetzen und zu intensivieren. Razzien, Überprüfungen der Personalien und Haussuchungen sind wiederaufzunehmen«[27].

Mit den ersten fünf Transporten vom 7. bis 25. August waren 4613 Juden aus der freien Zone den deutschen Besatzern übergeben worden. In den acht Tagen der großen Razzia – vom 26. August bis 2. September – wurden 5259 Juden verhaftet und nach Drancy gebracht. Damit hatten die Franzosen 9872 Menschen zur Deportation ausgeliefert und die zugesagte Menge erreicht.

Der Chef des Judenreferats der Gestapo in Frankreich, Röthke, wollte viel mehr. Er hatte sich Eichmann gegenüber verpflichtet, bis Mitte September sechs Züge zu füllen und nach Polen zu schicken und bis Ende Oktober weitere 45 Züge, er rechnete mit 50000 Juden. Dieser Plan aber ließ sich aus mehreren Gründen nicht realisieren.

Obwohl alles so diskret wie möglich vor sich gehen sollte, blieben die Aktionen nicht geheim. Die Franzosen hatten Augen, um zu sehen, was geschah. Außerdem gab es Personen in den Polizeistellen, die weitergaben, was sie erfuhren, sodass sich mancher im Gebirge verstecken konnte oder irgendwo Unterschlupf fand. Kirchenvertreter traten als Sprecher empörter Menschen auf und leisteten offen Widerstand. Der schon erwähnte Kardinal Gelier ermutigte Organisationen sowie die katholische und protestantische Geistlichkeit, Kinder von Deportierten aufzunehmen, und brachte selbst jüdische Kinder aus Lyon in Sicherheit. Er unterstellte sie dem Schutz der Kirche. Widerstand, Hilfsbereitschaft und die Selbsthilfe der Bedrohten bewirkten, dass nicht genug Juden greifbar waren, um Röthkes Plan umzusetzen. Mangel an Zügen kam hinzu.

Die Deportationen mussten im Oktober gestoppt werden und begannen erst wieder im Februar des nächsten Jahres.

Am 15. September hielt Röthke eine Aufstellung aller Juden in Händen, die aus der freien Zone an die SS überstellt worden waren: 13 Transporte mit 10522 Personen waren seit dem 7. August nach Auschwitz gefahren. Französische Juden hatte man noch verschont.

Aus ganz Frankreich sind von März bis November 1942 insgesamt 41951 Juden in 43 Transporten deportiert worden, darunter 6000 Kinder. Aber allein in der Zeit der Razzien von Mitte Juli bis Anfang September wurden 33057 Menschen in 34 Transporten verschleppt.

Vom Stopp der Deportationen erfuhr man in La Hille natürlich nichts. Solche Informationen drangen nicht aus den
Amtsstuben der Regierung und der Gestapo hinaus. Im
Schloss war nur das bekannt, was den Mädchen und Jungen
im Lager Le Vernet widerfahren war.

Das Erlebnis Vernet war ein Schock für alle. Die Umstände
der Befreiung der La Hiller erfuhren die Betroffenen erst im
Nachhinein. Von nun an ging die Angst um. War das Schloss
eine Falle? Die Gendarmen könnten doch jederzeit wieder-
kommen, alles abriegeln und sie mitnehmen, alle mitnehmen,
nicht nur die Großen. Äußerlich ging das Leben im Schloss
seinen gewohnten Gang und doch war alles anders geworden. Ein zweites Mal würde eine solche Rettungsaktion nicht
gelingen. Ein Wunder wie das der Befreiung aus Vernet geschieht nur einmal. Die Kleinen der Kolonie versuchte man
zu schonen, sie sollten nicht mit Angst belastet werden. Gespräche über Gefahren fanden weitgehend ohne die Kleinen
statt, was nicht heißt, dass sie nicht von der über dem gewohnten Alltag liegenden ungewöhnlichen Stimmung erfasst
wurden.

Wer in Vernet gewesen war, ahnte Schreckliches. Die Betreuer und die Großen dachten über die Rettung nach. Sie
dachten an nichts anderes mehr, während die Tage scheinbar
wie üblich abliefen. Pläne wurden erörtert und verworfen.
Wie konnte man sich retten? Wie konnte man aus Frankreich
rauskommen? Auf normalem Weg, mit gestempeltem Papier,
kam kein Jude mehr über eine Grenze. Das war schon in den
Jahren davor mit tausend Schwierigkeiten verbunden gewesen, wie viele deutsche Emigranten hatten das erfahren. Man
brauchte ein französisches Visum für die Ausreise und ein
Visum für die Einreise in ein anderes Land, deren Gültigkeit
stets auf wenige Monate beschränkt war, ferner musste ein

ärztliches Attest vorgewiesen werden und die Ausfuhrerlaubnis für das zur Reise benötigte Geld. Alle diese Papiere erhielt man aber nicht gleichzeitig und nicht selten war das eine schon abgelaufen, ehe man das andere bekam. Dann begann die Prozedur von vorn. Und Geld kostete es natürlich auch. Nein, eine solche Flucht aus Frankreich kam nicht in Frage, zum einen wegen des Zeitdrucks und des nicht vorhandenen Geldes, zum anderen, weil man echte Papiere mit jüdischer Herkunft nicht vorzeigen durfte. Illegale Wege mussten gefunden werden und falsche Papiere wurden benötigt.

Seit ihrer Flucht aus Deutschland waren die Vierzehn-, Fünfzehnjährigen zu Jugendlichen herangewachsen, die frühzeitig erwachsen geworden waren. Sie haben über ihre Rettungswege mitentschieden und mussten den Mut aufbringen, in schwierigen Situationen eigenständig ihren Weg zu gehen.

Noch während darüber nachgedacht wurde, wie man sich einem Zugriff der Gendarmen entziehen könnte und wer helfen würde, entwickelte sich die Situation äußerst bedrohlich. Die Alliierten landeten am 8. November 1942 in Nordafrika und begannen in schweren Kämpfen die deutschen Truppen aus ihren afrikanischen Stellungen zu vertreiben. Als Antwort darauf besetzten die Deutschen am 11. November 1942 die freie Zone. Der Ostteil dieses Gebietes wurde von italienischen Truppen besetzt. Razzien und Deportationen setzten sich in allen Departements verstärkt fort. Bis zum 30. Juni 1944 gingen regelmäßig Transporte von Vernet im Süden nach Drancy im Norden und von dort nach Auschwitz.

Es war klar, dass die Kinder und Jugendlichen und ihre jüdischen Betreuer sofort, noch im Winter 1942/1943, über eine Grenze gehen oder in Frankreich untertauchen mussten.

Spanien lag nahe, doch die Pyrenäen waren im Winter nur schwer passierbar, schon gar nicht mit den kleineren Kindern. Die Schweizer Grenze war 700 Kilometer entfernt, aber

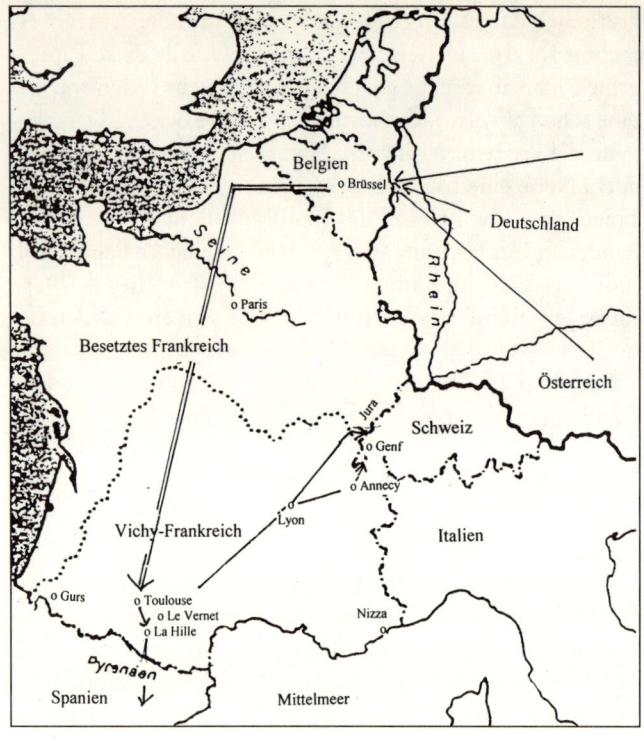

Frankreich nach der Unterzeichnung des Waffenstillstandsabkommens
mit Deutschland am 22. Juli 1940 und die Fluchtwege der Kinder
von La Hille

sie war den Schweizer Betreuern gut bekannt. Spanien hatte
den Vorteil der Nähe, die Schweizer Grenze den der Be-
kanntheit. Beide Wege waren jedoch riskant, der Weg über
die unbekannten verschneiten Berge ebenso wie der lange
Weg durch das besetzte Gebiet zur Schweiz. Auf beiden
Wegen wurde die Rettung gewagt.

Ich habe die Dokumente und einen Berg Papier durchgesehen und alle erreichbaren La Hiller befragt, um festzustellen, wieviel Kinder und Jugendliche in Seyre und La Hille waren. Es war ziemlich schwierig, die Zahl zu ermitteln. Ich bin auf 104 Namen gekommen. Von diesen 104 befanden sich Ende 1942, als die Lage ernst geworden war, noch 80 in La Hille. 20 waren mit den Quäkern weggegangen, Hanni Schlimmer und Werner Rindsberg mit einem Visum nach Spanien gereist, Inge Rübler war zu ihren Eltern nach Belgien gebracht worden und Ruth Herz arbeitete in Praz sur Arly beim Schweizer Roten Kreuz.

Ohne Hilfe war es nicht möglich, die 80 Kinder und Jugendlichen zu retten. Es ging noch immer um eine große Zahl junger Menschen. Nach allem, was bisher geschehen war, schien die Hilfe für die Großen am dringendsten. Wer schon achtzehn Jahre alt war, stand auf den Listen zur Internierung und Deportation. Und die Zeit blieb nicht stehen, manche wurden in jenem Winter und im Jahr 1943 achtzehn und die Gefahr kam auf sie zu. Das betraf die Hälfte der La Hiller. Doch die Altersgrenze der unmittelbaren Gefährdung verschob sich überdies nach unten und am Ende wurde kein jüdisches Kind ausgelassen.

Alle, die sich auf den Weg über eine Grenze begeben wollten, benötigten falsche Papiere, etwas Geld, Kleidung, vor allem aber Adressen, an die sie sich wenden konnten, Adressen in Frankreich und jenseits der Grenze. Das Wichtigste jedoch war, Begleiter für sie zu beschaffen und Organisatoren und Helfer zu finden, die tätig wurden, um die Wege der Rettung vorzubereiten und so sicher wie möglich zu machen. Diese Helfer außerhalb des Schlosses blieben meistens unbekannt. Aber es gab sie.

Es bestanden Verbindungen von La Hille über Alexander

Frank, Rösli Näf und Maurice und Eleanor Dubois zu Hilfsorganisationen und zur Résistance. Zu dem Komitee von
Nîmes wurden sicher schon seit der Quäker-Aktion Kontakte gepflegt. Bekannt war auch das jüdische Kinderhilfswerk, die OSE; es wird gelegentlich in den Erinnerungs-
notizen der La Hiller genannt. Alle, die nach Spanien kamen,
sprechen außerdem vom Joint, der bekannten großen jüdischen Wohlfahrtsorganisation der USA (American Jewish
Joint Distribution Committee), die soziale und medizinische
Hilfe leistete, im Besonderen für Kinder und Jugendliche.
Die jüdische Auswanderungsorganisation Hicem bezahlte
Schiffspassagen nach Übersee auf dem Weg über Lissabon,
später über Casablanca. Ferner existierten jüdische Gemeinden und Hilfsorganisationen, außerdem Dachverbände wie
das Consistoire Central des Israélites de France (Zentralver-
band der Juden in Frankreich), das einheimische Juden, die
sich nur über die Religiosität definierten, umfasste, und die
Fédération des Sociétés Juives de France (FSJF; Verband jüdischer Organisationen in Frankreich), zu der nach Frankreich eingewanderte Juden aus Ost- und Mitteleuropa gehörten, die sich unabhängig von der Religiosität nach den
Herkunftsländern der Mitglieder organisierten; der Vorsit-
zende war Marc Jarblum, geboren in Warschau, 1907 nach
Paris ausgewandert. Besondere Hilfe ging zudem von der jüdischen Jugendbewegung aus, den Pfadfindern, dem zionistischen Verband Haschomer Hazair und anderen, die sich im
Mai 1942 zu einer gemeinsamen Organisation zusammen-
fügten. Die Jugend-Alija war besonders aktiv bei der Hilfe
zur Emigration von Kindern und Jugendlichen aus Deutschland und anderen Ländern und ihrer Aufnahme in Palästina,
später Israel. Unter den Organisationen bestanden Verbindungen, wenngleich jede Aktion von Einzelnen oder von
kleinen Gruppen ausgeführt wurde und die Illegalität Schweigen und Geheimhaltung verlangte.

Um ein Beispiel zu nennen: Über die jüdische Gemeinde

in Lyon liefen stabile Fäden, mit denen Kinder in die Schweiz geleitet wurden. Unbekannte Personen tauchten auf, gaben den Kindern Papiere, wiesen sie von einem Ort zum anderen, von einer Adresse zur anderen, boten ihnen eine Unterkunft für eine Nacht oder für mehrere Tage, wenn die nächste Strecke nicht sofort gegangen werden konnte. Es waren sehr viele Menschen am Werk, um zu helfen, Juden und Nicht-Juden, Menschen verschiedenster Nationalität und sozialer Schichten.

Im November 1941 befahl Dannecker, der Leiter des Judenreferats der Gestapo in Paris, die Schließung aller bestehenden jüdischen Vereine und ihre Ersetzung durch eine einzige zentrale Institution, die Union Générale des Israélites de France (UGIF). Ein Teil der Mitglieder von Hilfsorganisationen fügten sich, um weiter tätig sein zu können. Jarblum verweigerte die Mitgliedschaft in der UGIF und schuf gut funktionierende FSJF-Komitees im Untergrund, und zwar örtliche Komitees dort, wo Juden lebten. Ihre Aufgabe war die Fürsorge zur Linderung der Not und die Beschaffung falscher Papiere. Das Geld dafür kam vom Joint, es war für die UGIF bestimmt und wurde zur FSJF umgeleitet. Die UGIF begann zu arbeiten und konzentrierte sich auf Hilfsmaßnahmen, während andere Gruppen und Organisationen im Untergrund tätig waren.

Die Erinnerungen der La Hiller geben wenig Aufschluss über die Personen und die Organisationen, die Hilfe leisteten und die Rettung ermöglichten. Nur wer damals zu den Großen zählte, kann Fakten benennen, sofern sie nicht in Vergessenheit geraten sind. Die Kleinen und Mittleren haben die Namen und Umstände oft gar nicht so genau wahrgenommen und können nur spärliche Angaben machen. Sie erinnern sich aber an Kleinigkeiten, die offenbar damals für sie wichtig waren und sich einprägten. Hinzu kommt bei allen Kindern von La Hille, dass nach ihrer Rettung und nach der Erkenntnis, dass die Familien ausgelöscht waren oder nur einzelne Angehörige überlebt hatten, ein Prozess der Verdrängung einsetzte, ohne den sie nicht hätten leben können.

Nach der Befreiung aus dem Lager Le Vernet versammelte Rösli Näf die Kinder und Jugendlichen und erklärte ihnen, dass niemand wisse, wie lange sie sicher sein würden. Also musste gehandelt werden. Rösli Näf dachte natürlich zuerst an die Schweiz, das neutrale, reiche Land, das in der Lage war, Schutz zu bieten. Wie aber die Kinder dorthin bringen? 700 Kilometer durch Frankreich, durch ein Gebiet mit Truppen und Gendarmen, die auf Juden Jagd machten. Dagegen lag Spanien fast vor der Schlosstür, aber mit den Pyrenäen kannte sich niemand aus. Auch die Idee, in Frankreich unterzutauchen, wurde erwogen, vorausgesetzt man käme zu Identitätskarten, die man für echt halten konnte und die keinen Hinweis auf Deutschland und auf die jüdische Herkunft trugen.

Alle, die aus Vernet zurückgekehrt waren, hatten die Situation begriffen. Sie wussten, dass sie nicht mehr in La Hille bleiben konnten. In Vernet hatte man ihnen gesagt, dieses Mal seien sie befreit worden, das nächste Mal könnte man für nichts garantieren. Die Großen redeten nur noch darüber, wohin sie gehen, wie sie über die Grenze kommen könnten. 60 Kilometer bis Spanien, 700 Kilometer bis zur Schweiz. Es müsste doch zu schaffen sein, das eine oder das andere.

Auch die andere Idee schien bedenkenswert: in Frankreich untertauchen, illegal leben, mit fremder Identität eine Arbeit suchen. Es gab doch viele Franzosen, die bisher der Kinderkolonie geholfen hatten, die Bauern der Umgebung zum Beispiel. Warum sollte nicht der eine oder andere bereit sein, einen Jungen aufzunehmen und ihn als einen Franzosen auszugeben? In der Tat fanden sich Bauern, die einem Jungen ein Quartier gaben und ihn auf dem Hof arbeiten ließen. Für die Behörden war er ein Verwandter ohne Eltern und Zuhause, schließlich war der Krieg durch das Land gezogen, es gab Geiselerschießungen und gänzlich zerstörte Dörfer, in denen nicht einmal Einwohnerverzeichnisse erhalten blieben. Da konnte schon mal ein Junge obdach- und elternlos geworden sein. Man kannte nicht mehr existierende Dörfer, die für die Angabe zur Herkunft eines solchen Jungen in Frage kamen.

Das Untertauchen der Großen bei den Bauern der näheren und weiteren Umgebung, bei denen sie schon gearbeitet hatten, war das scheinbar Einfachste. Aber es bedeutete, bis zum Ende des Krieges ständig auf der Hut zu sein, denn die Gefahr, entdeckt zu werden, bestand permanent. Untertauchen konnte nur, wer sich zutraute, auch in kritischer Situation Ruhe zu bewahren. Das war etwas anderes, als den Mut für einige Tage eines Grenzganges aufzubringen. Wenn der glückte, war man in Sicherheit. Wenn er glückte. Die Entscheidung war schwer. Sie musste von ganz jungen Menschen getroffen werden, kein Vater, keine Mutter konnte einen Rat geben.

Die Bauern kannten die Jugendlichen und hatten mit den deutschen Besatzern und den für diese arbeitenden Gendarmen nichts im Sinn. Im Übrigen waren mehrere Jungen und Mädchen auf den Bauernhöfen verhaftet und nach Vernet gebracht worden. Das hat die Bauern nicht gerade freundlich gegen die Gendarmen gestimmt und hat wohl dazu beigetragen, dass einige Bauern bereit waren, einen Jungen oder ein Mädchen aufzunehmen.

Die Brüder Willy und Leo Grossmann, die einige Monate in der neuen Landwirtschaftsschule von Rochade ausgebildet worden waren, hatten schon bei Bauern gearbeitet. Einer der Brüder war bei einem polnischen, einer bei einem französischen Bauern gewesen. Der Pole mag, als er einen jüdischen Jungen auf seinen Hof nahm, an das gefesselte und gequälte Polen gedacht haben und wollte dem Jungen,

Leo Grossmann, FaP 26
s. auch Abb. S. 83, 130

129

Willy Grossmann, FaP 6
s. auch Abb. unten
und S. 49

sich selbst und seinem Hof helfen. Der französische Bauer war im Ersten Weltkrieg in Deutschland in Gefangenschaft gewesen und hasste die Deutschen. Leo und Willy sagen: »Wir sind sehr gut von ihnen behandelt und beschützt worden.« Auf den Höfen dieser Bauern gab es auch sehr hübsche, lebenshungrige Mädchen, die sich für die jungen Burschen ebenso interessierten wie Leo und Willy für die Mädchen. Aber die Jungen waren sehr zurückhaltend. »Wir mussten vorsichtig sein«, sagte mir Leo, »obwohl wir den Mädchen sehr zugetan waren.« An erster Stelle stand für sie die Sicherheit, das Überleben.

Nachdem Willy aus dem Lager Le Vernet befreit worden war, blieben die Grossmann-Brüder nur kurze Zeit im

Auf der Wiese vor dem Schloss, v. r., stehend: Leo Grossmann, Willy Grossmann, Heinz Brünell, Luzian Wolfgang, Rudi Öhlbaum, davor: Irène Frank, Guy Haas, Joseph Findling, Egon Berlin, sitzend: Willy Wolpert (?), Paul Schlesinger, Artur Kantor

Irène Frank mit ihren Schülern auf dem Rasen vor dem Schloss; v. l., stehend: Cilly Stückler und ihr Bruder Norbert, Gerti Lind (?), Frieda Rosenfeld, mittlere Reihe: Eva Kantor, Rita und Fanny Kuhlberg, Rosa
Goldmark, Martha Storosum, vordere Reihe: Artur Kantor, Trude Dessauer, Betty Schütz, Irène Frank, Inge Bernhard.

Schloss und entschlossen sich dann, wieder zu ihren Bauern
zu gehen, wo sie bis zum Kriegsende unentdeckt blieben.

Auch Edgar Chaim, der wegen Gaspard Deway aus Seyre
ausgerückt war, und Werner Epstein, den Alexander Frank
als Malariakranken nach Seyre geholt hatte, waren schon bei
Bauern beschäftigt gewesen. Diese beiden wollten nicht wieder auf einen Bauernhof gehen. Edgar war, wie andere La
Hiller auch, auf dem Hof, wo er arbeitete, verhaftet worden.
Man hatte ihn unter dem Vorwand, ihn zu einer Passkon-
trolle nach Pamiers mitnehmen zu wollen, ins Auto steigen
lassen. Unterwegs merkte er, dass sie nicht in Richtung Pamiers fuhren. Er kam noch vor seinen Freunden aus La Hille
in Vernet an. Nachdem die La Hiller wieder frei waren,
schien weder Edgar noch Werner ein Bauernhof sicher genug. Edgar meldete sich bei der regulären französischen Armee unter de Gaulle und kämpfte in ihren Reihen bis Januar
1945. Werner bereitete sich auf die Überquerung der Pyrenäen vor.

Nur ganz wenige entschieden sich für das Untertauchen auf einem Hof für eine unbestimmte, längere Zeit. Aber wenn es nötig war, versteckte sich mancher tagelang bei einem Bauern. Im folgenden Sommer fanden Georg Herz, Cilly Stückler und Fanny Kuhlberg Arbeit und Unterkunft bei Bauern, allerdings unter falschem Namen. Georg war fünfzehn Jahre alt, die beiden Mädchen erst dreizehn. (Georg s. Abb. auf S. 56)

»Wenn ich mich recht erinnere«, schreibt Cilly Stückler, »war es Sommer 1943, als ich von der Résistance française von La Hille abgeholt und zu Bauern nach Gaillac im Departement Tarn gebracht wurde, der Ort liegt am Fluss Tarn nordöstlich von Toulouse. Dort war ich Kindermädchen, Dienstmädchen, Feldarbeiterin und manches andere. Natürlich mit falschen Papieren und falschem Namen. Es muss im Frühjahr 1944 gewesen sein, wir sahen den Deutschen beim Rückzug zu, als mich die Résistance von dort wieder abholte und nach Toulouse in einer Art Sammelheim aller jüdischen Kinder, die man wiederfand, ablieferte. Dort traf ich zu meiner großen Freude auch viele La Hiller wieder.«

Zusammen mit Cilly Stückler holte ein junges Mädchen der Résistance auch Fanny Kuhlberg vom Schloss ab. Fanny schreibt: »Ich erinnere mich nicht, wohin es ging. Unterwegs hat mir das Mädchen einen französischen Namen gegeben, Françoise Colbert. Ich war nun ein Waisenkind aus Dunkerque und sollte im Sommer den Bauern helfen. Erzähle auf keinen Fall, woher du kommst! trug sie mir auf. Bei einer Bauernfamilie italienischer Herkunft blieb ich drei Monate. Ich kochte Essen für die Schweine und ging mit einer Kuh raus auf die Weide. Auch ein kleines Kind war da, auf das mußte ich aufpassen. So war ich gut beschäftigt. Ich lernte auch, Nudeln zu machen. An Sonntagen ging ich sechs Kilometer in einer bestimmten Richtung in den Wald und dort traf ich Cilly, die zwölf Kilometer von mir entfernt auch bei Bauern arbeitete. Sie kam mir sechs Kilometer entgegen. Ab und zu

Fanny Kuhlberg (l.)
als Elfjährige mit ihrer
Schwester Rita in Seyre

kam mich das Mädchen der Résistance besuchen und fragte, ob alles in Ordnung sei. Ich wusste nicht, wer sie war. Einmal fragte sie mich, ob ich nicht nach Palästina fahren wolle. Ich hatte dort einen Onkel, aber keine Adresse. Er war der Bruder meines Vaters und der einzige unserer Familie, der noch lebte, was ich damals allerdings noch nicht wusste. Er lebte schon sehr lange in Palästina. Ich hoffte, ihn zu finden, und sagte ja. Dann ging der Krieg zu Ende, und man brachte mich nach Toulouse, wo ich wieder mit meiner Schwester Rita zusammen war. Von da an wusste ich, dass das alles die Arbeit der jüdischen französischen Résistance war.«

DIE FREIE ZONE WIRD SÜDZONE

Im französischen Süden sammelten sich die Juden in den drei Großstädten Lyon, Marseille und Toulouse und in Hunderten von Kleinstädten. Hier fühlten sie sich bis gegen Ende des Jahres 1942 relativ sicher.

Seit die freie Zone im November 1942 besetzt worden war, hieß sie Südzone. Die Italiener okkupierten die an Italien

133

grenzende, östlich der Rhône gelegene Region, die Deutschen das große übrige Gebiet. Damit entstand eine neue Situation für die Juden in Südfrankreich, die unvergleichlich gefährlicher war als bisher. Sie waren dem unmittelbaren Zugriff der SS und der Gestapo ausgesetzt. Der Chef der französischen Polizei, Bousquet, war stark daran interessiert, die Zusagen einzuhalten, die er gegenüber den Deutschen gemacht hatte, und das hieß, die Züge, die bald wieder rollen würden, zu füllen. Die bisher geltenden Ausnahmeregeln für bestimmte Personengruppen wurden eingeschränkt, um genügend Juden in die Sammellager der Nordzone schicken zu können. Auch die bisher ausgenommenen französischen Juden wurden ergriffen und in die Züge gepfercht.

Ende Januar 1943 plante Röthke, der Chef des Judenreferats der Gestapo, die Transporte nach Auschwitz wieder aufzunehmen. Im Februar überstürzten sich die Ereignisse. Eichmann, sein Chef beim Reichssicherheitshauptamt (RSHA), kam für einen Tag nach Paris, um das Tempo der Deportationen zu beschleunigen. Im Norden Frankreichs wurden Alte, Kranke und Kinder verhaftet. Die Verhaftungswelle griff auf den Süden über. Am 9. Februar wurde das Büro der FSJF in Lyon von der Gestapo unter Leitung von Klaus Barbie aufgelöst.[28] Die Gestapo besetzten mehrere Stunden lang das Büro, um viele Juden, die das Büro aufsuchten, ergreifen zu können. 86 Personen wurden verhaftet, nach Drancy gebracht und deportiert.[29]

Der industriemäßige Mord war in Gang gekommen, seit die Gaskammern von Auschwitz in Betrieb genommen worden waren. Die Betreiber dieser Tötungsindustrie verlangten dementsprechend massenhaften Nachschub. Der sollte vor allem aus der Südzone geholt werden. Die oberste deutsche Instanz für die »Endlösung«, das Reichssicherheitshauptamt, verlangte, ausnahmslos alle Juden aus Frankreich zu deportieren. Es war jedoch nicht so leicht, aller Juden habhaft zu werden. Der Widerstand hatte sich seit der Besetzung des Südens verstärkt.

Jeder Jude, ob Ausländer oder Franzose, musste nun viel mehr als zuvor auf der Hut sein, um nicht in die Vernichtungsmaschinerie zu geraten. Belanglose Kleinigkeiten konnten zur Festnahme durch die Gendarmerie oder durch die Gestapo führen. Und große Razzien waren nie auszuschließen.

Im Winter über die Pyrenäen

Ich blende zurück zum Winter 1942/1943. Vom Château aus hatte man die Berge vor Augen. Das nahe gelegene Spanien verführte zu dem Versuch, über diese Grenze zu gehen. Die Ersten, die es wagten, im Winter die Pyrenäen zu überqueren, waren Luzian Wolfgang und Norbert Stückler, beide siebzehn Jahre alt.

Norbert und Luzian, die beiden Freunde, begaben sich auf den Weg nach Spanien. Sie fanden nur für eine kurze Strecke einen zuverlässigen Führer, die größte Strecke waren sie auf sich allein gestellt und mussten ohne einen Fluchthelfer zurechtkommen. Drei Tage mühten sie sich durch die Berge. Luzian Wolfgang verzweifelte fast, er steigerte sich in einen schlimmen Angstzustand, weil er dachte, er würde aus den tief verschneiten Bergen nie mehr herausfinden.

»Wir waren der Meinung, das ist der schnellste Weg«, sagte Luzian Wolfgang. »Wir gingen ohne Papiere, was leichtsinnig war, als Bauernjungen hatten wir uns gekleidet. Mit dem Autobus fuhren wir nach Foix. Dort stiegen wir in den Zug und kamen bis Aix de Terme, das aber war schon das Grenzgebiet, das Sperrgebiet, in das wir nicht ohne Sonderausweise der Deutschen hineindurften. Das wussten wir aber gar nicht. Wir sind da sehr naiv herangegangen. In der Bahn wurden wir von einem gewissen Marcel angesprochen, einem Belgier, dem wir auffielen. Er fragte, ob wir auf die andere Seite wollten. Da haben wir nicht geantwortet und er hat noch einmal gefragt. Norbert hat dann geantwortet, ich schwieg. Der Belgier sagte, er könne uns helfen. Wir fuhren dann gemeinsam nach Tour de Caroll. Er hat uns Papiere beschafft, irgendwelche falschen Papiere.« So setzten sie ihren Weg fort. Und Luzian erzählte weiter: »Da war der Bahnhof und eine Straße, die zu ihm führte. Da war auch ein Wirtshaus, in dem die Deutschen saßen. Auf der Straße fuhren Motorräder zur Kontrolle, auch hinauf in die Berge fuhren sie. Dort begann die eigentliche Grenze. Wir gingen drei Nächte, dann bekam ich ein Nervenfieber. Jedes Mal, wenn wir auf einen Hügel gekommen waren und meinten, dass es da unten ein Dorf gäbe, war wieder nichts. So gingen wir wieder hinunter und die nächste Hügelkette hinauf. Ich orientierte mich am Mond, aber es fing an zu schneien und ich verlor die Orientierung. Ich hatte furchtbare Angst, dass ich erfriere. Doch wir fanden ein Dorf. In meiner Phantasie sah ich schon Gestalten. Unten in diesem Dorf, das war noch zwei Kilometer entfernt, wurden wir von der Guardia Civil, der spanischen Polizei, gefangen genommen.«

Der Pyrenäen-Ort, in dem die beiden Jungen ankamen, war Pueblo de Litlett bei Berga nahe Manresa. Sie wurden als illegale Flüchtlinge verhaftet und ins Gefängnis nach Barcelona gebracht. Sie hatten Glück: Auf Grund der von Franco verkündeten Neujahrsamnestie wurden sie entlassen.

Norbert Stückler hatte einen Bruder in den USA, zu dem zu gelangen sein Ziel war. Er schaffte es. Luzian Wolfgang stand noch ein langer Weg bevor, der ihn schließlich in das befreite Frankreich zurückführte: Er wollte zu seinem Vater nach England. Der Versuch, den er dafür in Barcelona unternahm, scheiterte. Darum fuhr er nach seinem 18. Geburtstag am 26. Dezember 1943 mit einer

Norbert Stückler
(FaP 33)

Gruppe von über tausend Flüchtlingen nach Madrid und Malaga, von dort mit zwei alliierten Schiffen über Gibraltar nach Casablanca, wo sie am 4. Januar 1944 eintrafen. Als es ihm auch hier nicht gelang, eine Fahrt nach England zu bekommen, meldete er sich als Freiwilliger bei der Freien Französischen Armee, die unter de Gaulle und Giraud in Nordafrika operierte. Er wurde Panzerfahrer eines Panzeraufklärungsregiments der 5. Französischen Panzerdivision. Zusammen mit den Amerikanern landete er im September 1944 auf einem der 2000 Kriegsschiffe nahe Saint Tropez. Er war beteiligt an der Befreiung von Marseille, Avignon, Lyon, Belfort, Colmar, Stuttgart, Singen und Sigmaringen. Nach dem Krieg ging er nach Deutschland zurück. (Luzian Wolfgang s. Abb auf S. 130; Norbert Stückler s. Abb. auf S. 54)

DIE NEUTRALE SCHWEIZ

Die Juden galten den Schweizer Behörden als »Flüchlinge aus Rassegründen«. Der Schweizer Bundesrat beschloss am 4. August 1942 die konsequente Zurückweisung der Emigranten, die illegal in die Schweiz einreisen und in einem Gebietsstreifen von etwa 10 Kilometern Entfernung von der Grenze gefasst werden. Wenige Tage später, am 13. August, wies der Bundesrat an, die Grenzen zu schießen, und am 9. Oktober 1942 ordnete er an, die Grenze zu Frankreich verschärft zu bewachen und mit Stacheldraht zu befestigen. Das Alter der Kinder, die zusammen mit ihren Eltern in die Schweiz aufgenommen werden durften, wurde am Jahresende von sechzehn auf sechs Jahre herabgesetzt. Das Rettungsboot sei voll, erklärte der Bundesrat Eduard von Steiger in einer Rede am 30. August 1942.[30]

Trotz aller Schwierigkeiten und Bedenken begann Ende des Jahres 1942 der Auszug der Großen aus La Hille. Er vollzog sich nach und nach.

Niemand in La Hille nahm an, dass das Schweizer Rote Kreuz, das ja die Versorgung und pädagogische Betreuung der Kinder und Jugendlichen von La Hille übernommen hatte und damit auch Verantwortung trug, von Bern aus die Rettungsaktionen unterstützen würde. Das Gespräch, das Eleanor Dubois mit Colonel Remund geführt hatte, war eindeutig gewesen. Keinen Finger würde er rühren, um jüdische Kinder zu retten, auch wenn die Lage äußerst bedrohlich geworden war, seit die Deportationen im Süden Frankreichs begonnen hatten. Remund, der über die Situation in Südfrankreich genau Beschied wusste, unterließ es, die Mitglieder des Arbeitsausschusses des SRK/Kinderhilfe zu informieren. Das tat die Sekretärin des Gremiums. Es bildeten sich zwei Parteien: Die eine verlangte sofortige Proteste in Vichy und Einreisebewilligungen für jüdische Kinder, die andere mahnte zur Vorsicht und erreichte, dass jede mögliche Hilfe hinausgezögert wurde, bis es zu spät war. Remund als Präsident des Schweizerischen Roten Kreuzes/Kinderhilfe leitete die Forderungen der Hilfswilligen über den Chef der Bundespolizei, Dr. Heinrich Rothmund, an den Schweizer Bundesrat weiter; und Edouard de Haller als Vertreter der Behörden in diesem Gremium hatte sich zuvor mit Walther Georg Hartmann vom Deutschen Roten Kreuz, dem Chef des Auslandsdienstes, beraten, um die deutsche Seite zu informieren, deren Meinung einzuholen und in ihrem Sinne die Handlungen des Arbeitsausschusses zu dirigieren; das hieß: Proteste möglichst unterbinden und einen aussichtslosen bürokratischen Weg beschreiten. Alle Rettungsaktionen mussten ohne die Hilfe der einflussreichen Personen Remund und de Haller und notwendigerweise hinter deren Rücken und gegen ihre Weisung ablaufen.[31]

Vom Schweizer Roten Kreuz hätte man eine andere Haltung erwarten dürfen, wenn man bedenkt, dass es, was Schutz und Hilfe betrifft, der Genfer Konvention verpflichtet ist und dass das Internationale Komitee des Roten Kreuzes, das aus fünfundzwanzig Schweizer Bürgern bestand, 1917 den Friedensnobelpreis erhalten hatte.

Die Schweizer Regierungsstellen waren ebenfalls nicht daran interessiert, Juden aufzunehmen. Offiziell war die Schweiz neutral, in Wirklichkeit paktierte sie unauffällig mit der Regierung in Berlin.

Die antijüdische Haltung der Schweiz machte sich bereits bemerkbar, nachdem Österreich 1938 an Deutschland angeschlossen worden war. In Österreich war mit brutalem Terror versucht worden, die Juden zur Auswanderung zu zwingen. Tausende verließen das Land. Sie suchten unter anderem Zuflucht im Nachbarland, der Schweiz. Die Reaktion der Schweiz bestand darin, die Visumpflicht einzuführen und den Juden die Einreise aus Österreich und aus Deutschland zu erschweren. Schweizer Grenzposten wurden anfangs angewiesen, Flüchtlinge zur Rückreise zu bewegen. Etwas später wurde eine totale Grenzsperre für Flüchtlinge ohne Visum verhängt. Auf Drängen der Schweiz (und Schwedens) führten die deutschen Behörden ab 10. November 1938 den diskriminierenden J-Stempel in den Pässen von Juden ein. Dr. Heinrich Rothmund, Chef der Bundespolizei in Bern, hatte eine »fremdenpolizeilich-technisch befriedigende Lösung« gewünscht. Auf einen Blick sollten die Grenzbeamten den unerwünschten jüdischen Flüchtling von einem erwünschten deutschen Geschäftsmann oder Touristen unterscheiden können. Am 15. September 1938 stellte Rothmund fest, dass der Plan, die Juden nicht in die Schweiz zu lassen, aufgegangen sei: »Wir haben seit Bestehen der Fremdenpolizei eine klare Stellung eingehalten. Die Juden galten im Verein mit anderen Ausländern als Überfremdungsfaktor. Es ist uns bis heute gelungen, durch systematische und vorsichtige Arbeit die Verjudung der Schweiz zu verhindern.«[32]

Die antijüdische Politik der Schweiz ist kaum öffentlich verbreitet worden, aber die Juden erfuhren sie in der Praxis. Sie wussten, dass die Schweiz kein freundliches Asylland für sie war. Und wenn es Juden gelang, alle Hindernisse zu überwinden und in die Schweiz zu kommen, wurden sie in der Regel interniert und mussten ein erbärmliches Leben führen. Manche gingen daran zu Grunde – wie der Sänger Joseph Schmidt.

Ein Internierter, der sich von November 1938 bis Oktober 1945 in einem solchen Lager aufhalten musste, beschrieb die Zustände. Professor Dr. Paul Ostberg, emeritierter Hochschullehrer für Geschichte an der Humboldt-Universität zu Berlin, erzählte mir von einem Lager in Basel und betonte, es habe in allen Lagern gleich schlimm ausgesehen: »Kurze Zeit konnte ich mich frei bewegen. Ab Ende 1938 waren die Flüchtlinge bis auf ganz wenige, reiche interniert. Die jüdische Gemeinde unterstützte zusammen mit einem anderen Hilfswerk die mittellosen Flüchtlinge. Mittellos waren wir fast alle, denn wir durften nicht arbeiten. Die Schweizer Polizei hatte sich das ausgedacht: nicht arbeiten, den Kanton nicht verlassen, die Bahn nicht benutzen, sich politisch nicht betätigen; außerdem wurden uns die Lebensmittelbons gestrichen, die wir einige Wochen hindurch erhalten hatten. Statt die Flüchtlinge zu versorgen, wurden Lager errichtet. So kam ich in das Lager Basel, eines für jüdische Flüchtlinge, es nannte sich das Sommercasino. Das war ein altes Ausflugslokal am Rande der Stadt Basel. Auf der großen Glasveranda zum Garten hin waren 96 Menschen untergebracht. Wir lagen erst auf Stroh nebeneinander, zwischen den Strohsäcken zwanzig Zentimeter Abstand, später bekamen wir primitive Betten, Holzpritschen.

In diesem Lager Basel hatten wir nur einen Aufenthaltsraum – zur Esseneinnahme für insgesamt 140 Menschen, denn andere kamen noch hinzu. Es gab vier Toiletten und vier Wasserhähne. Der Essenraum war heizbar, der Schlafraum nicht. Wir hungerten, denn in der Schweiz waren Lebensmittel rationiert, sodass wir uns zu der Hungerkost des Lagers nichts beschaffen konnten. Natürlich konnten wir uns auch keine Kleidung kaufen. Ich trug bei meinem Weggang aus Deutschland neue Knickerbocker, die damals modern waren. Nach Jahren der Internierung konnte man, wenn ich es so sagen darf, durch meine Hose die Zeitung lesen. Morgens und abends traten wir zum Appell an, tagsüber konnten wir stundenweise in die Stadt gehen. Als der Krieg mit Frankreich bevorstand, durften wir wochenlang nicht aus dem Lager. Der Aufenthalt im Lager blieb unter besonderen Umständen einzelnen Flüchtlingen erspart, zum Beispiel Wolfgang Langhoff, weil er am Züricher Stadttheater als Schauspieler tätig war. Jüdische Flüchtlinge, die ab 1943 in die Schweiz kamen, wurden nicht im Lager Basel, sondern in anderen Lagern interniert. Da sah es ähnlich aus.«

Von den Schweizern erhielten die Lagerinsassen wöchentlich 1 Franken – das waren 70 Pfennig –, damit sie Rasierklingen, Postkarten und anderes kaufen konnten. Von diesem einen Franken spendeten sie 10 Centimes für Lebensmittel, die ins Lager Gurs geschickt wurden. Sie wollten Menschen helfen, denen es noch schlechter ging als ihnen.

»Nach dem 8. Mai 1945 blieben wir weiter interniert«, erzählt Paul Ostberg. »Ich war dort mit einer kurzen Unterbrechung bis zum 2. Oktober 1945, bis uns die Ausreise gelang, das heißt, bis wir aus der Schweiz ausgewiesen wurden.«

Den Großen vom Château La Hille blieb nichts anderes übrig, als etwas zu riskieren.

Welchen Weg sie auch wählten, ein Wagnis war es immer. Die Schweizer Betreuer orientierten sich auf die Schweiz und wollten Kleine, Mittlere und Große hinüberbringen.

Lotte Nussbaum
(FaP 35)

Dem Exodus der Großen aus dem Schloss ging voraus, dass es einem der Mädchen gelungen war, illegal in die Schweiz zu gelangen. Lotte Nußbaum, Jahrgang 1923, die seit Seyre als »Chefin« einer Gruppe von Kleinen mit Verantwortung betraut und sehr selbständig geworden war, wurde im Februar 1942 von Rösli Näf zur Aushilfe in ein dem Schweizer Roten Kreuz gehörendes Kinderheim, in die Colonie de la Croix Rouge Suisse von St. Cergues bei Annemasse, geschickt. Annemasse ist ein Ort in den savoyischen Alpen in unmittelbarer Grenznähe, von dem aus es nicht weit nach Genf ist. Während der großen Razzia im August wurde Lotte Nußbaum in St. Cergues festgenommen und ins Deportationssammellager Lyon-Vernissieux gebracht. Zur gleichen Zeit kamen die Großen von La Hille nach Vernet. Die Intervention von Maurice Dubois in Vichy wirkte sich auch rettend für Lotte Nußbaum aus. Sie wurde nach einer Woche wieder freigelassen. Danach versuchte sie in die Schweiz zu fliehen, das glückte ihr beim zweiten Versuch. Am 4. Oktober 1942 passierte sie illegal die Grenze.

Anne-Marie Piguet, die spätere Lehrerin vom Schloss La Hille, arbeitete zu der Zeit ebenfalls im Heim von St. Cergues, das das Schweizer Rote Kreuz im April 1942 für 60 jüdische Kinder und für Kinder spanischer Republikaner eingerichtet hatte. Anne-Marie Piguet hielt diese Gegend für geeignet, um die Jugendlichen von La Hille über die Grenze zu schaffen. Die gelungene Flucht Lotte Nußbaums bestätigte, dass der Platz für die Grenzpassage richtig gewählt war. Unterstützt von der Leiterin des Heims, Germain Hommel, begann Anne-Marie Piguet die illegalen Grenzübertritte an Ort und Stelle zu organisieren.

In La Hille hörte man, es gäbe bald wieder Juden-Deportationen. Das veranlasste mehrere der Großen, sich sofort über die Grenze zu wagen. Die Betreuer im Schloss ließen sie nicht ganz unvorbereitet ziehen. Die jungen Menschen brauchten für ihr Unternehmen zumindest Adressen von Helfern, die ihnen den jeweils nächsten Schritt ihres Weges nennen und ihnen gegebenenfalls ein Nachtquartier geben würden. Ein wichtiger Anlaufpunkt der Fluchtaktionen war Lyon. Dorthin traten Inge Schragenheim und Leo Lewin am 20. Dezember 1942 ihren Weg an.

Leo Lewin erzählt: »In der jüdischen Gemeinde von Lyon erhielten wir falsche Papiere und die Adresse von Abbé Folliet in Annecy, das liegt etwa 30 Kilometer südlich von Genf. Wir hatten für ihn eine Hand aus Papier mitgenommen. Als wir sie ihm vorzeigten, zog er auch so eine Papierhand aus der Tasche. So erkannte er, dass wir tatsächlich Flüchtlinge waren. Daraufhin hat er uns zu einer französischen Familie gebracht, die uns sehr freundlich aufnahm. Man fragte uns weder, woher wir kamen, noch, wer wir wären oder wohin wir wollten. Ein paar Tage blieben wir dort. Dann erhielten wir eine neue Identitätskarte, unterschrieben vom Präfekten in Annecy. Besorgt hat sie die Frau des französischen

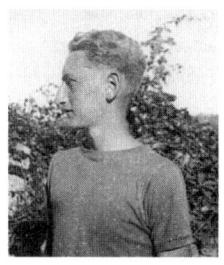

Leo Lewin (FaP 2);
auf dem Gruppenfoto
auf S. 83 sind Leo
Lewin und Inge
Schragenheim, die
gemeinsam über die
Grenze gingen,
abgebildet.

Ministers André Philippe, der in Nordafrika war. Die neuen Identitätskarten waren sehr gut. Als wir am 31. Dezember 1942 mit dem Zug von Annecy zur Grenze fuhren, waren Inge und ich nicht allein, es fuhren noch mehr Leute mit, auch ein Begleiter für uns, aber alle separat, damit, falls einer gefasst wurde, die anderen nicht betroffen waren. Ich war im Gang eines Wagens, als SS zur Kontrolle durchkam, in Ledermänteln, wie es damals bei denen üblich war. Ich zeigte meine Identitätskarte vor. Da sagte der eine auf Deutsch: ›Die französischen sind so gut, dass wir nicht erkennen können, welches die falschen und welches die echten sind.‹ Ich habe so getan, als ob ich nichts verstehe, ich war ja nach der Karte ein Franzose. Gegen Mitternacht, als die Soldaten Neujahr feierten, überschritten wir die Grenze und kamen gegen drei Uhr morgens in Genf an. Weil ich noch keine achtzehn Jahre alt war, wurde ich als Flüchtling aufgenommen. Inge Schragenheim, die gerade erst am 4. Dezember ihren achtzehnten Geburtstag gehabt hatte, wurde erbarmungslos an die französische Grenze zurückgestellt.«

Als ich Leo Lewin später noch einmal danach befragte, erzählte er die Umstände der Flucht genauer: »Es war kein leichter Übergang, es gab Stacheldraht, wir mussten durch einen Wassergraben, bis zum Bauch im Wasser bei eisiger Kälte. Wir hatten dafür keine Ausrüstung, nur Schuhe aus Karton, das war das Einzige, was es in Frankreich gab. Wir sind über die Grenze gekommen und gingen in ein Café, das man uns zuvor auf der französischen Seite genannt hatte. Man hatte uns gesagt, dort würde man uns weiterbefördern. Im Café bekamen wir etwas Warmes zu trinken. Die Leute warnten uns: Seid vorsichtig, damit ihr nicht der Schweizer Grenzpolizei in die Hände fallt. Wir sollten uns, wenn möglich, bis nach Genf durchschlagen.

Das war am 1. Januar 1943. Wir waren nass, total verschmutzt, hatten zerrissene Kleidung, bluteten. Die Deutschen feierten Neujahr, wir haben sie gehört und aus der

Abb. 1 An der Badestelle, Sebastian Steiger, der 1943 als Lehrer nach
La Hille kam, mitten unter den Kindern (Mitte rechts)

<u>COMITE D'ASSISTANCE AUX ENFANTS</u>.

1 4 *Lewin Leo*

Brüssel, den **2 0 JAN 1939**
rue Joseph Dupont 2
tél. 12.87.42

An Herrn und Frau .... *Lewin* ....,

      Wir haben das Vergnügen Ihnen mitzuteilen, dass
wir die Einreisebewilligung nach Belgien für Ihr Kind erhalten
haben.
      Wir ersuchen Sie deshalb dieses nach *Köln* ....
~~schicken zu wollen, wo es sich am~~ *Dienstag* ....
spätestens um *14* .. Uhr beim ... *Provinzialverband .. Köln* ..
.... *Rubenstr. 35* ....einzufinden hat.
      Einige Vertrauenspersonen vom "Belgischen Roten
Kreuz„ werden die Kinder dort abholen und nach Brüssel weiter
befördern.
      <u>Wir bitten Sie diesen Brief mitzugeben</u>.

    Mit besten Grüssen,

              Hochachtungsvoll,

Abb. 2 Brief des Brüsseler Hilfskomitees an die Familie Lewin. Die nicht
lesbare Zeile lautet: "Wir ersuchen Sie deshalb dieses nach Köln schicken
zu wollen, wo es sich am Dienstag, dem 21.1.39, spätestens um 14 Uhr
beim Provinzialverband Köln, Rubensstr. 35 einzufinden hat."

Abb. 3 Zertifikat des Bürgermeister von Seyre, es lautet: "Der Bürgermeister von Seyre bestätigt, dass Herr Frank die Leitung des Waisenhauses der jungen Flüchtlinge in seiner Gemeinde übernimmt mit der
Anzahl von 94 sowie einem Personal von 6 Mitgliedern am 8. September
1940 anstelle und statt Herrn Deway, der nach Belgien zurückkehrt.
Der Bürgermeister, Ritter der Ehrenlegion."

Abb. 4-7
Die Wandmalerei von
Frieda Steinberg

Abb. 8-11
Kinderzeichnungen

Abb. 12-15
Kinderzeichnungen

Ferne gesehen. Wir sind einige Kilometer zu Fuß gegangen, haben dann die Straßenbahn genommen – die Leute im Café hatten uns fünf Schweizer Franken gegeben – und sind nach Genf gefahren. Um drei Uhr morgens sind wir verdreckt dort angekommen. Auf der Rue de Mont Blanc fielen wir der Schweizer Polizei in die Hände, sie brachte uns in ein Auffanglager, wo wir drei oder vier Tage blieben. Dann kam ich in ein Lager für Männer, aber Inge wurde nach ein paar Tagen von der Polizei abgeholt und an die Grenze zurückgebracht.«

Und Inge Schragenheim schreibt: »Ich wurde einige Tage nach unserer illegalen Einwanderung in die Schweiz nach Frankreich zurückgesandt, zusammen mit vielen anderen Juden. Mehr Glück als Verstand hatte ich, dass ich den Weg nach Annecy zurückgefunden habe, ohne einem Gendarmen oder Soldaten in die Arme zu laufen. Dann fing für mich ein illegales Leben an. Ich bin noch einmal nach La Hille zurückgegangen und habe später zusammen mit Edith Goldapper versucht, über die Grenze zu kommen. Edith ging zuerst, ich einige Monate danach. Dieses Mal durfte ich in der Schweiz bleiben.«

Vom Grenzort Annemasse in die Schweiz

Vorbereitungen für die Rettung der ersten Gruppe wurden getroffen. In Annemasse über die Grenze zu kommen, schien den Betreuern in La Hille nicht besonders gefährlich und nicht übermäßig strapaziös. Allerdings, so dachten sie, berge die weite Strecke über Lyon und Annecy nach Annemasse größere Gefahren und müsse gut abgesichert werden. Für die erste Gruppe waren die vierzehnjährige Regina Rosenblatt, die ein Jahr älteren Kinder Margot Kern und Peter

145

Jacques Roth (FaP 1)

Peter Salz (FaP 7)

Salz und der siebzehnjährige Jacques Roth vorgesehen. Sie verließen wenige Tage nach Inge Schragenheim und Leo Lewin das Schloss, ausgestattet mit Passierscheinen, denn ohne einen solchen Schein durfte kein Emigrant den Ort, in dem er gemeldet war, verlassen. Die Vier erhielten auch etwas Geld, das bis zur Schweizer Grenze reichen würde. Jacques berichtet, Rösli Näf habe ihnen einen rosa Zettel an die Kleidung geheftet. Das war üblich, wenn das Schweizer Rote Kreuz Kinder von einer Kolonie zu einer anderen schickte, und sie waren in der Tat von La Hille zum Heim St. Cergues unterwegs. Auf der Fahrt und beim Grenzübertritt gab es keine Komplikationen. Der Weg war gut gewählt. Niemand entdeckte die Grenzüberschreiter. Die Nachricht von ihrer Ankunft in der Schweiz erreichte La Hille sehr schnell.

Margot Kern gibt dazu nur ganz knapp zu Papier: »In der Nähe der Grenze befand sich ein Haus der Schweizer Kinderhilfe, und die Leute haben uns unter großer Gefahr geholfen, die Grenze zu überschreiten. In der Schweiz angekommen, hat man uns in verschiedene Flüchtlingslager geschickt.« Ausführlicher schreibt Peter Salz darüber: »Margot, Regina, Jacques und ich verließen La Hille. Ein wenig zu Fuß, ein wenig mit Autostopp erreichten wir Foix. Dort stiegen wir in den Zug. Wir fuhren nach Toulouse, Lyon, Annemasse und zum Schluss mit dem Autobus nach St. Cergues, zum Kinderheim des Secours Suisse.« Jacques Roth ergänzt: »Dreißig Stunden waren wir unterwegs.« Peter Salz schreibt weiter: »In St. Cergues empfing uns Anne-Marie Piguet. Sie

146

war die Verbindungsfrau und brachte einen siebzehnjährigen französischen Pfadfinder mit, der uns am nächsten Tag zur Grenze führte und uns letzte Erklärungen gab. Nach einigem Umherirren und anderen Abenteuern erreichten wir den gesuchten Stacheldraht, kletterten hinüber und waren in der Schweiz. Untergehakt und singend wurden wir auf einem Waldweg von der schweizerischen Polizei gefasst und kamen ins Internierungslager. Wie vorher abgemacht, logen wir und sagten, wir seien alle noch nicht sechzehn Jahre alt, und so wurden wir nicht zurückgeschickt. Wir hatten keinerlei Ausweise mehr bei uns.«

Und noch etwas ergänzt Jacques Roth: »Auf dem Weg zur Grenze begegneten uns junge Leute, die nicht in der Schweiz bleiben durften, weil sie schon achtzehn Jahre alt waren. Sie waren nach Frankreich zurückgeschickt worden. Die Rettung war ihnen nicht gelungen. Da wussten wir, dass wir einen gefährlichen Weg gingen, und uns war nicht wohl zu Mute.«

Leo Lewin durfte nach seinem illegalen Grenzübertritt kurz zuvor in der Schweiz bleiben, weil er noch nicht achtzehn Jahre alt war. Inzwischen, so lautete eine Information, sei das Alter um zwei Jahre herabgesetzt worden. Die Kinder fürchteten, man würde den siebzehnjährigen Jacques Roth wieder nach Frankreich zurückschicken, das hieß an die von deutschen Soldaten und französischen Gendarmen bewachte Grenze bringen. Aber Jacques konnte in der Schweiz bleiben.

Die vier Flüchtlinge kamen in Internierungslager in Genf und Lausanne. Peter Salz wurde dann von seinen Schweizer Paten aufgenommen, das war das jüdische Ehepaar Ella und Salomon Dym. Ella Dym arbeitete bei der jüdischen Flüchtlingshilfe. Peter Salz wohnte zwei Jahre bei den Dyms, wo sich alle La Hiller trafen, die in die Schweiz kamen. Ruth Klonower schreibt 1999 in einem Brief über die Dyms: »Sie waren für uns, die wir das Glück hatten, in die Schweiz zu gelangen, eine Art Zentrum, wo wir uns treffen und etwas

Zuhause atmen konnten. Wir sind noch immer in Kontakt mit ihnen.« Ella Dym war damals eine noch kinderlose junge Frau. Sie wurde neunzig Jahre alt und blieb ihr Leben lang eine sozial engagierte Schweizerin. (Fotos der Flüchtlingsgruppe: Margot Kern Abb. auf S.83; Regina Rosenblatt Abb. auf S. 11; Peter Salz Abb. auf S. 49, 54, 146)

Die Kinder von La Hille hatten in der Schweiz Paten. Diese Beziehung verdient besonders hervorgehoben zu werden. Die Schweizer Betreuer in La Hille hatten Freunde in ihrer Heimat und diese hatten wieder Freunde, meist christliche Familien. Sie erfuhren von den Kindern in La Hille. Viele Familien waren bereit, etwas zum Wohl der Kinder beizutragen. Sie schickten »ihrem« Kind regelmäßig Päckchen nach La Hille, damit es ein bisschen Zuwendung verspüre, und selbstverständlich war der Inhalt eines Päckchens stets willkommen. Leo Grossmann sagte, man schickte ihnen immer etwas Gutes wie Schokolade und Milchpulver. Die Paten zahlten dem Schweizer Roten Kreuz für ihr Patenkind jeden Monat zehn Franc, das war damals eine erhebliche Summe. Vor allem aber ging über die Paten die Post an die Eltern; die Schweizer hielten die Verbindung, solange dies möglich war.

Als es darum ging, den Kindern, die über die Grenze kamen, eine Adresse für eine Unterkunft mitzugeben, lag es daher nahe, sie zu ihren Paten zu schicken. Die nahmen ihr Patenkind auf und oft auch noch andere Kinder und Jugendliche. Sie sorgten für ihre Schützlinge in der ersten, schwierigsten Zeit. Nicht selten regelten sie die Angelegenheiten bei den Behörden, wenn es Probleme wegen ihrer illegalen Einwanderung gab. Den Paten war es oft zu verdanken, dass die Kinder nicht in einem Schweizer Lager bleiben mussten. Die Zustände dort wirkten diskriminierend auf die sehr empfindsam gewordenen jungen Menschen.

Als die Nachricht kam, dass den Ersten die Flucht in die Schweiz gelungen war, wurde noch einmal eine Gruppe zusammengestellt, drei junge Mädchen: Ilse Wulff, Ruth

Klonower und Else Rosenblatt. (s. auch Abb. auf S. 83)

Ruth Klonower berichtet: »Mit guten Wünschen, mit Fahrgeld und mit der Adresse von St. Cergues versorgt, zogen wir los. Wir nahmen Schultaschen mit, damit man uns für Schülerinnen hielt. Noch vor Morgengrauen stiegen wir in Pamiers in den Zug, fuhren nach Toulouse, Lyon, Annemasse. Plötzlich kamen deutsche Soldaten ins Coupée. Wir spielten französische Schülerinnen, die ein paar Worte Deutsch verstanden. Annemasse war die Grenzstation. Auf dem Bahnhof kontrollierte man bei allen die Papiere. Mit einem Teenager-Lächeln, als wenn diese Dinge nicht für uns bestimmt wären, gingen wir durch die Kontrolle. Man ließ uns

Ilse Wulff aus Stettin, 17 Jahre (FaP 17)

Ruth Klonover aus Dortmund, 18 Jahre (FaP 9)

Freundinnen schon in Brüssel, von l.: Else Rosenblatt, Lotte Nussbaum, Ruth Klonover

149

Inge Helft aus Wurzen,
17 Jahre (FaP 28)
s. auch Abb. auf
S. 83, 158

Adele Hochberger
aus Berlin, 16 Jahre
(FaP 32)

Manfred Voss aus
Köln, 18 Jahre
(FaP 18), s. auch Abb.
auf S. 49, 54

einfach durch. In St. Cergues trafen wir Anne-Marie Piguet, sie versteckte uns in ihrem Zimmer.«

Anne-Marie Piguet und ein junger Mann erklärten den Mädchen ganz genau, wann und über welches Feld sie in Richtung Genf die Grenze passieren sollten. Unterwegs zweifelten sie zwar, ob sie in der richtigen Richtung liefen, aber sie kamen ohne Probleme an den Schweizer Grenzwächtern vorbei. Sie meldeten sich im Auffanglager Genf. Ruth Klonower wurde danach von ihren Paten, der Familie Frei in Winterthur, aufgenommen. Else Rosenblatt blieb bis zum Kriegsende ebenfalls bei ihren Paten und auch Ilse Wulff verbrachte die Kriegszeit in der Schweiz.

In den ersten Tagen der illegalen Einwanderung in die Schweiz sind außer den Genannten auch Hans Garfunkel (18 Jahre) und das nicht-jüdische Mädchen sicher in die Schweiz gekommen. Die Einzelheiten dieser Rettungswege sind nicht aufgeschrieben worden. (Hans Garfunkel s. Abb. auf S. 83)

Nachdem zwei Gruppen in die Schweiz geschmuggelt worden waren,

Inge Joseph aus
Darmstadt, 17 Jahre
(FaP 10), s. auch
Abb. auf S. 11

wurde eine dritte Gruppe auf den Weg geschickt: Inge Helft, Adele Hochberger, Manfred Voss und Inge Joseph.

Kurz nachdem diese Gruppe La Hille verlassen hatte, radelten Gendarmen in den Schlosshof. Sie suchten die Vier, erhielten aber von allen die Antwort: »Wahrscheinlich sind sie draußen bei der Arbeit und kommen erst am Abend zurück. Beim Frühstück haben wir sie noch gesehen.« Die Gendarmen fluchten: »Ihr Lügner, gestern sind sie an der Schweizer Grenze gefasst worden. Wir werden feststellen, wer ohne Erlaubnis verschwunden ist!«

Als dies passierte, stand für Ruth Schütz und Lixi Grabkowicz fest, dass der Moment zur Flucht gekommen war. Sie übergaben Eugen Lyrer alles, was aufbewahrt werden sollte. Er gab ihnen Geld, Brot und Käse und eine Adresse in Lyon, dort würde man ihnen helfen, in die Schweiz zu kommen. Sie verabschiedeten sich in Eile von Eugen Lyrer und verschwanden heimlich aus La Hille. Ruth, die sich und ihre kleine Schwester ins Brüsseler Heim geschmuggelt hatte, wurde im Frühjar 1943 achtzehn Jahre alt. Ihre Freundin Lixi war ein halbes Jahr älter.

Die Schweiz macht ihre Grenze dicht

Die Zentrale des Schweizer Roten Kreuzes in Bern bemerkte das illegale Einschleusen der Kinder und Jugendlichen und erfuhr auch von der Mitwirkung der Leiterin der Kolonie La Hille. Rösli Näf wurde nach Bern zitiert, wo sie ob ihres Tuns gerügt und kurz darauf in die Schweiz zurückbeordert wurde, denn sie hätte niemals gegen die Weisungen aus Bern handeln dürfen, sondern die Aktivitäten verhindern müssen. Nichts sei zu unternehmen, was das Missfallen der Deutschen erregen könnte. So lautete die Weisung. Vor einer

Kamera gibt Rösli Näf darüber Auskunft: Man habe sie darauf hingewiesen, in welch große Gefahr sie die Arbeit des Schweizer Roten Kreuzes in Frankreich gebracht habe, ihre Rückkehr in die Schweiz sei das Beste für das Rote Kreuz, auch für das in der Schweiz. Wie Rösli Näf wurde auch die Leiterin des Kinderheims St. Cergues, Germain Hommel, behandelt. Die Tätigkeit der Mitarbeiterin des Kinderheims St. Cergues, die die Flüchtliche über die Grenze brachte, Renée Farny, blieb geheim.[33]

Für Rösli Näf bekam die heile Welt einen Riss. Vor der Kamera sagte sie: »Früher habe ich immer gesagt, wenn die Kinder von Gefahr sprachen, sie können ganz ruhig sein, da passiert nichts, das würde man nicht wagen, aus einem Kinderheim vom schweizerischen Roten Kreuz die Kinder zu holen. Das war meine feste Überzeugung und die war nun zerstört. Ich bin zum schweizerischen Roten Kreuz in Bern gegangen und habe mit einem Offizier gesprochen, einem Oberst Remund. Dieses Gespräch hat mich damals sehr enttäuscht. Ich durchschaute die feige Einstellung der Schweiz. Remund hat einfach nur dafür gearbeitet, dass man der deutschen Regierung nicht irgendwie auf die Füße trat. Das merkte man.«[34]

Colonel Remund, der Chef des Schweizer Roten Kreuzes/ Kinderhilfe, hatte eingegriffen. Durch seine Informationen über die Aktivitäten an der Grenze zu Frankreich hatte er eine schärfere Abschottung der Schweiz gegen jüdische Flüchtlinge bewirkt.

Vom französischen Grenzort Annemasse nach Genf, das war eine kurze, nicht allzu schwierige Strecke. Auf diesem Weg hätten nach den Großen aus La Hille auch die Kleineren geschickt werden können. Sie hätten den Weg bestimmt gemeistert. Nun war er nicht mehr passierbar. Die Gefahr, entdeckt zu werden, war zu groß.

Trotz der Maßregelung Rösli Näfs und Germain Hommels und obwohl die Schweizer in Bern verpflichtet wurden, nichts Illegales mehr zu tun, unternahmen die Betreuer in La Hille weiter die notwendigen Schritte für potenzielle Rettungswege. Sie ließen sich nicht davon abbringen, die ihnen anvertrauten Kinder und Jugendlichen in die Schweiz zu bringen. Ein neuer Weg für den Grenzübergang musste gesucht, vorbereitet und gesichert werden. Die Grenze war zwar stark bewacht, doch in einem bergigen Gelände wie den Schweizer Grenzregionen ließen sich trotzdem Lücken finden. Nur eins war klar: Die Aktionen würden schwieriger und gefährlicher werden.

Ruth Schütz und Lixie Grabkowicz verließen am Neujahrstag 1943 La Hille. Sie hatten Proviant und Geld bei sich und die Adresse in Lyon, die ihnen Eugen Lyrer gegeben hatte. Sie gingen einen Weg seitab, den Ruth aus der Zeit bei Familie Schmutz kannte, bis sie die Landstraße zur nächsten, fünfzehn Kilometer entfernten Stadt und die Bahnstation erreichten. Niemand war unterwegs, kein Mensch, kein Auto. Als sich zwei Gendarmen mit Motorrädern näherten, warfen sie sich in den Straßengraben mit Schlamm und geschmolzenem Schnee. Sie fürchteten, dass ihre Flucht bereits entdeckt sei und man sie suche. Im Dunkeln kamen sie in der Stadt an. Sie säuberten ihre Kleidung, um wie gewöhnliche Mädchen auszusehen, die in die Ferien fahren.

Lixie schildert den vergeblichen Versuch, in die Schweiz zu gelangen: »An das Datum erinnere ich mich nicht mehr, aber ich glaube, es war im Januar 1943. Wir wanderten über den Berg nach Foix, wo wir einen Zug nach Toulouse nahmen. In Toulouse angekommen, gab es keine Zugverbindung nach Lyon. Wir gingen die Straßen auf und ab und hatten Angst vor den vielen Soldaten, die dort auch auf und ab gingen. Nachmittags versteckten wir uns in einem Kino, aber auch dort fühlten wir uns nicht sicher, denn wo man auch hinsah – deutsche Soldaten. Eine Nacht verbrachten wir in einem Haustor, das noch offen war, obwohl wegen der Ausgangssperre ab zehn Uhr überall die Tore geschlossen wurden. Am nächsten Abend bekamen wir einen Zug, vollgestopft mit Menschen; die ganze Nacht stehend, fuhren wir nach Lyon. Dort, in einer unbekannten Stadt, hatten wir nur ein Ziel: Rue Laterne, wo wir uns bei einem Pfarrer, Abbé Glassberg, melden sollten. Er war nicht da. Seine Haushälterin schickte uns zu einem jüdischen Komitee. Als wir dort die Stiege hinaufgingen, war da oben was los, eine Razzia. Wir hatten Glück, niemand bemerkte uns. Von diesem Abend an erinnere ich mich nur an einzelne Episoden, aber nicht der Reihe nach. Da war ein Kloster in Lyon, St. Just, ein großes Haus in Annecy mit vielen Menschen, dann wieder ein Kloster, irgendwo einsam und abgelegen im Gebirge, ganz nahe an der Schweizer Grenze. Dort trafen wir auch mehrere La Hiller. Zu dieser Zeit war die Grenze aber schon gesperrt und wir konnten nicht weiter.«

Als sie von La Hille weggingen, wussten sie noch nichts von den Änderungen an der Grenze. Erst unterwegs stellte sich heraus, dass die Grenze zur Schweiz für jüdische Flüchtlinge über sechzehn Jahre gesperrt war. Es gab nur zwei Möglichkeiten: zurück nach La Hille oder irgendwo in Frankreich untertauchen. Ruth Schütz hatte eine Identitätskarte, eine falsche. Ihr Name war jetzt Renée Blanc, geboren in Strasbourg. Sie blieb in Frankreich, bevor sie 1944 aufs Neue versuchte, das Land zu verlassen.

»Wie und wann Ruth und ich nach Grenoble gelangten, weiß ich nicht mehr«, schreibt Lixi. »Jedenfalls, daran erinnere ich mich, war ich dann in dem Kloster Notre Dame de Sion. Durch diese Verbindung kam ich zur Familie Fortrat in Grenoble, bei der ich anderthalb Jahre unter falschem Namen lebte und als Dienstmädchen arbeitete. Ruth kam in eine andere Familie, ging aber bald wieder weg. Wir blieben miteinander in Kontakt. Meine Patenfamilie warnte mich, mit niemandem zu reden, und nahm mich mit in die Kirche. Nur musste ich in der Küche essen und durfte nicht in der Wanne baden. An solche Sachen erinnert man sich! Als die Amerikaner die Gegend befreiten, schickte mich meine Familie wieder nach Lyon, also wieder zurück zum jüdischen Komitee.« (Lixie Grabkowicz s. Abb. auf S. 83)

Abbé Glassberg, der mehrfach in den Erinnerungsberichten genannt wird, war an vielen Aktionen beteiligt. Er widmete sich hauptsächlich der Rettung jüdischer Kinder. Sein Engagement hing mit seiner Geschichte zusammen. Er wurde als Jude in der Ukraine geboren und kam als Kind nach Frankreich. Wann er getauft wurde, ist nicht bekannt. Wahrscheinlich, meint Ruth Schütz, die ihn in ihrer späteren Tätigkeit für die Résistance kennen lernte, traten seine Eltern zum Christentum über, als er noch ein Kind war. Er wurde Priester und erreichte in Lyon ein hohes kirchliches Amt. Gleich zu Beginn des Krieges gründete er die »Christliche Brüderlichkeit«, eine Organisation zur Hilfe für die aus Deutschland geflohenen Juden. Als die Verfolgung der Juden in Frankreich zunahm, 1942, suchte er den Kontakt zur Résistance. Das kam dem Bischof von Lyon zu Ohren, der den Abbé daraufhin bei den deutschen Besatzern denunzierte. Abbé Glassberg wurde jedoch gewarnt und konnte noch rechzeitig aus Lyon verschwinden. Bis Kriegsende war er im Süden Frankreichs im Untergrund tätig.

Ruth Schütz erklärt in ihren Aufzeichnungen, sie habe die Geschichte dieses Mannes erst Jahre nach dem Krieg erfahren. »Plötzlich, wie in einem Puzzel, fügten sich die Fragmente in meinem Gedächtnis zu einem klaren Bild zusammen. In der Laternenstraße sollten wir den Pfarrer Glassberg treffen oder einen seiner Helfer. Wir erreichten den Ort eine Woche nach seiner Flucht. Seine Helfer waren auch nach seiner Flucht tätig. Sie verschafften uns falsche Ausweise und schickten uns in das Kloster. Auch nach dem Krieg leitete Glassberg eine Hilfsorganisation, unterstützte die illegale Einwanderung nach Palästina und nach der Gründung des Staates Israel sympathisierte er mit der Kibbuz-Bewegung im Land. Alle diese Taten standen nicht im Widerspruch zu seinem Glauben und zu seiner Aufgabe als katholischer Geistlicher.«

Ruth und Lixie waren noch rechtzeitig darüber informiert worden, dass es keine Möglichkeit mehr gab, in der Gegend von Genf über die Grenze zu gehen, und dass das Alter für die Aufnahme jüdischer Flüchtlinge, die illegal die Schweiz betraten, auf Kinder unter sechzehn Jahren begrenzt worden war. Aber zwei Jungen erfuhren nichts von der neuen Situation an der Grenze. Sie liefen den Grenzwachen in die Arme: Kurt Moser (19 Jahre) und Kurt Klein (16 Jahre), der von den La Hillern den Namen Onze bekam, weil er das französische Wort für die Zahl 11 nicht richtig aussprechen konnte. (Beide Jungen s. Abb. auf S. 54, 83)

Kurt Klein berichtet: »Durch einen kleinen Wald haben wir die Barrieren der Grenze erreicht. Wir haben sie übersprungen und waren erstaunt, vor einer weiteren Barriere zu stehen. Erst als wir auch die überwunden hatten, waren wir in der Schweiz. Auf einmal umringten uns Soldaten, die uns mit Lampen anleuchteten. Wir hatten Angst. ›Was macht ihr hier?‹, schrie ein Soldat. Wie gelähmt waren wir und antworteten nicht. Als wir verstanden, dass wir nach Frankreich zurückgejagt werden sollten, fingen wir wieder an zu denken. ›Wir sind Juden‹, rief ich, ›lasst uns in die Schweiz. In Frankreich werden uns die Deutschen töten.‹ ›Wir haben 700 Kilometer hinter uns, lasst uns hier‹, bettelte auch Kurt Moser. Das Bitten half uns nicht. Die Schweizer Soldaten waren unerbittlich. ›Wir haben Order von Bern, dass alle jüdischen Flüchtlinge zurückgeschickt werden müssen.‹ Und sie brachten uns zu einem Lastwagen und stießen uns hinein. In einer Kurve sprangen wir ab. Sie hielten an und rannten hinter uns her. Sie schossen einmal in die Luft und fingen uns wie flüchtende Hasen ein. Ein Soldat hielt sein Gewehr auf Kurt und sagte: ›Die nächste Flucht und wir schießen.‹ Sie hatten kein Erbarmen. Wir mussten die Barrieren an der Grenze noch einmal überspringen, in Richtung Frankreich, und dachten, wir gehen in den sicheren Tod.«

Auch die vier La Hiller, die als dritte Gruppe den Weg in

die Schweiz gehen wollten, wurden an der Grenze gefasst. Die Gendarmen, die sie festnahmen, entließen sie aber nicht, indem sie sie über die Grenzbarriere springen und nach Frankreich zurückgehen ließen, wodurch sie die Chance gehabt hätten, irgendwie bis zu einem sicheren Platz durchzukommen, was ja Inge Schragenheim, Kurt Moser und Kurt Klein gelungen war. Die Gendarmen, auf die jene dritte Gruppe der La Hiller traf, haben die Flüchtlinge den Deutschen übergeben.

Nur Inge Joseph, die zu dieser dritten Gruppe gehörte, gelang es zu fliehen. Sie bat, ins Bad gehen zu dürfen und sprang aus dem Fenster in den Schnee. Während des Tages versteckte sie sich und in der Nacht glückte es ihr, allein aus dem Grenzgebiet zu entkommen.

Für die drei anderen – Adele Hochberger, Inge Helft und Manfred Voss – war mit der Übergabe an die Deutschen das Todesurteil gesprochen. Ihr Schicksal war die Deportation in ein Vernichtungslager. Sie haben nicht überlebt. Die Mädchen waren sechzehn Jahre alt, der Junge war zwei Jahre älter.

Am Tag ihres Abschieds von La Hille haben Adele Hochberger und Inge Helft ihrer Lehrerin, Irène Frank, gesagt, dass sie den Weg in die Schweiz gehen werden. Es war nicht üblich, darüber zu sprechen. Rösli Näf informierte niemanden. Wer gegangen war, fehlte morgens am Tisch. Aber die beiden Mädchen zogen Irène Frank ins Vertrauen, sie wollten nicht ohne ein Aufwiedersehen verschwinden. Und die Brüder Walter und Manfred Kamlet wussten Bescheid. Walter und Inge verband eine innige Jugendliebe, auch Manfred und Adele liebten sich. Walter war neunzehn Jahre alt, sein Bruder und die Mädchen waren zwei Jahre jünger. Es waren früh gereifte Menschen, ihre Liebe hätte von Dauer sein können.

Walter und Manfred kamen ebenfalls zu Irène Frank, blass und erregt. Sie mussten die Mädchen über die Grenze gehen lassen, ohne zu wissen, ob sie sich wiedersehen würden. Am letzten Nachmittag bot die verständnisvolle Lehrerin dem

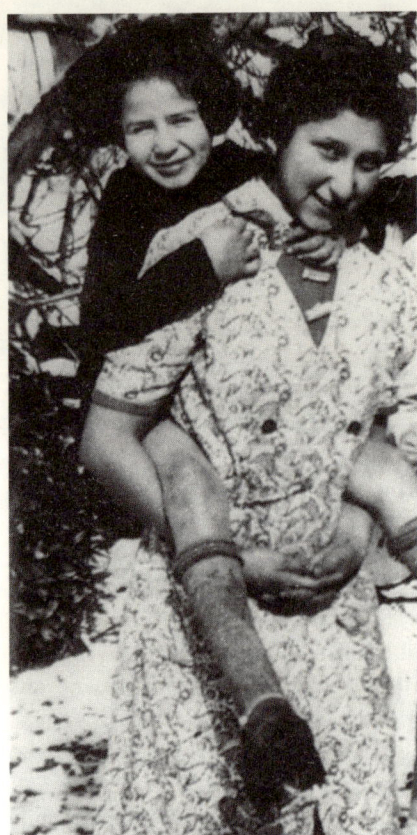

jungen Paar Walter und Inge ihr Zimmer an. Im offenen Ka-
min brannte ein wärmendes Feuer. Bis zum Abendessen waren sie allein, konnten reden, weinen, sich lieben, Zukunfts-
pläne schmieden. Es war denkbar, dass es eine gemeinsame
Zukunft für sie gab, es war genauso denkbar, dass es ein Abschied für immer war. Als die Speiseglocke ertönte, ging die
Lehrerin zu ihrem Zimmer. Walter spitzte Bleistifte und
füllte Tinte in einen Füllfederhalter, damit Inge etwas zum
Schreiben hatte.

Irène Frank berichtet: »Am nächsten Morgen fehlten Inge und Dela. Sie waren vor Morgengrauen aufgebrochen. Ich habe nicht gefragt und nie erfahren, wer sie geholt hat und welchen Weg sie einschlagen würden. Es war im November, ein feuchtes, nebliges Wetter, und ihre dünne Kleidung bot nur wenig Schutz. Wir haben sie nie wiedergesehen.«

UNRUHE IM SCHLOSS

Es war viel Bewegung im Château La Hille. Mit den Aktionen an der Schweizer Grenze bei Genf waren die Betreuer sehr in Anspruch genommen. Sie suchten zuverlässige Leute in der Umgebung, bei denen die Großen unterkommen konnten, gedeckt durch Arbeit und dem dafür nötigen Papier. Sie fuhren auch zu den Patenfamilien in der Schweiz, um alles zu regeln für die Aufnahme der La Hiller, die in der Schweiz ankommen würden. Überdies waren Geld und Kleidung bei hilfsbereiten Menschen zu beschaffen.

Alle La Hiller, besonders die Großen, spürten Spannung und Unruhe. Ständig verabschiedeten sich ihre Freunde oder waren morgens einfach nicht mehr da. Mancher erschien früher oder später wieder im Schloss, nach misslungenem Grenzübertritt oder nach einer kurzzeitigen Arbeit in einem anderen Ort. Es gab viele Gründe für das Gehen und Kommen.

Im Schloss wurde bekannt, dass mehrere Mädchen und Jungen weder bei ihren Schweizer Paten noch in einem Internierungslager angekommen, sondern von Schweizer Gendarmen an die Deutschen ausgeliefert worden waren. Das stimmte alle sehr traurig, waren doch die Mädchen und Jungen ein Teil der La Hiller Familie.

Über den Köpfen der Bewohner des Schlosses braute sich etwas zusammen. Nach der Pause seit Oktober 1942 standen wieder Deportationszüge bereit und sollten beladen werden. Als Vergeltung für ein Attentat, bei dem am 13. Februar 1943 zwei deutsche Offiziere umgekommen waren, verlangte die Gestapo von der Gendarmerie, 2000 männliche Juden aus der Südzone an die Deutschen auszuliefern. Am 20. Februar begannen die Razzien.

In einem Dokument einer jüdischen Organisation ist zu lesen: »Von Sonnabend, dem 20. Februar, an wurden in der ehemaligen freien Zone überall Razzien vorgenommen, die sich gegen ausländische Israeliten richteten. Die Präfekturen erhielten den Befehl, Listen derjenigen Personen zu erstellen, nach denen in ihrer Wohnung oder an ihrem Arbeitsplatz gefahndet werden sollte. Die Operationen betrafen in jedem Departement eine bestimmte Anzahl von ausländischen Israeliten, Männern zwischen 18 und 65 Jahren. Diese befanden sich teils in Freiheit (mit zugewiesenem Zwangsaufenthalt oder nicht), teils gehörten sie den Arbeitskommandos für Ausländer an (abgestellt oder nicht), teils waren sie in Heimen der jüdischen Ausländerfürsorge oder sogar in Kinderheimen (Château de la Hille, Departement Haute-Garonne) untergebracht. Zwei Gruppen von je 100 Personen aus den Lagern Noe und Le Vernet wurden direkt nach Gurs gebracht.«[35]

Am 23. Februar 1943 standen Gendarmen im Schloss La Hille. Ehe die Bewohner es so recht erfassten, hatten sich die Uniformierten überall verteilt, draußen und in den Räumen. Alle wurden zum Appell befohlen. Einzelne Namen der größeren Jungen wurden aufgerufen: Bertrand Elkan, Walter Strauß, Manfred Kamlet, Heinz Brünell. Sie waren wie alle zum Appell angetreten. Bertrand war bereits zwanzig Jahre alt, Walter hatte wenige Tage zuvor seinen achtzehnten Geburtstag, die beiden anderen waren erst siebzehn Jahre alt. Warum gerade diese Vier aufgerufen wurden, war völlig unklar.

Auch nach Ernst Schlesinger wurde gefragt, der nicht bei den anderen stand. Seine Frau sagte, er sei nicht da. Die Gen-

darmen meinten, es gehe nur um eine Formalität, um die Tabakzuteilung, sie brauchten nur eine Auskunft von ihm. Flora Schlesinger in ihrer Aufregung fiel darauf herein und rief ihren Mann. Ein großer Polizeiwagen näherte sich, hielt vor dem Schloss, alle Aufgerufenen wurden mitgenommen.

Man brachte sie nach Vernet, von dort in das berüchtigte Lager Gurs. Dort trafen sie zwei ihrer Kameraden: Emil Dortort und Norbert Winter. Auch Elias Haskelewitsch fanden sie dort wieder, er hatte sich irgendwo in Frankreich aufgehalten und konnte der Jagd auf Juden nicht entgehen. Vielleicht wäre ihm, wenn er nicht aus La Hille fortgegangen wäre, das Lager erspart geblieben.

Manfred Kamlet und Heinz Brünell durften nach einiger Zeit, noch vor dem Sommer, in dem sie achtzehn wurden, nach La Hille zurückkehren. Als Achtzehnjährige hätte man sie nicht mehr freigelassen.

Bertrand Elkan, Walter Strauß, Emil Dortort und Norbert Winter wurden deportiert und ermordet, ebenso Ernst Schlesinger.

Frau Schlesinger hat sich nie verziehen, dass sie auf die Worte eines Gendarmen hereingefallen ist und ihren Mann gerufen hat. In dem Augenblick, als der Polizeiwagen vorfuhr, wusste sie, dass ihm die Deportation bevorstand. Sie soll, in Tränen aufgelöst, die Abfahrt der Jungen und ihres Mannes verfolgt haben. In Edith Goldappers Tagebuch steht: »Wir wissen, wenn sie einmal fort sind, werden wir sie vielleicht niemals wiedersehen. Die Tränen fließen nur so.« Alle weinten. Nichts konnten sie tun.

Was mit Elias Haskelewitsch geschah, wusste niemand genau. Da, soweit ich feststellen konnte, kein Lebenszeichen von ihm zu den Franks oder zu einem der Kinder gelangt war, vermutete ich, dass er mit den anderen deportiert wurde und nicht überlebt hat. Zwei La Hiller erwähnten aber, dass Elias Haskelewitsch nach dem Krieg in Paris gesehen worden sein soll. Dann fand ich in dem immer wieder mal durchgesehenen Berg von Bildern und Notizen ein Foto, auf dessen Rückseite in fast unlesbarer dünner Bleistiftschrift stand: »1969, Elie Haskelevitsch« und dazu eine Adresse in Frankreich. Es zeigt einen älteren, gut gekleideten Herrn vor der Tür eines modernen, gepflegten Hauses, sodass man annehmen darf, dass es ihm gut ging. Das Foto lag bei Notizen von Cilly Stückler. Ich hörte inzwischen, dass Elias Haskelewitsch seit Kriegsende in Paris wohnte.

Die vier Jugendlichen und Ernst Schlesinger mussten vor ihrer Deportation nach dem Osten das Lager Gurs passieren. Fritz Wertheimer und andere La Hiller hatten das Camp schon einmal kennen gelernt. Als sie damals nach La Hille zurückgekommen waren, so berichten ihre Kameraden, haben sie schlimme Dinge erzählt. Die Tatsache, dass sie aus Gurs freigelassen wurden, ist vielleicht überraschend, war aber unter bestimmten Bedingungen möglich: Es musste sich jemand finden, eine Person oder eine Organisation, die sich verpflichtete, monatlich für den Internierten 25 Dollar zu zahlen und dafür zu sorgen, dass er unverzüglich Frankreich verlässt. Möglicherweise hat sich für die La Hiller jemand gefunden, der sie freikaufte und für sie bürgte. Vielleicht konnten sie aber auch in einem günstigen Augenblick einfach aus dem Lager fliehen. Manchmal, wenn auch sehr selten, kam so etwas vor. Im

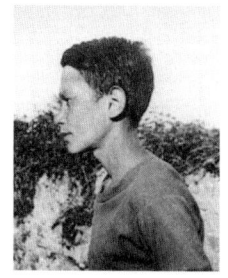

Walter Strauß
(FaP 11); s. auch Abb.
auf S. 49, 54

Februar des Jahres 1943 gab es allerdings für die La Hiller keinen Weg in die Freiheit.

Die in den Februartagen verhafteten Männer wurden mit zwei Zügen am 26. Februar und am 2. März 1943 von Gurs nach Drancy geschafft. Von dort fuhr der erste Deportationszug, Transport Nr. 50, am 4. März ab, der zweite Zug, Transport Nr. 51, am 6. März. Der offizielle Zielort beider Züge war der Eisenbahnknotenpunkt Chelm bei Lublin. Die Züge wurden nach Sobibor weitergeleitet, wo die meisten Deportierten wahrscheinlich sofort getötet wurden. Ein oder zwei Waggons jedes Zuges müssen in Maidanek angekommen sein. So berichteten es die einzigen vier Überlebenden des ersten und die sechs Überlebenden des zweiten Transports. Sie wurden in Maidanek registriert.

In dem Transport Nr. 50 oder 51 von Drancy müssen die vier Jungen aus La Hille gewesen sein. Alle vier waren um diese Zeit in Gurs. Und es steht fest, dass Bertrand Elkan, Walter Strauß und Emil Dortort in Maidanek ermordet wurden. (s. Abb. auf S.83; Bertrand Elkan und Emil Dortort außerdem Abb. auf S. 54)

Ein Mädchen, Ruth Klonower, verbindet mit Gurs eine besondere Erinnerung, wie sie in ihrem kurzen Lebensbericht für das erste Treffen der La Hiller erläutert: »Mein Onkel kam von Belgien nach Gurs. Meinen stattlichen Onkel fand ich Ende 1941 ganz abgemagert im Krankenhaus wieder. Alexander Frank blieb mit mir an seinem Bett, bis er starb. Mein lieber Onkel hatte dafür gesorgt, dass ich nach Belgien fahren konnte. Er war der jüngste Bruder meiner Mutter, die zusammen mit meinem Vater deportiert wurde. Ich habe ihn in einen Fragebogen eingetragen, mit dem alle erfasst werden sollten, die umgebracht worden waren; denn meinen Onkel haben die schweren Bedingungen in Gurs das Leben gekostet.«

Gurs war kein Vernichtungslager wie Auschwitz, auch kein Arbeitslager wie Neuengamme. Gurs war ein Durchgangslager, die Internierten waren einfach sich selbst überlassen. Es herrschten Zustände, die nicht zum Überleben taugten. Das Lager befand sich weit im Südwesten, am Rand der Pyrenäen, 30 Kilometer von der spanischen Grenze entfernt, im Schwemmgebiet des Flusses Gave d'Oloron. Hier gibt es extreme Temperaturschwankungen und sehr viel Regen, der den Boden in tiefen Schlamm verwandelt. Der einzige asphaltierte Boden des Camps war die zwei Kilometer lange Straße, die sich als Längsachse mitten durch das Lager zog. In den fast 400 Baracken wurden mehr als 20000 Menschen festgehalten. Je 25 Baracken bildeten einen Block, eingefasst von einem tiefen Wassergraben. Insgesamt durchliefen etwa 60000 Menschen das Lager. Die katastrophalen Zustände in Gurs sind vielfach dokumentiert worden. Es heißt in einem Brief aus Gurs: »Innen sehen diese durchsichtigen Bretterbuden ungefähr wie ein Pferdestall aus. Jeder hat eine Handvoll Stroh bekommen, das sind so die Inneneinrichtungen.

(...) Will man aus der Hütte hinaus, so versinkt man bis an die Knöchel im Morast. Also bleibt unser Leben ganz auf die Baracken beschränkt.« Der Arzt Doktor Ludwig Mann berichtet aus Gurs: »Die Baracken waren kalt, feucht, zugig und schmutzig, die Strohsäcke lagen auf den schiefen Bretterböden, schlecht gefüllt mit muffigem Stroh. Es gab Wanzen und Läuse, Ratten und Flöhe, aber kein Eßgeschirr und kein Trinkgefäß. Alles Gepäck, die 20 kg, die pro Person erlaubt waren, war (...) auf die Lagerstraße geworfen worden und lag in wüstem Durcheinander in Dreck und Regen. Nur kleine Dinge hatte jeder bei sich.«[36] Viele Alte und Schwache starben, bevor ihr Name auf einer Deportationsliste stand.

Um die Zustände erträglicher zu machen, griffen das Schweizer Rote Kreuz und die Quäker ein. Sie sorgten für zusätzliche Mahlzeiten, für Medikamente und Kleidung. Unter anderem kam die Schweizer Krankenschwester Elsbeth Kasser als freiwillige Helferin nach Gurs und blieb dort drei Jahre. Bei den Gefangenen hieß sie »der Engel von Gurs«. Elsbeth Kasser war mit Rösli Näf bekannt. Die Krankenschwester von Gurs betreute auch die inhaftierten La Hiller und besuchte die wieder entlassenen später in der Kinderkolonie. Elsbeth Kassers Stellvertreterin in Gurs war Emmy Ott, eine der späteren Nachfolgerinnen von Rösli Näf in La Hille.

Elsbeth Kasser sammelte Zeichnungen und Fotografien, die in Gurs gemacht und in Ausstellungen der neunziger Jahre gezeigt wurden. Durch diese ungewöhnliche Krankenschwester bekommen wir ein genaues Bild von den Zuständen in diesem Lager. Im Ausstellungskatalog von 1993 beschreibt sie ihr Leben in Gurs: »Im Sommer 1940 befand ich mich (...) in verschiedenen Flüchtlingslagern bei Toulouse, als ich zum ersten Mal den Namen des Lagers Gurs hörte und intuitiv fühlte, daß ich dort gebraucht wurde. Ich erhielt von den französischen Behörden die Erlaubnis, das

Lager zu besuchen, und wurde von einem erstaunten Kommandanten empfangen. Er war zwar am schweizerischen Milchpulver, das ich anbieten konnte, interessiert, wollte aber nicht begreifen, daß ich darauf bestand, im Lager wohnen zu dürfen, um meine Arbeit bestmöglich ausführen zu können. Schließlich bekam ich ein eisernes Bettgestell und eine Decke in der Ecke einer Baracke neben dem Lagerfriedhof zugeteilt. Diese erste Nacht war kalt und hart; aber ich wußte, ich war am richtigen Ort (...) In dieser Situation extremer Bedürfnisse war es nicht einfach, die wichtigsten zu erkennen, etwas Ordnung und Hoffnung zu bringen. Zum Glück standen mir mehrere sehr tüchtige Internierte zur Seite, zum Beispiel Ärzte. Ich nahm mich besonders der Kinder an, der Schwangeren, der Mütter mit Säuglingen, der Jugendlichen. Es galt, eine Baracke, Tische und Bänke aufzutreiben, wo Kinder täglich und regelmäßig zu einer gemeinsamen Mahlzeit und auch in den Genuß von Schulunterricht kamen. Meine Möglichkeiten zu helfen waren mehr als beschränkt, und dies wurde mir immer wieder schmerzlich bewußt. Während der Deportationen, als große Menschengruppen ohne Vorwarnung an unbekannte Ziele verschleppt wurden, war das Gefühl der Hilflosigkeit unerträglich. Unter den Deportierten befanden sich auch manche meiner Mitarbeiter und Freunde, und ich wurde Vermittler letzter Grüße, mußte Eheringe, Uhren, Schmuckstücke der Deportierten in Verwahrung nehmen. Ehepaare wurden getrennt. Was sollte mit den Kindern geschehen, wer sollte mit wem gehen? Nie werde ich vergessen, wie ich einem weinenden Vater zum letzten Mal seinen Säugling in die Arme legte.«

Wie Norbert Winter nach Gurs kam, habe ich bisher nicht festgestellt. Im Januar 1943 war er neunzehn Jahre geworden. Zusammen mit den Grossmann-Brüdern hatte er die Landwirtschaftsschule in Rochade besucht. Die Grossmann-Brüder gingen nach der Rettung aus Vernet nicht an die Landwirtschaftsschule zurück, während Norbert Winter, der zu der Zeit noch keine sechzehn Jahre alt war und sich noch nicht unmittelbar gefährdet sah, dort weiter lernte. Leo Grossmann meint, Norbert habe vom Leiter der Schule eventuell falsche Papiere bekommen, um untertauchen zu können. Wenn dies der Fall war, hat es ihm trotzdem nicht geholfen zu überleben. (s. Abb. auf S. 83)

Von Emil Dortort, der am 7. März 1943 neunzehn Jahre alt wurde, ist bekannt, wie er nach Gurs kam. Seine Geschichte erzählte mir sein Bruder Joseph. Es ist eine Geschichte, die für mich überraschend ein neues Licht auf die damalige Situation in der Kinderkolonie warf. Ich war von einer solidarischen Gemeinschaft ausgegangen, die in wichtigen Fragen unbeirrt zueinander hielt, und habe, Gaspard Deway und seine Frau ausgenommen, darin alle aus Brüssel Geflohenen, die in Seyre und La Hille Hinzugekommenen, auch alle Schweizer Betreuer und Lehrer eingeschlossen. Nun musste ich erkennen, dass es nicht immer harmonisch zuging und dass Differenzen ernster Natur bestanden. Das Schicksal Emil Dortorts ist ein Zeichen dafür.

Joseph Dortort sagte mir in seiner bedächtigen, knappen Art, dass Rösli Näf den Tod seines älteren Bruders verschuldet habe. Es fiel ihm schwer, mir die Geschichte zu schildern. Er hat sie nie überwunden und wohl auch nie verziehen.

»Mein Bruder erhielt eine Vorladung von einer französischen Behörde, sich als Ausländer wegen einer Arbeit zu melden«, erzählte Joseph Dortort langsam, ein wenig stockend. »Die Näf verlangte von ihm, dass er es tut. Sie sagte: ›Komm zum Autobus.‹ Er ging mit ihr zum Bus, ich begleitete ihn. Sie verlangte, dass er mit dem Bus dorthin fuhr, wo er sich zu stellen hatte. Ich blieb bei ihm, bis der Bus kam und Emil einstieg. Das war das letzte Mal, dass ich ihn gesehen habe.«

Nach einer Weile war Joseph Dortort bereit, meine Frage zu beantworten: »Warum stieg er ein?« »Vielleicht hat er gedacht, er geht ja zu den Franzosen, nicht zu den Deutschen.

Er hat sich nicht getraut, sich der Näf zu widersetzen. Ich wusste, dass etwas passiert. Ich wäre nicht gegangen. Geh nicht, habe ich ihm gesagt, geh nicht.«

Rösli Näf war eine Respektsperson, die energisch handelte. Selbst wenn ich davon ausgehe, dass die Directrice gute Argumente für ihre Entscheidung nennen würde, wenn man sie noch befragen könnte, zum Beispiel dass die Sicherheit und die weitere Existenz der Kinderkolonie nicht gefährdet werden sollte, bleibt doch die Schilderung Joseph Dortorts ein harter Fakt. Hatte sie ein Recht, um der Sicherheit der vielen Jungen und Mädchen willen einen Jungen zu opfern? War es zu verantworten, ihn dorthin zu schicken, wo man Juden registrierte und in Lager brachte? Wäre nicht eine andere Lösung möglich gewesen? Hätte sie es nicht einrichten können, dass er unauffindbar war? Andere erhielten falsche Papiere und konnten untertauchen, warum nicht Emil Dortort? Was wäre geschehen, wenn er nicht mit Rösli Näf zum Bus gegangen, ihrer Weisung nicht gefolgt wäre? Hätte sie ihn aus dem Schloss gewiesen, um keine Schwierigkeiten mit der Behörde zu bekommen? Und was dachte der Junge? Was bewog ihn, der Weisung Rösli Näfs zu folgen? Vielleicht hat er befürchtet, ansonsten ohne Obdach und Hilfe zurechtkommen zu müssen, und gleichzeitig gehofft, bei den Franzosen werde es schon nicht so schlimm werden.

Überall, wo man über die Kinder vom Schloss La Hille geschrieben oder gesprochen hat, wurde Rösli Näf als eine Frau beschrieben, die sich uneigennützig für die ihr anvertrauten Kinder einsetzte. Das tat sie wirklich. Und doch war es nur die eine Seite dieser Frau. Sie hatte auch eine andere, eine pedantisch strenge, die manche als hart und unerbittlich empfanden. Zum Beispiel die Brüder Dortort. Zum Beispiel die Franks.

ELKA UND ALEXANDER FRANK VERLASSEN FRANKREICH

Bereits vor dem 23. Februar 1943, der für die La Hiller tragisch verlief, hatten sich Elka und Alexander Frank entschlossen, Frankreich auf dem Weg über die Pyrenäen zu verlassen. Es war klar, dass es ein äußerst strapaziöses Unternehmen sein würde, denn die Berge waren tief verschneit, es herrschte strenger Frost. Die Flucht begann im Dezember und entwickelte sich zu einer Odyssee, die bis April dauerte.

Alexander Frank bot den anderen an mitzukommen, gleichzeitig warnte er sie: »Ich kann keine Verantwortung übernehmen. Ich weiß selbst nicht, was uns erwartet.« Alexander Frank, seine Frau Elka und drei Jugendliche – Inge Berlin, Gerhard Kwaczkowski und Emil Dortort – verließen in den letzten Dezembertagen 1942 das Schloss La Hille. Zunächst mussten sie sich tagelang in einem verfallenen Gehöft, im Wald, im Schnee verstecken. Die beiden Jungen gingen ins Schloss zurück, nur die neunzehnjährige Inge Berlin blieb bei den Franks.

Die missliche Lage, in der sich Elka und Alexander Frank und mit ihnen das Mädchen befanden, hatte eine Vorgeschichte, in der Rösli Näf keine gute Rolle spielte, weil sie sich unnötig hart verhielt. So jedenfalls stellt es sich nach den Schilderungen der Betroffenen für mich heute dar.

Ich habe das Manuskript der Autobiografie von Irène Frank gelesen. Es sollte wohl ein Buch werden, zumindest aber die Hinterlassenschaft einer alten Dame, um Ereignisse und Erfahrungen, Beispiele für menschliches Verhalten und wichtige Erkenntnisse festzuhalten und weiterzugeben. Sie schildert vorwurfsvoll, was zum Weggang der Franks aus dem Schloss führte. Ich versuchte, den sachlichen Gehalt der von ihr überlieferten Vorgänge herauszufiltern, denn der war Realität. Einige La Hiller bestätigten dies.

Bevor die Schweizer ins Schloss kamen, war Alexander Frank der Leiter der Kinderkolonie. Er war schon in Brüssel bei den Kindern, hatte für die Rettung aus Belgien und das Überleben in Seyre gesorgt und mit ihnen die härteste Zeit durchgestanden. Alexander, Elka und Irène Frank waren rund um die Uhr für die Kinder da. Ihnen verdanken sie es, dass sie ohne seelischen Schaden über die Zeit kamen.

Alexander Frank bemühte sich um die dringend benötigte Hilfe und holte damit die Schweizer nach La Hille und das zu einer Zeit, als das Schloss mit den eigenen Kräften hergerichtet und die Kinderkolonie umgezogen war. Die Schweizer fanden eine gut organisierte und funktionierende Gemeinschaft vor, die allerdings noch immer unter sehr schwierigen Bedingungen lebte. Das Rote Kreuz setzte seine eigene Mitarbeiterin, Rösli Näf, als Leiterin ein, was durchaus angemessen war und von Alexander Frank auch anerkannt wurde.

Nun trafen aber, wie ich aus den Dokumenten jener Zeit herauslesen kann, zwei unterschiedliche Haltungen zu den Kindern und zu den Leitungsmethoden aufeinander. Alexander Frank war zwar energisch, meist ernst, zeigte den Kindern aber auch, dass er sie liebte, als seien es seine eigenen. Seine Frau und seine Mutter standen ihm mit ihrer besonderen Einfühlsamkeit zur Seite. Rösli Näf war energisch wie ihr Vorgänger, in erster Linie aber wohl die Chefin, die die Verantwortung allein zu tragen gewillt war und weder Alexander Frank noch die Großen einbeziehen wollte. Sie entschied vieles allein. Ihre Entscheidungen waren sicher richtig, auch ohne den Rat der anderen, doch sie erzeugten eine andere Atmosphäre.

Sowohl Alexander Frank als auch Rösli Näf waren Persönlichkeiten, die sich durchzusetzen verstanden. Das musste zu Spannungen führen. Zunächst aber stand die immense Arbeit im Vordergrund und die unterschiedlichen Meinungen traten dahinter zurück. Das heißt, eine Weile ging alles einigermaßen gut. Aber mit der Zeit, so stellt es sich mir dar, verschärften sich die Spannungen. Rösli Näf war die Directrice, die von den Schweizern und von Maurice Dubois gestützt wurde, weil ja alle an das Rote Kreuz gebunden waren. Alexander Frank aber wollte nicht aus Entscheidungsprozessen ausgeschlossen werden.

Nach acht Monaten gemeinsamer außerordentlicher Arbeitsleistungen und mehr oder minder guter Zusammenarbeit kam es zu so großen Differenzen, dass Alexander Frank es vorzog, La Hille zu verlassen. Die Kinderkolonie musste unter der Obhut des Roten Kreuzes bleiben, also war es logisch, dass er gehen musste.

Irène Frank schreibt, dass Rösli Näf eine Versammlung des gesamten Personals und aller Kinder über zehn Jahre einberief und Maurice Dubois dazu einlud. Rösli Näf und Alexander Frank legten ihre Meinung zu der entstandenen Situation dar, beide ziemlich heftig. Ich zitiere Irène Frank: »Man schlug eine Art Referendum der ganzen Jugend vor, denn, wie Rösli Näf energisch bemerkte: ›Einer von uns muss gehen.‹ Das Resultat stand schon fest, obwohl die große Mehrheit (…) für Lex stimmte und einige große Jungen und, ich glaube, auch Lotte Nußbaum mit Pathos und großer Wärme ihre Verehrung für meinen Sohn und die ganze Familie Frank ausdrückten und schilderten, was Lex für die Kolonie getan, wie er sich am Anfang abgerackert hat; wie er ganz allein und ohne sich je zu schonen oder an sich zu denken, Seyre aus elenden Anfängen, ohne Licht, ohne Wasser und Bettzeug zu einem richtigen Heim gemacht hat, in dem sich keiner mehr unglücklich oder überflüssig, sondern zu einer großen Familie gehörig fühlte. Es war wie ein richtiger Aufstand, dem Herr Dubois, wie immer überlegen, ruhig und feierlich und seiner selbst sicher, bald ein Ende machte. Ihr schwärmt für Herrn Frank, sagte er, und er hat euch gewiss zu Anfang gute Dienste geleistet, wofür ihm euer Dank gebührt. Aber heute untersteht ihr dem Schweizer Hilfskomitee. Wir allein sind nun für euch und euer Wohlergehen verantwortlich und haben Fräulein Näf als Direktorin eingesetzt, deren Tüchtigkeit wir kennen. Sie hat La Hille zu einer Musterkolonie gemacht und wir wünschen, dass sie auf ihrem Posten bleibt. Zwei Köpfe, das hat sich gezeigt, können leider nicht zusammen regieren. Aber es gibt hier so viel andere Dinge zu tun an Buchführung, Unterricht, Überwachung der Heizung, Hilfe im Garten, dass Herr Frank, wenn er wollte, noch übergenug Arbeit fände. ›Nein‹, rief Lex in zornigem Trotz, ›Heizer und Hausmeister zu sein, behagt mir nicht. Da Sie sich entgegen dem Wunsch der Kinder für Fräulein Näf entschieden haben, ist kein Platz für mich. Morgen zeitig früh übergebe ich meine Schlüssel und meine Abrechnungen Frau Schlesinger und fahre mit dem ersten Bus nach Toulouse.‹ Damit verließ mein Sohn den Raum und am nächsten Morgen die Kolonie.«

Wenn Maurice Dubois meinte, Rösli Näf habe La Hille zu einer Musterkolonie gemacht, dann kann man das wohl nur für die äußeren Bedingungen gelten lassen. Ich gehe davon aus, dass das Musterhafte, was Dubois meinte, auf Ordnung und Sauberkeit, auf einen geregelten Tagesablauf, auf den Unterricht und auf die Buchführung zu beziehen ist. Die andere, die subjektive Seite kann Dubois nicht im Sinn gehabt haben oder er hat sie nicht gesehen. Das, was diese Kinderkolonie auszeichnete, war das Solidaritätsdenken, der starke Gemeinschaftssinn, der Geist einer tiefen Kameradschaftlichkeit, das waren die emotionalen Bande, geboren aus der gemeinsamen Not und Angst, die die Kinder und Jugendlichen zusammenhielten. Trotz kleiner Streitigkeiten und Eifersüchteleien fühlten sie sich aneinander gebunden wie in einer Familie. Das haben die Flüchtlinge über Brüssel und Seyre nach La Hille mitgebracht. Das war die Basis für eine musterhafte Kinderkolonie. Und die war durch die Franks geschaffen worden. Rösli Näf hatte das Glück, darauf aufbauen zu können. Es ist fraglich, ob sie sich damals dessen bewusst war. Die jungen Menschen haben es jedoch ohne Zweifel so empfunden, als sie über die Leitung der Kolonie abstimmten. Sie stellten die menschliche Seite über die materiellen Verbesserungen ihrer Lebensbedingungen.

Nach dieser Versammlung fragte Irène Frank ihren Sohn: »Was wirst du tun im Krieg und ohne Geld?« Er beruhigte sie. Er habe eine Stelle als Gärtner in Aussicht.

Inge Berlin, die von Irène Frank als ein ernstes, kluges, früh gereiftes Mädchen charakterisiert wird, hatte schon einige Wochen vor Alexander Frank La Hille verlassen und Arbeit bei einem reichen Bauern angenommen. Sie meinte, mit fast zwanzig Jahren sei sie alt genug, um ihr Brot zu verdienen. Ein Brief, den sie an Irène Frank schrieb, enthielt die Bemerkung, dass ihr Patron einen geschickten, erfahrenen Gärtner suche. Das war die Arbeitsstelle, die Alexander Frank meinte und die er auch erhielt.

Am frühen Morgen nach der Versammlung ging Alexander Frank mit einer abgenutzten Wachstuch-Reisetasche zum Bus. Jugendliche begleiteten ihn, sie trugen in Eile gebündelte Pakete. Einige Mädchen weinten. Mehrere Jungen kamen danach zu Irène Frank, um eine Art Kriegsrat abzuhalten, und schmiedeten finstere Rachepläne. Sie schlugen passiven Widerstand und sogar Generalstreik vor. Aber Irène Frank beschwichtigte sie: »Das werdet ihr schön bleiben lassen, man könnte sonst die ganze Kolonie auflösen. Was wolltet ihr dann beginnen? Wir haben Sorgen genug um euch, ihr wollt sie doch nicht noch ärger machen? Geht an eure Arbeit wie immer. Ich werde in einer halben Stunde zum Unterricht läuten. Es muss sein.« Das Leben im Schloss ging ohne Alexander Frank weiter.

Auf Elka Frank musste die Kinderkolonie auch verzichten. Die junge Frau lag schon mehrere Wochen im Krankenhaus von Foix, der Hauptstadt des Departements, es war die einzige richtige Klinik der Region. Sie wurde von dem einzigen Arzt und Chirurgen, der in diesen Zeiten in der

Stadt geblieben war, behandelt. Alexander beschwor vor seinem Weggang die Mutter, zusammen mit Elka in La Hille zu bleiben. Sie dürften die Kinder nicht allein lassen unter den Schweizern, die ihnen innerlich fremd sind, verlangte er. Wohin sollten sie auch gehen, die Mutter und die kranke Frau? In jener Zeit konnte ein Flüchtling nicht genug verdienen, um drei Menschen zu ernähren, und der Aufenthalt außerhalb des Schlosses wäre durch den Mangel an allem, was zum Leben notwendig war, mit viel Unbequemlichkeit verbunden gewesen.

Elkas Zustand verschlechterte sich. Als Irène sie besuchte, fand sie eine blasse und sehr schwache Frau vor, die in einem ungeheizten Zimmer lag, starke Schmerzen hatte und fror und sich sehr verlassen vorkam. Noch einige Wochen musste Elka Frank im Krankenhaus bleiben, und als sie wieder in La Hille war, brauchte sie weiterhin Schonung, an Arbeit war einstweilen nicht zu denken. Immerhin überwachte sie die Aufgaben der Kleinen und half den jungen Mädchen im Nähzimmer. Elka Frank hätte eine spezielle Diätkost gebraucht. Das Essen in La Hille war derb, für einen gesunden Magen bestimmt. Anderes war nicht möglich. Frau Schlesinger kochte Bohnen, Erbsen, Linsen, schwere Mehlspeisen, Buchteln und Kaiserschmarren. Sie kochte vorzüglich, aber Elka durfte das alles nicht essen. Man gab ihr Kartoffelpüree und Karotten aus dem Garten und Schweizer Zwieback statt Kriegsbrot. Auf die Dauer eine so langweilige Kost, dass Elka Frank doch das aß, was alle bekamen. Das war ihrer Genesung nicht förderlich.

Nach dem Weggang Alexander Franks aus La Hille machten sich bei Rösli Näf auch Vorbehalte gegenüber den beiden Frauen Elka und Irène bemerkbar, hatten sich doch so viele der größeren Kinder und der Jugendlichen für den alten Direktor und gegen die Schweizerin ausgesprochen. Rösli Näf versuchte, die Sympathie der jungen Menschen auf sich zu ziehen, doch das brauchte Zeit. Sie wurde geachtet, respektiert, aber nicht so verehrt wie Alexander Frank. Rösli Näf musste sich die Liebe der Kinder und Jugendlichen erst noch erobern und nicht bei allen gelang es ihr. So blieb es nicht aus, dass sich mehr oder weniger heftige Aversionen entwickelten, auf Gegenseitigkeit beruhend. Die meisten schwanden mit den großartigen Rettungsaktionen, an denen Rösli Näf einen erheblichen Anteil hatte, andere wurden erst viele Jahre danach abgebaut, einzelne nie.

Wenn ich den Darlegungen Irène Franks folge, was ich wegen der Subjektivität der Schreiberin nur mit großer Vorsicht tun kann, dann lag Rösli Näf daran, dass auch Elka und Irène Frank das Schloss verließen. Alle ihre Schützlinge würden sich dann vielleicht vorbehaltlos den Schweizern zuwenden. Die Fakten sprechen dafür, dass die Konstellation so war, denn Elka Frank folgte ihrem Mann um Weihnachten 1942, Irène Frank blieb noch eine kleine Weile, bis auch sie sich von der Kolonie verabschieden musste. Beide Frauen sind bestimmt nicht gern weggegangen, zum einen wegen der Kinder, zum anderen weil es sehr schwer war, einen Platz zu finden, der einigermaßen sicher war und wenigstens das Allernötigste zum Leben bot.

Es gibt einen Brief, den Alexander Frank an das Ehepaar Dubois geschrieben hat und von dem er eine handschriftliche Kopie aufbewahrt hat, achtzehn Seiten lang, in sehr kleiner Schrift verfasst. Er fertigte oft Kopien an, wohl um zu wissen, was er wem geschrieben hat. Der Brief ist gerichtet an Madame und Monsieur Dubois, Generalvertreter des Schweizer Roten Kreuzes/Kinderhilfe, 71 rue du Tour, Toulouse, und trägt das Datum des 1.11.1943. Darin versucht sich Alexander Frank zu rechtfertigen und Behauptungen zu widerlegen, die Rösli Näf von Gendarmen übernommen und offensichtlich für bare Münze gehalten hatte. Die Gendarmen hatten Rösli Näf gesagt, Alexander Frank werde verschiedener Vergehen beschuldigt. Das vertiefte ihre Vorbehalte gegenüber den Franks, sodass sie, wie Alexander Frank darlegt, seine Frau und drei Jugendliche, die mit den Franks über die Pyrenäen gehen wollten, buchstäblich vor die Tür setzte. Was Alexander Frank den Dubois' mitteilt, erhellt, wie es zwischen den Franks und der Directrice stand. Ich halte Alexander Frank für einen absolut glaubwürdigen Zeugen in dieser Sache, obwohl sie ihn selbst betrifft.

Er schreibt, die Gendarmen von Pailhes hätten Fräulein Näf seinetwegen verhört, weil er angeklagt sei, unter anderem in zwei Gemeinden angemeldet zu sein, sich an zwei verschiedenen Orten Lebensmittelkarten geholt zu haben und ohne Erlaubnis von einer Gemeinde zur anderen gefahren zu sein. Er weist nach, dass das nicht stimme, nur über das Fahren von einer Gemeinde zur anderen könne man diskutieren. Zu dieser Zeit arbeitete Alexander Frank in St. Victor, der Nachbargemeinde von Montégut, und besuchte manchmal seine Frau in La Hille, das ja zu Montégut gehörte. »Ohne sich von der Richtigkeit dieser Anklagen zu überzeugen«, schreibt Alexander Frank, »machte Mlle. Näf meiner Frau eine Szene und untersagte mir den Zutritt zum Schloss. (…) Der Bürgermeister von Montégut befand sich gerade in seinem Büro, ich zeigte ihm meine Papiere und sagte ihm, dass ich mich vor dem Verlassen der Gemeinde gemeldet hätte und immer die Regeln beim Umgang mit der Bürgermeisterei und den Behörden beachtet hätte. Und ich fragte ihn, ob ich als Einwohner einer angrenzenden Gemeinde nicht das Recht hätte, nach Montégut zu kommen, um meine Frau zu sehen. Er antwortete zustimmend und beruhigte mich, indem auch er feststellte, dass ich mich immer an die Regeln gehalten hätte. Als ich dies Mlle. Näf sagte und ihr meinen Ausweis zeigte, wiederholte sie die Anklagen der Gendarmen, die ich für falsch erklärte. Sie sagte mir nichtsdestoweniger, dass es besser wäre, wenn ich nicht mehr ins Schloss käme.«

Das geschah nach zwei Fahrten Alexander Franks nach Toulouse. Er war im Auftrag der Directrice zum Kinderhilfswerk geschickt worden, weil gerade niemand vom

Schweizer Personal anwesend war oder fahren konnte und die Fahrt dringend notwendig war, denn Verhaftungen schienen unmittelbar bevorzustehen. Die Grossmann-Brüder, die bei Bauern arbeiteten, hatten Radio-Nachrichten gehört, die auf neue Aktionen hindeuteten. Weil viele der Großen sofort fliehen wollten – und unter diesen Umständen kam nur der Weg über die Pyrenäen in Frage – sollte jemand beim Kinderhilfswerk um Landkarten, Kompasse, ein Fernglas und ausländisches Geld bitten, außerdem einen Führer über die Berge finden. Alexander Frank hielt sich gerade in La Hille auf und übernahm es, nach Toulouse zu fahren und die eilige Flucht vorzubereiten.

Maurice Dubois war nicht in der Stadt, als Alexander Frank ihn sprechen wollte. Es heißt in dem Brief an das Ehepaar Dubois: »Ich ging in die Rue du Tour, um mit dem Generalvertreter ad interim zu sprechen. Herr Parera brachte mich zu ihm und fragte mich, mit welchem Recht ich zum Schweizer Hilfsdienst käme, zu dem ich nicht mehr gehörte, und ich sei nicht befugt, mich mit den inneren Angelegenheiten der Kolonie zu befassen. Ich erklärte beiden, dass Herr Lyrer und Fräulein Näf verhindert und einverstanden seien, dass ich käme. Ich sprach von der Situation und von der Zahl der jungen Leute, die schon weg seien. Ihr Stellvertreter erklärte mir, man müsse auf Ihre Rückkehr, Herr Dubois, warten und noch sei nicht jede Hoffnung auf eine Ausreise der Jungen und Mädchen in die Schweiz verloren und Sie würden sich aktiv dafür einsetzten. Ich antwortete, dass ich das wüsste und niemals an Ihrem Einsatz gezweifelt hätte, dass aber alle, die Direktorin, das Personal und die jungen Leute von La Hille, von einer Nacht zur anderen Verhaftungen fürchteten und dass ich es in so einer Situation von mir aus nicht gewagt hätte, einen Rat zu geben oder die Verantwortung zu übernehmen.

Ich machte darauf aufmerksam, dass Sie nach dem Einmarsch der Besatzungstruppen Mlle. Näf, wie sie mir erzählte, wissen ließen, man könne keinen der jungen Leute, die absolut weg wollten, zurückhalten, und fragte, ob nicht die beste Lösung wäre, die jungen Leute bis zu einer Entscheidung in der Umgebung des Schlosses unterzubringen, damit sie im Falle einer morgendlichen Razzia nicht anwesend wären. Ihr Stellvertreter fand, diese Lösung sei, falls realisierbar, einer Abreise vorzuziehen. Als ich ihnen erklärte, dass einige schon allein in die Schweiz gegangen seien und andere folgen könnten, entgegnete Herr Parera, die Beaufsichtigung auf dem Weg zur Grenze sei zu schwer und das Risiko zu groß.

Ich teilte ihnen also meine Idee mit, nach Spanien zu gehen und dass ich nachher mit einem Führer sprechen würde. Sie antworteten mir, man müsse unbedingt mit einem Führer gehen, denn es sei eine Verrücktheit, es wie Luzian Wolfgang und Norbert Stückler zu versuchen, aber man müsse sehr vorsichtig sein. Ich fragte, ob ich unsere Unterhaltung in Montégut weitergeben könnte. Man bejahte, und ich fuhr los, um den Führer zu treffen, mit dem ich verabredet war. Dieser sagte, er müsse sich erst mit anderen Führern beraten. Er bat mich, am nächsten Tag wiederzukommen, und wenn wir in jedem Fall gehen wollten, wäre er einverstanden, uns einen Plan zu geben und genaue Angaben zu machen. Ich kehrte am 23. 12. nach Montégut zurück.«

Nach der Rückkehr aus Toulouse teilte Alexander Frank zusammen mit Rösli Näf den Jungen und Mädchen die Ergebnisse der Fahrt mit. Ich zitiere weiter aus dem Brief an das Ehepaar Dubois: »Mademoiselle Näf, die jungen Leute, meine Frau und ich, wir versammelten uns im Speisesaal. (...) Ich beschrieb meine Reise, die strengen Kontrollen im Zug nach Toulouse, wo man von allen die Papiere sehen wollte, und dann, gemäß den Informationen aus Toulouse, die Bewachung der Grenze, sodass es sehr schwer werden würde, bis nach Lyon und über die Grenze zu kommen. Dann sagte ich ihnen, dass hinsichtlich der Schweiz noch nicht alle Hoffnung verloren sei. Mlle. Näf erwiderte, sie sei gerade aus der Schweiz gekommen und hätte dort erfahren, dass man auf keinen Fall mehr darauf hoffen könne, legal in die Schweiz zu gelangen. Ich wiederholte, dass es die Ansicht von Herrn Dubois und seinem Stellvertreter sei, dass man noch nicht jede Hoffnung aufgeben solle.

Dann informierte ich sie über meine Unterhaltung mit dem Führer und dass ich ihn und zwei andere morgen wiedersehen sollte. Ich betonte ausdrücklich die fortgeschrittene Jahreszeit und die körperliche Anstrengung eines Marsches durch die eisigen Berge, die ständige Gefahr plötzlicher Schneefälle, die die schmalen Pfade unbegehbar machen würden, und dass man nur mit einem guten Führer gehen könne. Für jemanden, der die Gegend nicht gut kennt, bestehe die Gefahr, vor Erschöpfung nicht weiterzukommen. Außerdem habe der Führer gesagt, dass die Schmuggler ihre Touren eingestellt hätten und warten, bis sie über die neue Überwachung der Grenze Bescheid wüssten.

Ich unterstrich, dass sich jeder in eigener Verantwortung entscheiden müsse, ich könne keinem die Entscheidung abnehmen. Ich erklärte, dass ich gehen würde. Wer mich begleiten wolle, müsste so handeln, als ginge er allein. Natürlich würde ich helfen, aber man dürfe sich nicht darauf verlassen, selbst ein Führer könne auf so einer Tour vor Erschöpfung umkommen.

Dann fragte ich, wer trotz allem nach Spanien mitkommen wolle. Es hoben die Hand: Gérard Kwaczkowski, Emil Dortort, Henri Brünell, Manfred Voss, Helga Klein, Ruth Klonower, Inge Berlin und meine Frau.

Mademoiselle Näf unterbrach und sagte, die, die weggehen wollten, sollten das noch diese Nacht tun, damit man am nächsten Tag ruhig Weihnachten feiern könne. Ich antwortete, dass es nicht möglich sei, sofort aufzubrechen, weil ich den Führer erst am nächsten Tag träfe. Sie antwortete nicht und ging ein wenig später hinaus.

Ich sagte zu Henri Brünell und Manfred Voss, dass ich sie, weil wir ziemlich zahlreich seien, in einer zweiten Gruppe berücksichtigen würde. Manfred Voss riet ich sogar, wegen seiner geringen Größe als Kind in die Schweiz zu gehen. Ich sagte noch, ich selbst würde, wenn ich eines guten Führers sicher sei, mit einer zweiten Gruppe gehen. Ich nahm das Auswählen der Gruppen unter Bedingungen ähnlich wie bei der Rettung Schiffbrüchiger vor.«

Wie Alexander Frank schreibt, fuhr er am anderen Tag noch einmal nach Toulouse, um mit den Führern zu sprechen. Niemand war bereit, sofort über die Berge zu gehen. Als er nach La Hille zurückkam, fand er seine Frau und drei Jungendliche, die unbedingt mit den Franks nach Spanien gehen wollten, vor der Tür des Schlosses. Rösli Näf hatte es ernst gemeint, als sie sagte, sie sollten noch am selben Tag

Inge Berlin (FaP 13)

fortgehen. Die Begründung, dass man in Ruhe Weihnachten feiern wolle, mag sie wirklich gegeben haben, sie ist aber zu banal für eine Frau wie Rösli Näf. Dahinter muss die Angst gesteckt haben, dass tatsächlich Verhaftungen bevorstünden, und die, die es wagen wollten, die Pyrenäen zu überschreiten, wollte sie wahrscheinlich zum sofortigen Handeln veranlassen. Es war hart, was sie tat. Es war nicht gut, aber verständlich.

Elka Frank (FaP 21)

Elka und Alexander Frank hatten längst beschlossen, sich auf den Weg über die Pyrenäen zu begeben, und waren nun dazu gezwungen, es sofort zu tun. Es war mitten im zweiten kalten Winter im sonst so milden Süden Frankreichs. Mit ihnen ging Inge Berlin. Auch Gerhard Kwaczkowski und

Emil Dortort schlossen sich ihnen an, kehrten aber ins Schloss zurück, als die Gruppe erst einmal in einem Versteck weit vor der Grenze verharren musste.

Alexander Frank gibt in einem Interview ausführlich Auskunft über die hindernisreiche Flucht über die Pyrenäen. Eines Morgens um vier, so berichtet er, wurden er, seine Frau und Inge Berlin in ihrem Versteck von Gendarmen verhaftet und einem Untersuchungsrichter in Foix vorgeführt. Juden war es ja nicht erlaubt, ohne Genehmigung von einem Dorf zum anderen zu gehen. Sie konnten nicht leugnen, dass sie Juden waren, denn in ihren Ausweisen stand, dass Elka in Berlin und das Mädchen in Koblenz geboren waren. Ihnen wurde ein J in die Ausweise gestempelt. Nur Alexander konnte sich herausreden. Er war ja Belgier und trat als solcher so energisch auf, dass man ihn nicht für einen Juden hielt. Er wurde freigelassen, während Elka und das Mädchen vor Gericht kamen. Ein elsässischer Rechtsanwalt, der nach der Besetzung kein Deutscher sein wollte und deshalb nach Südfrankreich gezogen war, vertrat die beiden Frauen; sie wurden zur Mindeststrafe, vier Wochen Gefängnis, verurteilt. Damit sie danach nicht möglicherweise deportiert würden, musste Alexander Frank in aller Eile für beide eine Aufenthaltsgenehmigung beschaffen, dafür wiederum brauchten sie eine Arbeit. Die zu finden war schwierig, aber es gelang ihm. Elka konnte bei einer Mühlenbesitzerin als Hausgehilfin arbeiten, Inge brachte er in einem Bauernhof unter. Für die durch Krankheit geschwächte Elka war es ein harter Job. Inge traf es gut, die Leute waren zu ihr sehr nett, sie hätten sie gern als Frau ihres ledigen Sohnes gesehen.

Als die Dinge soweit geregelt waren, haben sich die Drei um einen Führer für den Weg über die Pyrenäen bemüht. Ende März warteten sie im Hotel eines Grenzortes vergeblich auf den Führer, der sie über die Grenze bringen wollte. Niemand kam. Im Hotel konnten sie nicht bleiben, es befand sich ja in der verbotenen Zone. Die Hotelbesitzerin behauptete, ihr sei eine Gabel gestohlen worden und sie würde die Polizei holen. Damit wollte sie offensichtlich ihre Gäste zwingen, das Hotel, in dem sie natürlich nicht sicher waren und auch eine Gefahr für die Wirtin darstellten, sofort zu verlassen.

Zurück nach Frankreich wollten sie auf keinen Fall gehen, also wählten sie den Weg ins Ungewisse und kamen in ein Dorf und zu einem Bauern, von dem erzählt worden war, seine Söhne würden Flüchtlinge über die Berge lotsen. Der Bauer ließ sie in der Scheune übernachten und wollte Alexander Frank davon überzeugen, dass es am besten sei zurückzugehen, mit zwei Frauen würde er nicht durchkommen. Die Menschen der Gegend hatten natürlich ihre Erfahrungen. Man sprach auch mit zwei jungen Franzosen, die schon oben am Pass gewesen waren und wegen eines Schneesturms umkehren mussten. Sie bestätigten ebenfalls, dass es viel zu schwierig sei. Einer kannte aber zwei Grenzführer, die allerdings von den Deutschen beobachtet wurden. Trotzdem nahm Alexander Frank Kontakt zu ihnen auf und erhielt wieder die Auskunft, dass sie besser umkehren sollten. Einer meinte, er könnte sie zwar abends begleiten, aber sie würden sich, wenn sie dann allein weitergingen, in den Bergen verirren. Ein Kompass war in ganz Frankreich nicht zu haben, die waren entweder beschlagnahmt worden oder man hatte sie an Kriegsgefangene nach Deutschland geschickt, als Hilfe zur Flucht nach Frankreich. Der eine Führer erschien tatsächlich abends, erklärte, er könne sie nur eine Stunde begleiten, marschierte aber vier Stunden mit ihnen.

Ich zitiere weiter aus einem Interviewbericht Alexander Franks: »Es war der 1. April 1943. Wir hatten keinerlei Erfahrung und wussten nicht, wie es dort in den Bergen aussah. Wir konnten ja nur dort gehen, wo es nicht bewacht war, wo es keine normalen Wege und Sraßen gab. Eine ganze Strecke rauf und runter waren wir bei jedem Schritt bis zur Hüfte im Schnee (...) Ungefähr um ein Uhr nachts hatte unser junger

Führer etwas verabredet. Er zündete sich eine Zigarette an, dann erschienen ungefähr fünfzehn Franzosen mit dem Jungen, der uns einen Tag vorher begleitet hatte. Zwei Franzosen, die die Berge heruntergerutscht waren, hatten ihre Hosen zerrissen, und das Gleiten im Schnee hatte ihnen die Haut verbrannt. Wir sind anderthalb Tage rauf und runter, im Schnee über Berge und durch Täler. Dann sagte uns der Führer abends: ›Hier geht ihr runter. Hier ist Spanien.‹ Ich wollte mich bedanken. Viel hatte ich nicht mehr, denn wir hatten unserem ersten sogenannten Führer, der uns im Stich gelassen hatte, schon unsere beste Kleidung gegeben. Ich gab ihm das Geld, das ich noch hatte. Es war nicht viel. Er sollte entscheiden, ob er die Hälfte davon meiner Mutter gibt. Das hat er wirklich gemacht. Es gab auch andere Führer, die richtige Gauner waren, sie haben den Leuten, die sie geführt haben, die Eheringe abgenommen oder ähnliche Sachen. Unser Führer sagte uns noch: ›Im ersten Dorf in Spanien könnt ihr in einer Scheune Zuflucht nehmen.‹

Die Franzosen machten Pläne, wie sie am nächsten Morgen in Richtung Barcelona gehen könnten. Aber am nächsten Morgen war die Scheune von den spanischen Grenzwachen umzingelt, und wir wurden verhaftet. Eine Nacht mussten wir in der Polizeistation verbleiben. Es war ziemlich eng und es gab keine Schlafgelegenheit. Wir waren fast zwanzig Personen. Aber meine Frau und Inge Berlin wurden im Dorf untergebracht. Sie wurden von den Dorfbewohnerinnen, deren Männer im Spanienkrieg gefallen waren, richtig gefeiert, als sie hörten, dass sie vor den Faschisten fliehen. Sie bekamen das schönste Zimmer mit Bett. Am folgenden Tag wurden wir dann nach Lerida gebracht. Wir kamen zum Sekretär des Bürgermeisters, der über unser Los bestimmen sollte. Der war sicher ein Demokrat, denn er sagte: ›Wir können keine Frauen ins Gefängnis stecken, wenn sie kein Verbrechen begangen haben.‹ Dann sagte er zu mir: ›Man kann diese zwei Frauen nicht allein lassen.‹ Wir hatten schon vorher unsere Dokumente vernichtet und uns als französische Kanadier ausgegeben, damit wir, falls die Spanier uns auswiesen, nach Kanada und nicht nach Frankreich ausgewiesen würden. Sie haben uns freigelassen. Von einem Briten spanischer Herkunft wurden wir zum britischen Konsulat nach Barcelona gefahren, als kanadische Staatsbürger. Dort haben wir die Wahrheit gesagt, dass wir aus Belgien sind. Dann wurden wir zum belgischen Konsulat gebracht.« Alexander Frank hat Rösli Näf nicht nachgetragen, dass sie den Zeitpunkt des Fluchtbeginns bestimmte, indem sie die Fluchtwilligen aus dem Schloss wies. Der erste Direktor der Kinderkolonie sagte nie ein böses Wort über seine Nachfolgerin. Im Gegenteil, er nahm die Schuld für die Differenzen auf sich. »Ich war ihr gegenüber vielleicht nicht galant genug«, sagte er in dem zitierten Interview.

IRÈNE FRANK TAUCHT IN FRANKREICH UNTER

Irène Frank ging nicht mit über die Pyrenäen. Sie hatte einen wichtigen Grund, in der Nähe von La Hille zu bleiben. Im Dorf Pailhes, fünf Kilometer vom Schloss entfernt, lebte ihre Mutter. Sie war weit über Achtzig. Die alte Frau war gezwungen gewesen, nach Südfrankreich zu fliehen. Irène Frank wollte die Mutter nicht allein zurücklassen. Ihre sonntäglichen Besuche bei ihr hielten die alte Frau aufrecht. Die Mutter lebte von dem Geld, das ihr Verwandte aus dem Ausland schickten.

Die Dorfbewohner akzeptierten die alte Frau. Sie hatte sich eine ungewöhnliche, aber von den Bauern angenommene Legende ausgedacht, aus der folgte, dass nur die Tochter eine gefährdete Jüdin sei, sie selbst aber als Mutter eine gute Katholikin, fromm und gottesfürchtig. Das bewies sie durch sonntäglichen Kirchgang, wobei sie sehr darauf bedacht war, die Lieder mitzusingen, die Gebete zu murmeln und die religiöse Zeremonie möglichst gut nachzuahmen. Nur zur Beichte ging sie nicht, was die Dorfbewohner ihr sonderbarerweise nicht verübelten. Sie war schließlich keine von ihnen. Sie wohnte in dem kleinen Hotel der Familie Pons. Herr Pons und der gutmütige alte Pfarrer mögen die Legende durchschaut haben, sagten aber nichts. Die alte Frau verstand es, ihre jüdische Abstammung zu verschleiern. Dadurch blieb ihr das Brandzeichen »Juif«, Jude, auf der Identitätskarte erspart. Ihre Tochter aber war im Gemeindehaus als Jüdin und als Lehrerin im jüdischen Kinderheim eingetragen.

Den Weg nach Pailhes durfte Irène Frank ohne besondere behördliche Erlaubnis gehen. Es waren fünf Kilometer bis dorthin und das war genau die Grenze für die Zone, in der sie sich bewegen durfte. Für eine Fahrt nach Toulouse musste jeder La Hiller, der den Stempel »Juif« trug, die Polizei um Erlaubnis bitten.

Einen Abschnitt ihres Lebensberichts überschreibt Irène Frank mit den Worten »Nomadenleben als Refugié«. Sie benutzt das französische Wort, das im 16. Jahrhundert für die ihres Glaubens wegen aus Frankreich geflohenen Hugenotten geprägt worden war. Ein Flüchtling war sie, nach dem Weggang ihres Sohnes und ihrer Schwiegertochter nun allein auf sich gestellt und sich verantwortlich fühlend für die alte Mutter. Nach den Weihnachtstagen 1942 verlor sie ihre Arbeit und ihr Asyl im Schloss. Irène Frank wurde entlassen, weil sie, wie sie schreibt, ihre Pflicht vernachlässigt hatte. Doch das sei nur der äußere Anlass gewesen. Nach dem Ehepaar Frank sollte auch die Mutter gehen, meint die Schreiberin.

Worin bestand der Anlass? Am Weihnachtstag 1942 wollte Irène Frank ihre Mutter besuchen, aber Rösli Näf hatte sie mit der Aufsicht der Kleinen beauftragt. Die Directrice war nicht erreichbar, um sie um Erlaubnis für den Besuch zu bitten. Da übertrug Irène Frank einigen der großen Mädchen die Aufsicht. Sie waren zuverlässig und hatten solche Aufgaben, von der Directrice gebilligt, schon oft übernommen. Alles lief gut, die Kinder spielten friedlich während der Abwesenheit der Erzieherin. Rösli Näf aber sah darin einen Grund zur Entlassung.

Mir scheint es auch denkbar, dass Rösli Näf die im Schloss lebende jüdische Lehrerin als eine Gefahr für die Kinder ansah, so als könnte die Jüdin das Interesse der Gendarmen für das Schloss verstärken. Das mag bei den Differenzen mit allen Franks im Spiel gewesen sein. Jedenfalls musste Irène Frank gehen. Es war im Januar 1943, als Rösli Näf die Erzieherin entließ, die zweieinhalb Jahre hindurch immer für die Kinder da war und zum ersten Mal die Weisung der Directrice missachtet hatte.

Irène Frank fühlte sich im Stande, irgendwo in der Nähe der Mutter eine Arbeit anzunehmen, sofern sie, eine Mittfünfzigerin, körperlich dazu in der Lage war. Sie fand Hilfe bei dem Besitzer des kleinen Hotels im Dorf Pailhes, wo ihre Mutter ein Zimmer bewohnte. Herr Pons, der Hotelier, vermittelte sie an den Bauern Loze in den Bergen, wo sie eine primitive Unterkunft erhielt und zu den Mahlzeiten mit am Tisch saß. Sie wurde Schweinehirtin und Magd, ohne sich mit solchen Arbeiten auszukennen. Als dem Bauern diese billige Arbeitskraft zu teuer wurde, musste sie gehen. Herr Pons besorgte ihr eine eigene Unterkunft in einem unbewohnten Haus in Pailhes. Ein paar Wochen arbeitete sie als Erzieherin des Sohnes eines Barons, weitab in einem Schloss; ein paar Monate betreute sie die Kinder eines verwitweten Lehrers in einem ganz kleinen Dorf. Danach war sie wieder in Pailhes. Im Sommer 1944 machte sie sich bei diesem und jenem Bauern bei der gerade anfallenden Arbeit nützlich. Dann durfte sie die einzige Kuh der Familie Pons hüten, später auch noch einen jungen Esel. Nebenbei verdiente sie sich ein bisschen Geld mit dem Stricken von Kinderhöschen für eine wohltätige Organisation. Weil sie die Gewohnheiten der Menschen dieses Landstrichs ebenso wenig kannte wie die bäuerliche Arbeit, machte sie Fehler und hatte immer wieder mal Ärger. Jedoch sie hielt durch, weil ihr nichts anderes übrig blieb. Dieses karge, nomadisierende Leben der Irène Frank dauerte bis zum Ende des Krieges. Sie selbst, in entlegenen Winkeln der Vorberge der Pyrenäen arbeitend, und ihre Mutter, die angebliche Christin in Pailhes, blieben unbehelligt bis zur Befreiung Südfrankreichs.

»Ich bin der Familie Loze und Herrn Pons viel Dank schuldig«, schrieb Irène Frank. »Ich erwähne es, weil ich das Gefühl habe, ihnen nicht genug Dankbarkeit bewiesen zu haben. Wer weiß, ob ich ohne sie diese Zeit überlebt hätte.«

In den Pyrenäen verhaftet

Der Winter 1942/1943 wich dem Frühling und einem schönen frühen Sommer. Sechs Jungen, die außerhalb des Schlosses untergebracht waren, kamen in dieser Zeit oft nach La Hille. Es waren Edgar Chaim, Addi Nußbaum, Charles Blumenfeld, Kurt Moser, Werner Epstein und Fritz Wertheimer. Sie redeten viel über Möglichkeiten einer Flucht. An der Schweizer Grenze waren die Chancen sehr schlecht geworden. Sie trauten sich aber zu, allein über die Pyrenäen zu gelangen, zumal jetzt im Sommer. Ihr Plan war, über Andorra nach Spanien zu gehen, und sie trafen sich ab Mai sehr häufig, um zu beraten, wie sie es anstellen sollten, den Weg zu finden und die Grenze zu passieren. Einen ortskundigen Führer brauchten sie. Den fanden sie auch.

Edgar Chaim (FaP 19), s. auch Abb. S. 83, 256

Addi Nussbaum
(FaP 16), s. auch Abb.
auf S. 54, 83

Charles Blumenfeld
(FaP 24), s. auch
Abb. auf S. 54

Werner Epstein
(FaP 31), s. auch Abb.
auf S. 49, 54

Sie hatten bereits festgelegt, wann sie weggehen und wo sie sich treffen würden. Im letzten Moment erklärten Edgar Chaim und Addi Nußbaum, dass sie nicht mitgehen werden. Addi misstraute dem Führer, der sie über die Grenze bringen sollte, und Edgar war sich auch nicht sicher, ob man ihm trauen konnte. Das rettete beiden das Leben.

Der Führer, der den Weg kannte, war ein Verräter. Er arbeitete für die Deutschen und lieferte die Jungen gegen ein Kopfgeld an sie aus. Fritz Wertheimer und Kurt Moser wurden bereits unterwegs festgenommen. Charles Blumenfeld und Werner Epstein gelangten bis in die Nähe der Grenze, wurden dort von der deutschen Grenzpolizei verhaftet und in das Gestapo-Gefängnis in Toulouse gebracht. Dort befanden sich die beiden anderen, Fritz und Kurt. Sie wurden von der Gestapo verhört. Drei Wochen waren sie Gefangene der Gestapo, dann brachte man sie nach Drancy bei Paris und von dort direkt nach Auschwitz. Charles Blumenfeld war mit siebzehn Jahren der Jüngste, die anderen waren nur ein oder zwei Jahre älter.

Charles warf eine Karte aus dem Waggon, mit dem sie deportiert wurden. So kam die Information nach La Hille. Am Tag, als die Karte ankam, schrieb Edith Goldapper in ihr Tagebuch: »Ich hoffe, daß wir sie eines Tages wiedersehen. Sie sind jung und können vieles aushalten.« Dass es um die totale

Vernichtung aller Juden ging, konnte sich damals niemand vorstellen. Kein normaler Mensch konnte so etwas denken.

Rösli Näf erzählte in einem Interview, dass Elsbeth Kasser, ihre Schweizer Kollegin, oft an Fritz Wertheimer gedacht habe. Rösli Näf sagte: »Elsbeth Kasser konnte nie das Schicksal von Fritz Wertheimer begreifen. Immer wieder hat sie von ihm gesprochen.« Die Krankenschwester aus Gurs hat den Jungen als ihr Patenkind betrachtet.

Werner Epstein überlebte als Einziger das Konzentrationslager. Von ihm wissen wir etwas über die Verhaftung, über den Transport, über Auschwitz und die Fron in den Kohlengruben und über seine Befreiung. Er hat Folgendes aufgeschrieben:

»Wir fuhren nach Polen mit einem Zug, sechzig Leute in einem Waggon. Als wir im Konzentrationslager ankamen, wussten wir, dass wir in den Tod gehen. Der Empfang geschah mit Fußtritten und mit Prügel. Wir mussten uns ausziehen und waren nackt. In einem Zimmer wurden wir am ganzen Körper rasiert und eine Stunde später wurde uns eine Nummer in den Arm gebrannt. Meine Nummer war 130581. Wir standen um vier Uhr auf. Von vier bis sieben Uhr mussten wir strammstehen. Um sieben Uhr gingen wir zur Arbeit, barfuß, jeden Tag, und zu Fuß zurück.«

Unter diese Zeilen setzte Werner Epstein die Sätze: »Ich habe gehört, dass mein Vater und meine drei Schwestern verbrannt wurden. Ich bin der einzige Überlebende der Familie. Ich muss leben.«

Über seine Befreiung hat er mündlich berichtet. Als die Rote Armee in Polen vorrückte, wurden die Häftlinge in Richtung Breslau getrieben. Es war einer der Todesmärsche, die es am Ende des Krieges gab. Manche kamen bis an die Oder und über sie hinweg. Den Weg der Todesmärsche kann man an den unzähligen Toten am Wege nachzeichnen.

Was Werner Epstein über die letzten Stunden vor der Befreiung berichtet hat, gebe ich mit seinen Worten wieder. Ich wüsste keine eigenen Worte für das, was er erlebte. Er sagte in einem Interview: »Die SS steckte 3400 Menschen in eine Holzbaracke und zündete sie an. Vor der Baracke stand ein SS-Mann mit einem Maschinengewehr und schoss jeden nieder, der aus der Baracke herauskam. Entweder verbrennen oder sich erschießen lassen, das waren die zwei Möglichkeiten. Ich blieb durch einen Zufall am Leben. Bevor der SS-Mann sich vor die Baracke stellte, gelang es mir mit zwei russischen Kameraden, ins Klosett zu springen. Und so standen wir sieben Stunden lang im Dreck bis an den Hals, bis wir von den Russen befreit wurden.«

Als die Russen ihn fanden, wog Werner Epstein 35 Kilo. Sie brachten ihn in ein Sanatorium. Nach einigen Monaten war er körperlich so weit erholt, dass er nach Hause reisen konnte, was für ihn hieß, nach Frankreich zurückzukehren. In Paris traf er einige La Hiller wieder, unter anderem Gerti Lind, die er liebte. Sie war 1943, als er ins Konzentrationslager kam, erst sechzehn Jahre alt und lebte bis zum Ende des Krieges in La Hille. Bei Gefahr versteckte sie sich.

Werner Epstein hat schon in Paris über seine Erlebnisse gesprochen. Er hat sie nicht in sich verschlossen und zu verdrängen gesucht wie viele andere, die dadurch psychischen Schaden nahmen.

IN DER ITALIENISCHEN ZONE

Im Frühling 1943 traf in La Hille eine Nachricht ein, die große Besorgnis hervorrief. Es ging um Inge Schragenheim, die zusammen mit Leo Lewin über die Schweizer Grenze gegangen, aber nach Frankreich zurückgeschickt worden war. Inge hatte danach einen jungen Mann kennen gelernt, mit dem sie die Kolonie verlassen hatte und nach Nizza gezogen war. Nizza gehörte zu dem Teil Südfrankreichs, der von Italien besetzt worden war. Hier, so hieß es, konnten sich die Juden relativ frei bewegen.

In der italienischen Zone wohnten mehr als 25000 Juden, darunter viele Ausländer. Die Zahl hatte sich nach der Besetzung der freien Zone erhöht, vor allem in Nizza. Die Italiener ließen sich von der Vichy-Regierung keine Vorschriften machen, wie sie sich gegenüber den Juden zu verhalten hätten. Sie wollten ihre Souveränität bewahren und lehnten es ab, »Schutzmaßnahmen« zu ergreifen, die Vichy erwartete: ausländische Juden – das waren für die Franzosen auch die italienischen Juden – in das von deutschen Truppen besetzte Gebiet zu schaffen, einen Teil von ihnen in Arbeitskommandos einzuziehen sowie die Identitätskarten mit dem Vermerk »Jude« zu versehen. Das Außenministerium in Rom nahm in einem diplomatischen Schreiben dazu Stellung: »Wir halten es für notwendig, diesbezüglich klarzustellen, daß nicht hingenommen werden kann, daß in der von italienischen Truppen besetzten Zone die französischen Behörden ausländische Juden, darunter italienische, dazu zwingen, sich in Gebiete zu begeben, die von deutschen Truppen besetzt sind. Schutzmaßnahmen gegenüber ausländischen und italienischen Juden dürfen ausschließlich von unseren eigenen Dienststellen ergriffen werden, denen die dafür geltenden Regeln mitgeteilt worden sind.«[37]

Hohe Beamte des italienischen Außenministeriums stellten sich schützend vor die Juden. Auch das Militär schaltete sich ein. Es wurde befohlen, den Präfekten der von italienischen Truppen besetzten Gebiete die Internierung von Juden zu untersagen. Gegebenenfalls, so hieß es, müssten die Kommandos der Armee und das Marinekommando einschreiten, um zu verhindern, dass die französischen Behörden die Anordnungen der Vichy-Regierung durchzusetzen versuchten.[38] Der Präfekt von Nizza, Ribière, die Präfekten von Annecy und Grenoble und andere begannen trotzdem

damit, die Juden zu internieren, wurden aber von den Italie-
nern gezwungen, die Internierungen auszusetzen.

Die Lage entwickelte sich sehr wechselhaft. Im März entschied Mussolini, der »Duce« Italiens, der französischen
Polizei freie Hand zu lassen, und lieferte ihnen damit die Juden der italienischen Zone aus. Gleich darauf nahm er seinen
Entschluss zurück und verfügte, die Juden aus Gründen der
militärischen Sicherheit in Ortschaften zu schaffen, die mindestens 100 Kilometer von der Küste entfernt sind. Gleichzeitig bestand er wieder darauf, dass die Judenfrage der italienischen Polizei obliege, die allerdings einige Zeit brauche,
um einen Verfahrensplan auszuarbeiten.

In dieses Wechselbad zwischen Schutz und Verhaftung geriet Inge Schragenheim. Im April kam Post von ihr. Sie
schrieb aus Nizza, sie und ihr Freund seien verhaftet worden. Eugen Lyrer fuhr sofort hin und bekam Inge aus der
Haft frei, nicht aber ihren Freund. Eugen Lyrer brachte Inge
nach La Hille zurück.

Trotz Inge Schragenheims Verhaftung in Nizza nahm sich
Flora Schlesinger vor, mit ihrem vierzehnjährigen Sohn Paul
in das italienisch besetzte Gebiet Frankreichs zu gehen. Sie
hielt es für besser, dort zu leben als in der Toulouser Gegend.
Schließlich hatte man Inge offenbar ohne größere Komplikationen aus der Haft entlassen, sodass sie wieder in La Hille
war und nicht in Gurs oder Vernet. Flora Schlesinger schätzte
die Lage durchaus richtig ein. Im Mai fand sie für sich und
ihren Sohn eine Unterkunft im italienisch besetzten Frankreich. Nach einiger Zeit gelangte sie von hier aus mit Paul in
die Schweiz. Der illegale Weg in die Schweiz wurde für sie
wie für eine ganze Anzahl von La Hillern von Anne-Marie
Piguet vorbereitet. Bevor es soweit war, vergingen Sommer
und Herbst des Jahres 1943. Flora und Paul Schlesinger ent-
gingen noch rechtzeitig einer Internierung und Verschleppung, denn die Situation in diesem Teil Frankreichs änderte
sich bald.

Abb. 16-17
Kinderzeichnungen

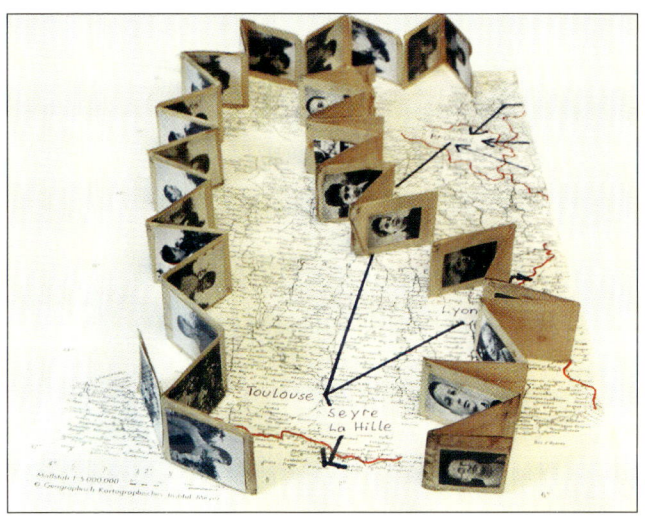

Abb. 18
Die Fotostreifen aus dem Nachlass Alexander Franks

Abb. 19
Briefe und Karten von den Geretteten

SECOURS SUISSE AUX ENFANTS

DÉLÉGATION POUR LA FRANCE NON OCCUPÉE : 71, Rue du Taur - TOULOUSE (H.-G.)
Adresse télégraphique : "Suissaide-Toulouse"   *Téléphone : 324-15*

Le 10 Février 1942.

Croix Rouge Suisse

* SIÈGE CENTRAL
13, Kesslergasse
BERNE
(Suisse)

          Je soussigné Maurice DUBOIS, Délégué
Général du Secours Suisse aux enfants, certifie
que Monsieur Alexandre FRANK a dirigé notre colonie
d'enfants réfugiés à Seyre (Haute Garonne) du 1er
Octobre 1940 au 31 Mai 1941.

          A partir de cette date, et jusqu'à fin
Décembre 1941, Monsieur Frank a collaboré à la di-
rection intérieure de la colonie, transférée au Château de la Hille à Montégut-Plantaurel (Ariège).

          Nous avons toujours été très satisfaits
du travail et de la conduite exemplaire de Monsieur
Frank qui nous quitte de son plein gré et libre de
tout engagement.

          Toulouse, le 10 Février 1942.

                    MAURICE DUBOIS
          Délégué Général du Secours Suisse

Abb. 20 Brief der Schweizer Kinderhilfe vom 10. Februar 1942, er lautet:
Ich, unterzeichneter Maurice Dubois, Generaldelegierter der Schweizer
Kinderhilfe bescheinige, dass Herr Alexandre Frank unsere Kolonie der
Flüchtlingskinder in Seyre (Haute Garonne) vom 1. Oktober 1940 bis
31. Mai 1941 geleitet hat. Nach diesem Zeitpunkt und bis Ende Dezem-
ber 1941 hat Herr Frank mit der internen Leitung der Kolonie, die nach
Schloss La Hille in Montégut-Plantaurel (Ariège) übergesiedelt war,
zusammengearbeitet. Wir waren immer sehr zufrieden mit der Arbeit
und vorbildlichen Führung von Herrn Frank, der uns auf seinen eigenen
Wunsch und ohne jegliches Zutun verlassen hat.
Toulouse, den 10. Februar 1942.
Marice Dubois, Generaldelegierter der Schweizer Hilfe.

CERTIFICADO DE IDENTIDADE

O Sr......FRANK,Alexandre.....................

cidadão belga,titular do passaporte N°.10266 L/I
                                          14
com visto autorisado pela Policia de Vigilan -

cia e Defeza do Estado por.telegrama...N°.?..

e passado no Consulado de Portugal em.Barcelona.

em..?..de...julho.de1943, entrou em 'Portugal

ala fronteira de..Marvão Beira.....em.12.de

.....julho....de 1943...e encontra-se no paiz

sob a fiscalisacão e a responsabilidade da Le-

gação da Belgica em Lisboa.

    O passaporte do interessado está em poder

desta Legação para regularisação e obtenção

dos vistos necessarios que permitamao inte-

ressado abandonar Portugal o mais rapidamente

possivel.
         Lisboa,15.de ..julho.......de 1943

             Pelo Ministro da Belgica:
             O Secretario da Legação:
                  Le Délégué.

Abb. 21 Das Dokument, ausgestellt von der Belgischen Gesandtschaft
in Lissabon am 15. Juli 1943, das Alexander Frank seine Identität wieder-
gab. Es heißt darin, dass Alexander Frank ein Bürger Belgiens ist, belegt
durch den Pass Nr.10266 L/I 14, autorisiert durch die Polizei von Vigilan-
cia und Defeza per Telegramm, und dass er am 2. Juli 1943 im portugiesi-
schen Konsulat in Barcelona war und die Grenze Portugals bei Marvão
Beira am 12. Juli 1943 überschritten hat. Dieses Dokument sei
Voraussetzung dafür, Portugal verlassen zu können.
Unterschrieben vom Vertreter des Gesandtschaftsekretärs.

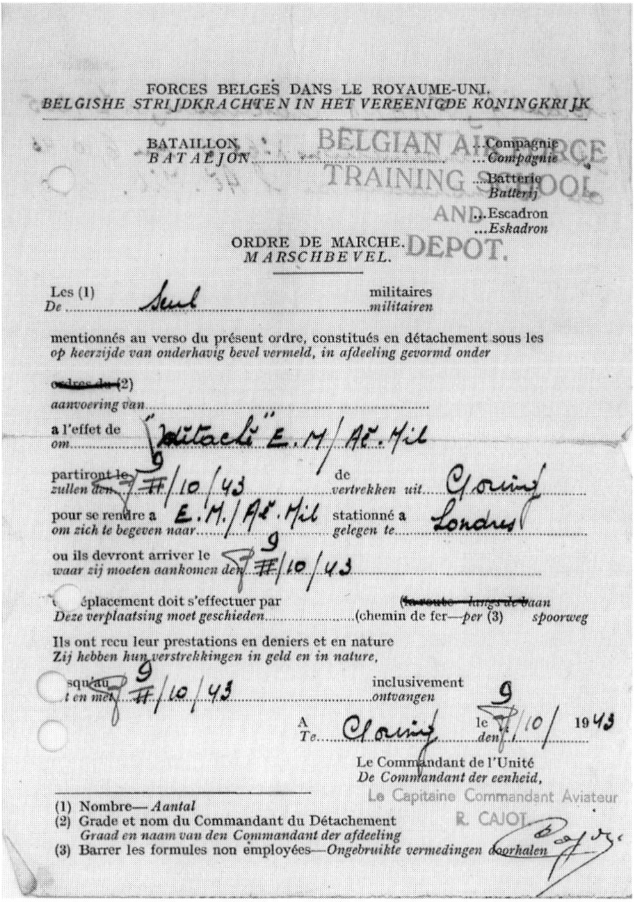

BATAILLON
BATAELJON

...Compagnie
...*Compagnie*

BELGIAN AIR FORCE

TRAINING SCHOOL

...Batterie
...*Batterij*

AND DEPOT.

...Escadron
...*Eskadron*

ORDRE DE MARCHE.
MARSCHBEVEL.

Les (1) ___Seul___ militaires
De ...*militairen*

mentionnés au verso du présent ordre, constitués en détachement sous les
op keerzijde van onderhavig bevel vermeld, in afdeeling gevormd onder

ordres du (2)
aanvoering van

a l'effet de ___détaclé" E.M/Aé.Mil___
om

partiront le ___7/10/43___ de ___Glaving___
zullen den *vertrekken uit*

pour se rendre a ___E.M/Aé.Mil___ stationné a ___Londres___
om zich te begeven naar *gelegen te*

ou ils devront arriver le ___9 7/10/43___
waar zij moeten aankomen den

éplacement doit s'effectuer par ~~toute—langs de baan~~
Deze verplaatsing moet geschieden (chemin de fer—per (3) *spoorweg*

Ils ont recu leur prestations en deniers et en nature
Zij hebben hun verstrekkingen in geld en in nature,

squ'au ___9 7/10/43___ inclusivement
t en met *ontvangen*

A ___Glaving___ le ___9 7/10/___ 19 ___43___
Te *den*

Le Commandant de l'Unité
De Commandant der eenheid,

Le Capitaine Commandant Aviateur
R. CAJOT

(1) Nombre—*Aantal*
(2) Grade et nom du Commandant du Détachement
    Graad en naam van den Commandant der afdeeling
(3) Barrer les formules non employées—*Ongebruikte vermedingen doorhalen*

Abb. 22
Marschbefehl für Alexander Frank vom Ausbildungscamp, sich am 9. 10.
1943 von dort nach London zu begeben; mit dem Vermerk, dass er mit
Geld und Lebensmitteln zu versorgen sei.

Abb. 23
Die Brüder Leo und
Willy Grossmann,
Israel

Abb. 24
Leo Lewin mit seiner Familie, Argentinien

Abb. 25
Im Kibbuz, v. l.:
Ruth Schütz, Alexan-
der Frank, Peter Salz
und Regina, die den
Nachlass Alexander
Franks an die Autorin
dieses Buches über-
gab.

Abb. 26
Die La Hiller im Jahr 2000 vor dem Tor zum Schloß

Im Sommer 1943 geriet der Kriegsblock Deutschland–Italien in eine Krise. Der italienische Faschismus erlitt in Nordafrika schwere Verluste. Mussolini konnte sich als »Duce« Italiens nicht mehr behaupten. Er musste am 25. Juli zurücktreten und wurde verhaftet. Damit brach die Achse Berlin–Rom. Der neue Regierungschef, Badoglio, erreichte einen Waffenstillstand, was die deutschen Truppen mit der Besetzung Italiens und mit Kämpfen gegen die in Süditalien gelandeten Anglo-Amerikaner beantworteten. Im Zuge dieser Entwicklung wurden die Italiener im besetzten Frankreich von deutschen Truppen abgelöst.

DER SOMMER 1943

Das Unglück des 23. Februar hatte die Bewohner des Château sehr vorsichtig werden lassen. Die Gendarmen hatten das Schloss im Visier. Sie erschienen immer wieder mit Listen und fragten nach bestimmten Mädchen und Jungen. Allen war klar, dass die Gendarmen die Gesuchten nicht antreffen durften, denn das hieße, wie es sich im Februar gezeigt hatte, Verhaftung und Deportation. Die Gendarmen fragten vor allem nach denen, die achtzehn waren oder es im Laufe der Sommer- und Herbstmonate wurden. Die Gesuchten verschwanden in einem Versteck.

Es gab in La Hille einen so genannten Zwiebelkeller, der war nur erreichbar durch ein Zimmer und einen Schrank, aus dem man einige Bretter beiseite schieben musste, um hindurchkriechen zu können. Man hatte auch Wachen aufgestellt, die die Umgebung vom oberen Teil des Schlosses und von den Türmen aus beobachteten. Sobald Gendarmen gesichtet wurden, schrien die Wachen: »Kurzschluss!« und die Großen verschwanden im Zwiebelkeller. Dort blieben sie auch, als die Gendarmen nach den üblichen Fragen nicht abzogen, sondern tagelang das Schloss beobachteten, sodass sich niemand heimlich entfernen konnte, um sich im nahen Wald zu verstecken oder um irgendwo unterzutauchen.

Der Zwiebelkeller, der in vielen Gesprächen erwähnt wird, befand sich nicht etwa im Untergeschoss des Schlosses, sondern unterm Dach. Es war ein großer Bodenraum mit kleinen Luken für Licht. Irgendwann waren hier mal Zwiebeln gelagert worden. Die mündlichen Berichte der Großen führen oft zu der Erinnerung an dieses Versteck, weil es, das darf man annehmen, mit Stunden der Angst verknüpft war. Der Zwiebelkeller wurde nie von den Gendarmen entdeckt.

Die Kolonie von La Hille war 1943 gut organisiert und schützte sich erfolgreich vor unerwarteten Besuchen der Gendarmen, aber die Unruhe blieb und zog sich durch die Tage. Unerwartetes stand den La Hillern in jenem Jahr reichlich bevor.

In den ersten Maitagen wechselte die junge Lehrerin Anne-Marie Piguet von St. Cergues nach La Hille. Bereits an ihrem zweiten Arbeitstag im Schloss fuhr Rösli Näf mit ihr weg, um etwas zu erledigen. Das konnte viel bedeuten. Es gab immer etwas zu besorgen und einzukaufen, die Kolonie benötigte tausend Dinge für den normalen Alltag und für die illegalen Aktionen. Allein um die kleinen Ringe zu beschaffen, die man brauchte, um Fotos auf Identitätskarten mit französischen Namen zu befestigen, musste man nach Toulouse fahren.

Dieses Mal schien es aber anders. Normalerweise fuhr nur eine Person weg, nun aber fuhren beide gemeinsam. Und einer der Großen, der Pianist Walter Kamlet, sollte mitkommen. Sebastian Steiger, der mit Walter befreundet war, schreibt, Walter habe sich trotz seiner Tuberkulose zeitweise im Wald versteckt. Im Mai lebte der junge Mann wieder im Schloss. Das war aber für ihn ein unsicherer Ort geworden. Er war mit seinen zwanzig Jahren einer der Ältesten und man konnte ihn im Schloss hören, hier stand das Klavier und er spielte viel.

Rösli Näf war nicht sicher, dass Walter wirklich krank war. Es schien ihr, als wolle sich der junge Mann vor der üblichen Arbeit, die alle verrichteten, drücken, um sich der Musik zu widmen. Vielleicht wollte sie sich Gewissheit darüber verschaffen, ob Walter ein Simulant war oder nicht. Vielleicht hatte sie aber die Absicht, ihn in eine Anstalt zu schaffen, in der ihn die Gendarmen nicht suchen würden. Sie hat sich nie dazu geäußert. Jedenfalls fuhr sie mit ihm und mit Anne-Marie Piguet zur Psychiatrischen Klinik in St. Girons. Der Chefarzt sprach mit Walter und kam natürlich zu dem Schluss, dass er kein Patient für ihn sei. Er war sogar empört, dass Rösli Näf glaubte, er würde den jungen Mann in seine Klinik aufnehmen. Möglicherweise verstand er, wen man ihm da gebracht hatte, und wollte damit nichts zu tun haben. Wenn Rösli Näf gehofft hatte, Walter könnte ohne weiteres für eine längere Zeit in der Klinik bleiben, dann musste sie diese Hoffnung aufgeben. Ein Aufenthalt in der Psychiatrie wäre allerdings auch die schlechteste Lösung für den sensiblen Musiker gewesen.

Es war der 7. Mai 1943. Anne-Marie Piguet und Walter Kamlet kamen nach La Hille zurück – ohne Rösli Näf. Die Directrice der Kinderkolonie, die aufopferungsvoll für die Flüchtlinge gesorgt hatte und ihnen bis nach Vernet gefolgt war, um sie dort nicht allein zu lassen, ging ohne Abschied fort. Keinem Kind, keinem der erwachsen gewordenen Mädchen und Jungen sagte sie Lebwohl. Nach dem Besuch in der Klinik sagte sie zu Anne-Marie Piguet und Walter Kamlet nur: »Ich komme nicht mehr ins Schloss.« Ihre Sachen wurden ihr in die Schweiz nachgeschickt.

Schon eine Weile war gemunkelt worden, dass Rösli Näf weggehen würde. Was geredet wurde, stimmte. Die Directrice hatte ihre Stellung verloren, weil sie nicht den Weisungen aus Bern gefolgt war. Das Schweizer Rote Kreuz holte sie in die Schweiz zurück und ernannte eine Nachfolgerin. Das war Margrit Tännler, die bereits als Krankenschwester und Betreuerin im Schloss tätig war. Der Besuch in der Klinik war offenbar etwas, was Rösli Näf noch vor ihrem Weggang erledigen wollte, eine letzte Aufgabe.

Zwei Jahre lang hatte sie die Last der Verantwortung für die Kinderkolonie getragen. Sie hatte sich nicht darum beworben, sondern war als Angestellte des Roten Kreuzes nach La Hille geschickt worden. Und sie hatte den Auftrag nicht nur angenommen, sondern mit ihrer ganzen Kraft zu erfüllen getrachtet. Eine immense Arbeit war zu leisten, um das Materielle und den Unterricht zu sichern.

Rösli Näf ließ die Kinder und Jugendlichen nie im Stich, an keinem Tag ihrer Tätigkeit, auch nicht am letzten. Was sie für die Rettung der Kinder tat, war ihr streng verboten, doch sie tat es trotzdem. Sie opferte dafür ihre Stellung und ihre Karriere.

Sebastian Steiger beurteilt in seinem Buch über die Erlebnisse in La Hille Rösli Näf und die Krankenschwester Emmy Ott (von Steiger »Fräulein Groth« genannt) auf gleiche Art. Er schreibt: »Beide weilten mehrere Jahre im Urwaldspital in Lambarene bei Albert Schweitzer. Sie waren im Umgang mit Kranken sehr routiniert und hatten sich allgemein sehr verdient gemacht. Beide Frauen waren voll unermüdlicher Schaffenskraft, und selbstloser Einsatz war ihnen zur zweiten Natur geworden. Idealere Rotkreuz-Mitarbeiterinnen konnte man sich nicht vorstellen.«[39] Er meint aber, dass sie in der Kolonie mit den hundert Kindern überfordert waren und dass das autoritäre Vorbild, das ihnen Albert Schweitzer gegeben hatte, sie selbst zu einer »harten, fast herzlosen Autorität« geführt habe. Ich möchte hier Emmy Ott ausklammern. Über sie habe ich wenig Informationen gefunden, aber das Wenige wird noch an anderer Stelle zu erwähnen sein. Alles, was ich über Rösli Näf gelesen und gehört habe, bringt mich zu einem ähnlichen Schluss wie Sebastian

Steiger. Sie war ohne Zweifel eine strenge, unduldsame Chefin, mit der zu arbeiten nicht leicht, für manchen sogar unmöglich war. Die Kinder fühlten sich allerdings geborgen,
während Rösli Näf zunächst zusammen mit Alexander
Frank, später allein die Kolonie leitete. Nicht nur das – sie
merkten, dass die Directrice um ihre Sicherheit bangte, dass
sie um »ihre« Kinder Angst hatte. Sie denken heute mit großer Hochachtung an sie.

Ihre Ablösung war ein Verlust für die Kinderkolonie und
ein Zeichen unerbittlicher Intoleranz einer Schweizer Organisation, die für humanitäre Hilfe gegründet worden war.

Die neue Directrice hieß Tännler und wurde als unverhei-
ratete Frau, wie damals üblich, Fräulein Tännler genannt. Sie
kam mit den strengen Berner Instruktionen in die Kinderkolonie. Alle Schweizer und Schweizerinnen vom Roten
Kreuz mussten sich verpflichten, nichts Illegales zu unternehmen. Von den Aktionen der Betreuer und Lehrer wusste
Fräulein Tännler offiziell nichts. Sie ließ den Helfern aber
wohl genügend Raum, damit sie tun konnten, was sie für nötig hielten.

Der Sommer 1943 brachte noch andere Veränderungen
mit sich.

Seit Februar wurde intensiv erkundet, wohin und wie man
die Kinder und Jugendlichen in Sicherheit bringen könne.
Für die jüngeren La Hiller öffneten sich die Tore einiger
Klöster. Die katholische Kirche beteiligte sich an den Aktionen zur Rettung von Juden und folgte damit den Worten
Mgr. Salièges, des Erzbischofs von Toulouse, der in seinem
berühmten Hirtenbrief vom 20. August 1942 auf die menschliche Moral verwiesen hatte, die Rechte und Pflichten gebiete: »Die Juden sind Männer, die Juden sind Frauen (…) Sie
sind unsere Brüder. Ein Christ darf das niemals vergessen.«

Fromme Schwestern nahmen Kinder von La Hille in ihre
Obhut. Meistens war es nur ein vorläufiger Aufenthalt,
bis ein guter Übergang über eine Grenze oder eine andere

Rita Leistner (FaP 8),
s. auch Abb. auf S. 83

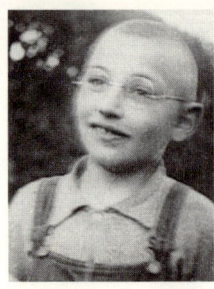

Alfred Eschwege
(FaP 53), s. auch Abb.
auf S. 34

Lösung auf Dauer gefunden war. Manchmal hatten die Kinder in den Klöstern ein Asyl bis zum Ende des Krieges, das betraf vor allem die Jüngsten, unter anderem aber auch die bereits achtzehnjährige Rita Leistner. Alle, die sich im Waisenhaus eines Klosters aufhielten, waren in Sicherheit. Weder die Franzosen noch die Deutschen verletzten im Süden Frankreichs die ungeschriebene Unantastbarkeit eines Klosters. Ich kann nicht sagen, ob das für alle Klöster galt, aber für die, in denen sich Kinder aus La Hille befanden, war es so.

Ins Waisenhaus der Franziskaner-Schwestern in Pamiers kamen die dreizehnjährige Eva Fernanbuk, die zwölfjährige Edith Jankielewicz und die etwa ebenso alten Schwestern Guita und Irene Kokotek, die nicht mit den anderen aus Brüssel gekommen, sondern später in die Kinderkolonie aufgenommen worden waren. Nicht sicher, aber wahrscheinlich ist, dass noch sieben andere Kinder in Klöstern untergebracht und auf diese Weise gerettet wurden: Rosemarie Cosman, Alfred Eschwege, Guy Haas, Peter Landsmann, Frieda Rosenfeld, Manfred Templer und Manfred Tidor. Leider ist nur von einem dieser Sieben ein Bild auf dem Fotostreifen Alexander Franks.

Wie sie zu den Franziskanern kamen und über die Grenze gebracht wurden, berichten zwei der Mädchen. Die Berichte beziehen sich auf das Jahr 1944, da war die Nachfolgerin der Rösli Näf wiederum durch eine neue Directrice abgelöst worden. 1944 leitete Emmy Ott die Kolonie von La Hille.

Edith Jankielewicz schreibt: »Von Zeit zu Zeit sahen wir in La Hille, wenn wir morgens aufstanden, dass ein Bett leer war. Wir wussten dann, das Kind war weg. Da alles geheim war, fragten wir nichts. Die leeren Plätze sind von französischen Kindern besetzt worden, mit denen wir dann zusammen zur Schule gegangen sind. Eines Abends bat mich Fräulein Ott, ein kleines Paket mit Kleidung vorzubereiten, und am nächsten Tag haben vier Kinder von uns das Schloss verlassen. Es waren Guita und Irene Kokotek, Eva Fernanbuk und ich. Wir haben den Bus nach Pamiers genommen. In Pamiers, in einem Park, hat uns Fräulein Ott einer jungen Dame übergeben, die hat uns auf einer Bank die ersten Instruktionen erteilt. Ich bekam einen neuen französischen Namen, so bin ich Edith Toncquet aus Strasbourg geworden. Wir Vier wurden ins Waisenhaus der Franziskaner-Schwestern gebracht. Es gab wenig zu essen. Wir haben unsere Zeit mit Beten und Nähen verbracht. Nach einigen Wochen holte uns eine ›Tante‹ ab. Eva und ich sind nach Toulouse zu Frau Gisèlle gegangen, wo wir die Brüder Gustav und Manfred Manasse und Peter Bergmann getroffen haben. Von hier aus gingen wir weiter nach Perpignan zu zwei französischen Damen und haben mit ihnen den Zug bis zur spanischen Grenze genommen. Noch denselben Abend, in einem Garten, haben die beiden gepfiffen wie die Vögel, und zwei baskische Männer sind gekommen. Mit ihnen sind wir die ganze Nacht gelaufen, am Tag haben wir geschlafen. Das war eine Passage in den Bergen, gefährlich, nicht weit von Andorra. Am nächsten Abend sind wir bei einer spanischen Familie angekommen. Wir mussten noch weiter und erreichten schließlich Barcelona. Bei Herrn und Frau Rabinowitz, in einer schönen Villa, wurden wir herzlich willkommen geheißen. Das erste Mal nach Jahren konnten wir uns unsere Kleidung in einem großen Geschäft aussuchen.«

Dieser Bericht ist zu ergänzen: Mit Edith Jankielewicz, Peter Bergmann und den Brüdern Gustav und Manfred

Manasse ist noch ein Fünfter über die Pyrenäen gegangen: Heinz Voss, der im Juli elf Jahre alt wurde.

Eva Fernanbuk berichtet über dasselbe Geschehen Folgendes: »Im Jahre 1944, als alle Kinder von La Hille verteilt wurden, versteckte man mich, Guita, Irene und Edith in einem Kloster in Pamiers. Nach einigen Wochen schickte man mich zu Madame Gisèlle. Ihr Haus war zeitweilige Unterkunft für viele Jugendliche, die gesammelt und später weitergeschickt wurden. Ich wurde zur Flucht nach Spanien bestimmt. Man fügte mich einer Gruppe bei, die nach Spanien geschmuggelt wurde, zu Fuß über die Pyrenäen. Das war im August 1944. In Spanien fand ich schon eine große Gruppe Jugendlicher vor, die dort auf die Bewilligung für die Fahrt nach Palästina warteten. Während meines Aufenthaltes in Spanien, der bis November 1944 dauerte, unterhielt uns der Joint. Wir bekamen Essen, Kleider, Wohnung und sogar Taschengeld.«

Die Kinder, die ins Kloster kamen, waren nicht glücklich, aber sie fügten sich. Das Leben hinter Klostermauern war ihnen fremd, sie empfanden es als unangenehm, mussten es aber für ihre Sicherheit in Kauf nehmen.

Die drei Jungen, die im Sommer 1944 mit nach Spanien flüchteten, der zwölfjährige Peter Bergmann und die Brüder Gustav und Manfred Manasse, elf und acht Jahre alt, waren zuvor im Kloster Lévignac bei Toulouse untergebracht worden. Peter und Gustav müssen aufmüpfige Jungen gewesen sein. Bevor Peter zu den Nonnen kam, war er mit einer Flüchtlingsschar über die Berge in Richtung Turin gezogen. Das war, nachdem der östliche Teil Südfrankreichs von italienischen Truppen besetzt worden war. Obwohl die Italiener die Juden nicht so scharf verfolgten wie die Deutschen, wurden dennoch die meisten derjenigen, mit denen Peter Bergmann geflohen war, gefasst und deportiert. Peter entkam. Allein kehrte der Zwölfjährige über die Berge nach La Hille zurück. Um ihn sicher unterzubringen, wurde er ebenso wie die Manasse-Brüder ins Kloster Lévignac gebracht. Zusammen mit Gustav lief Peter von dort fort. Eine Weile schlugen sich die beiden Jungen irgendwie durch, der gefährliche Ausflug endete aber bei der Polizei und in einem Jugend-Sträflingshaus. Sie brachen aus, fanden dieses Mal jedoch eine gute Unterkunft bei einer Frau der Résistance, bei der bald auch andere La Hiller eintrafen: Gustavs kleiner Bruder, die Schwestern Kokotek, Edith Jankielewicz und Eva Fernanbuk, von der wir wissen, dass die Frau der Résistance Gisèlle hieß. Sie war eine Mitarbeiterin des amerikanisch-jüdischen Hilfswerks Joint. Gemeinsam überquerten die Kinder unter der sommerlichen Sonne des Jahres 1944 die Pyrenäen und kamen wohlbehalten in Spanien an.

Der Joint stellte die Verbindung zu einem Onkel der Manasse-Brüder her. Dieser lebte in New York und tat alles Notwendige, damit die Brüder in die USA einreisen durften. Vom Joint betreut, gelangten sie in die Vereinigten Staaten und wurden von zwei jüdischen Familien aufgenommen.

Noch vor ihrem Weggang aus La Hille fand Rösli Näf für Ilse Brünell, die im Januar 1943 zwanzig Jahre alt wurde, in Foix einen Arbeitsplatz. Es ging um eine brisante Stelle, für die die Schweizerin ein geeignetes Mädchen auswählen musste. In der Präfektur von Ariège arbeitete Madame Authier. Bei ihr mussten die Juden Passierscheine beantragen, wenn sie ihren Wohnort verlassen, zum Beispiel von La Hille nach Toulouse fahren wollten. In ihrer Kompetenz lag es auch, die Gesuche, bei Franzosen arbeiten zu dürfen, zu bewilligen oder abzulehnen. Ohne eine solche Bewilligung durfte kein Flüchtling arbeiten. Und Madame Authier schrieb die Listen zur Deportation der Fremden, vor allem der Juden. Diese Frau verlangte von Rösli Näf, dass sie ihr ein Mädchen für kleine Hausarbeiten zur Verfügung stelle. Als Gegenleistung würde sie das Château de la Hille ignorieren und keinen auf eine ihrer Listen setzen. Rösli Näf ging darauf ein und entsandte Ilse Brünell. Ilse hielt das Haus der Madame Authier und ihrer

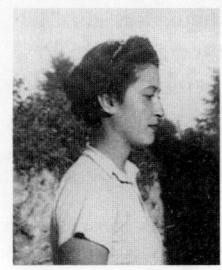

Ilse Brünell (FaP 3)

Tochter in Ordnung. Sie erledigte von früh bis spät alles, was an Arbeit anfiel. Es war für das junge Mädchen ein äußerst harter, von Schikanen begleiteter Job. Ilse Brünell bedrückte vor allem die Reaktion der Leute, denn Madame Authier war in Foix verständlicherweise gefürchtet. Alle gingen ihr aus dem Wege, um nicht auf sich aufmerksam zu machen und auf eine Deportationsliste zu geraten. Mit dem Mädchen, das im Hause Authier arbeitete, wollte niemand etwas zu tun haben. Niemand redete mit Ilse, mit Ausnahme eines Invaliden des Ersten Weltkriegs, der keine Angst vor der Listenschreiberin hatte. Bei ihm konnte Ilse Brünell über ihren Kummer reden. Mehrere Monate hielt sie es in Foix aus. Als sie die Adresse von Heinz Storosum bekam, der auch nicht mehr im Schloss war, sich aber noch in Frankreich befand, schrieb sie ihm und er las aus ihren Briefen ihre Not heraus. Er veranlasste, dass ein junges Mädchen aus der Résistance zu Ilse Brünell fuhr und sie mit nach Castres nahm, wo sich Heinz und eine Gruppe französischer Juden aufhielten. Ilse Brünell marschierte im August 1944 zusammen mit anderen La Hillern über die Pyrenäen und erreichte Andorra und Spanien.

GRET TOBLERS AKTION

Fräulein Tobler, die Kindergärtnerin und Lehrerin der Kleinen, war sehr darauf bedacht, die Existenz der Kinderkolonie nicht zu gefährden. Eines Tages warf sie jedoch alle Bedenken beiseite und begleitete selbst zwei Kinder zur Grenze.

Sie nahm sich der zwölfjährigen Toni Rosenblatt und der fünfzehnjährigen Inge Bernhard an. Es geht aus den Berichten nicht klar hervor, an welcher Stelle die Grenze überwunden wurde. Nach der Beschreibung zu urteilen, geschah es in dem Gebiet bei Annemasse. Von doppeltem Stacheldraht ist die Rede und das entspricht dem, was Kurt Klein berichtet hat, der zusammen mit Kurt Moser über eine solche Grenzbefestigung nach Frankreich zurückgehen musste. In dieser Gegend und zu dieser Zeit war die Grenze stark bewacht. Es muss eine ziemlich gewagte Aktion gewesen sein, die Gret Tobler plante, aber sie hatte sich vorgenommen, diese zwei Mädchen, Toni und Inge, zu retten. Ich vermute, dass es ihr besonders um die kleine Toni ging. Tonis ältere Schwestern befanden sich bereits in der Schweiz, eine war mit der ersten Gruppe und die andere mit der zweiten Gruppe über die Grenze gebracht worden, als diese noch nicht so abgeschottet war. Ich denke, Gret Tobler wollte die Geschwister zusammenführen. Die Großen mussten sich ja unglücklich fühlen, solange sie die kleine Schwester von Judenhäschern bedroht sahen. Und schließlich musste schon in Brüssel eine der Rosenblatt-Schwestern zurückgelassen und einem unbekannten Schicksal ausgesetzt werden. Die etwas größere Inge hat Gret Tobler vielleicht mitgenommen, damit die kleine Toni auf der Schweizer Seite nicht allein dastehe. Das sind natürlich nur Vermutungen. Ich versuche, Motive für die Auswahl der Mädchen zu finden.

Toni war nicht sehr begeistert, als Gret Tobler sie aus dem Schlaf riss und ihr verkündete, dass sie sie zur Grenze bringen werde. Toni, die empfindliche, die schon auf der anstrengenden Fahrt nach Seyre todunglücklich war, nichts aß und nur weinte, wäre ganz gern im Schloss geblieben. Mühsal zu tragen lag ihr nicht. Aber sie begriff sehr wohl, dass die Schweiz der bessere Platz für sie war. Und dort waren ihre Schwestern.

Toni Rosenblatt hat erzählt, wie ihre illegale Überwindung

der Stacheldrähte verlaufen ist. Schon die lange Fahrt zum Grenzgebiet im überfüllten Zug in einer kalten Nacht brachte sie zum Weinen. Inge Bernhard war zwar älter, aber sie weinte auch. Dann standen sie vor einem Stacheldrahtzaun, gingen an ihm entlang und suchten eine Lücke zum Durchschlüpfen. Ein sehr kleines Loch fanden sie und Gret Tobler forderte Toni auf, als Erste hindurchzukriechen. »Du bist klein und dünn, das geht schon.« Toni sträubte sich. Sie hatte Angst, dass dann nur sie, die Kleine, Dünne drüben stünde und die andere ihr nicht folgen könnte. Aber sie machte, was man von ihr verlangte. Rückwärts kroch sie durch die Zaunlücke und blieb mit ihren Kleidern im Stacheldraht hängen. Sie rief verzweifelt nach Fräulein Tobler. Die aber war, als Toni laut durch die Nacht ihren Namen rief, mit Inge im Gebüsch verschwunden, was wiederum Toni in panische Angst versetzte. Sie zerrte an ihren Kleidern, verletzte sich an den Stacheln. Ein deutscher Soldat tauchte auf. Das brachte Toni zum Schweigen. Als er im Dunkeln verschwunden war, befreite Gret Tobler sie aus ihrer Lage. Dieser Versuch war misslungen.

»Am frühen Morgen kehrten wir zur Grenze zurück und kamen wieder zu dieser Lücke im Stacheldraht«, erzählt Toni. »Diesmal weigerte ich mich entschieden, hier hindurchzukriechen. Inge machte keine Umstände. Sie legte sich flach auf die nasse Ackererde und robbte langsam und vorsichtig unter den Drähten hindurch auf die andere Seite.« Deutsche Soldaten näherten sich. Gret Tobler und Toni liefen auf der einen Seite des Zauns davon, Inge auf der anderen. Schließlich fanden sie eine bessere Stelle und Gret Tobler schob das Mädchen unter den Drähten durch. Toni lief davon, stand vor einem zweiten Zaun, bewältigte auch den, dieses Mal allein, und stand, als sie aufschaute, vor einem Schweizer Soldaten. Der trug das kleine, schmutzige, frierende Mädchen zu einem Auto und brachte es in ein Auffanglager. »Ich wurde gewaschen und gebadet und bekam neue Kleider.

Meine Wunden wurden gepflegt.« Hier traf sie Inge. Sie um-
armten sich und dachten beide: Wir sind gerettet. Toni blieb
eine Weile in dem Auffanglager für Flüchtlinge. Dann nahm
sie eine Familie in Reinach auf.

WIEDER EINE NEUE DIRECTRICE

Margrit Tännler konnte nicht in La Hille bleiben. Sie erkrankte an Gelbsucht und konnte ihre Arbeit als Directrice
nicht fortsetzen. Ihr Gesuch, sie abzulösen, damit sie sich in
der Schweiz kurieren lassen könne, wurde genehmigt. Sie
verabschiedete sich von den La Hillern. Wieder einmal kam
eine Nachfolgerin für eine scheidende Directrice. Die neue
Leiterin war Emmy Ott. Der Wechsel fand im Oktober 1943
statt.

Emmy Ott nahm alle Verwaltungsangelegenheiten in ihre
Hände. Bis dahin hatte Edith Goldapper das Schriftliche erledigt. Schon für Rösli Näf und für Margrit Tännler hatte
Edith Büroarbeit geleistet. Sie konnte Maschine schreiben
und hatte sich in die Buchhaltung eingearbeitet. Sie machte
es gern, es war schon in Wien ihr Berufswunsch gewesen,
eine Handelsschule zu besuchen und in einem Büro tätig zu
sein. Durch ihre Arbeit hatte Edith Einblick in viele Vorgänge
im Schloss bekommen. Sie schrieb zum Beispiel die Anträge
für die Bescheinigungen, die man brauchte, um den Ort zu
verlassen, in dem man sich angemeldet hatte oder der einem
zugewiesen worden war.

Emmy Ott verzichtete auf Ediths Arbeit und erledigte alles selbst. Dass sie aus dem Büro gewiesen wurde, nahm
Edith gelassen hin, denn sie wartete darauf, in die Schweiz
gebracht zu werden. Aber etwas anderes nahm sie der neuen
Directrice übel. Diese neue Leiterin achtete streng darauf, im

Einvernehmen mit den Behörden zu arbeiten. Sie wollte der Kinderkolonie und sich selbst keine Schwierigkeiten bereiten, doch mit dem Prinzip Legalität konnte den jüdischen Flüchtlingen nicht geholfen werden. Unter den Bedingungen jener Zeit in Frankreich lief die Hilfe weitgehend illegal ab.

Sicherlich befanden sich alle, die Verantwortung für die jüdischen Jungen und Mädchen trugen, in einem Zwiespalt. Einerseits war die Lebensrettung notwendig. Alle sahen es und wollten helfen. Andererseits wollte niemand eine Situation heraufbeschwören, die die französischen Behörden missbilligten und die dazu führen konnte, dass die Arbeit des Schweizer Roten Kreuzes in La Hille unterbunden wurde. Bei Emmy Ott spielte wohl auch eine Rolle, dass sie einen Konflikt mit Bern vermeiden und ihre Arbeitsstelle sichern wollte. Wie es Rösli Näf ergangen war, wusste sie natürlich. Emmy Ott riskierte nach Möglichkeit nichts.

Das schon erwähnte Begleiten von vier Mädchen nach Pamiers, die von dort aus ins Waisenhaus der Franziskanerinnen gebracht wurden, ist, soweit ich es erkunden konnte, die einzige Aktivität Emmy Otts. Über die Legalität, die sie nicht verletzen wollte, hat sie sich aber wenigstens dieses eine Mal hinweggesetzt.

In dem Video-Dokumentarbericht »La Filière«[40] kommen Maurice Dubois, Rösli Näf, die Schwestern Cordier, Anne-Marie Piguet, Jacques Roth und auch Emmy Ott zu Wort. Alle erzählen, was sie zur Rettung beitrugen – außer Emmy Ott. Sie beschreibt nur die Lebensumstände im Schloss La Hille unter ihrer Leitung: dass die Schweiz sie mit Milchprodukten und getrocknetem Gemüse versorgte, dass sie ein Getreidefeld von Bauern gepachtet hatten und ein kleines Kartoffelfeld beackerten, dass nur einmal in der Woche Brot geliefert wurde, dass die Wolle, die sie aus der Schweiz erhielten, zu Socken verstrickt oder in eine Fabrik gegeben wurde, dass sie die Waren, die sie von der Fabrik bekamen, gegen das eintauschten, was sie im Schloss brauchten, und schließlich erwähnt sie die Feiern, die Musik und die Theaterspiele im Schloss. Es macht auf mich den Eindruck, als habe sie einzig die Versorgung der Kolonie im Sinn gehabt und die Rettung der Flüchtlinge nicht als ihre Sache, sondern als die der anderen Schweizer angesehen, deren Aktivitäten sie aber stillschweigend duldete.[41]

Neue Lehrer im Schloss

Im Laufe des Jahres 1943 gingen nach und nach viele Kinder und Jugendliche, die mit den Waggons aus Brüssel geflohen waren und nach dem Aufenthalt in Seyre das Schloss zu ihrem Heim hergerichtet hatten, aus La Hille fort. Dafür zogen andere Kinder ein, französische Kinder. Das Schweizer Rote Kreuz sorgte vornehmlich für diese Kinder, und die Brüsseler waren in diese Fürsorge einbezogen worden. Da die Zahl der hilfsbedürftigen französischen Kinder in La Hille anwuchs, wurde mehr Personal zur Betreuung und für den schulischen Unterricht benötigt. Darum schickte die Schweiz weitere Lehrer.

Am 6. Mai, einen Tag vor Rösli Näfs unfreiwilligem Fortgang, war die sehr junge Schweizer Pädagogin Anne-Marie Piguet nach La Hille gekommen. »Eigentlich«, meint sie vor der Kamera, »hätte man ins Schwärmen kommen können: eine herrliche Natur, satt zu essen und die Kinder. Mir ist aber sehr schnell klar geworden, welche Tragik sich unter der Oberfläche abspielte.«[42] Obwohl sie, wie sie sagte, eigentlich nicht die Absicht hatte, etwas zu tun in diesem europäischen Drama, trachtete sie sofort mit Energie danach, den jüdischen Flüchtlingen einen Weg in die Schweiz zu verschaffen. Ihr waren die Mittleren anvertraut. Ihre Arbeit war ihr wichtig, die Sicherheit der jungen Menschen nicht weniger. Letzteres überwog mit den zunehmenden Ängsten dieses Jahres der massiven Verfolgungswellen. Anne-Marie Piguet wurde zur aktivsten Organisatorin der Rettungsaktionen und erhielt dabei viel Unterstützung von Eugen Lyrer. Gegen Ende dieses Jahres und im folgenden Jahr war sie oft unterwegs und konnte ihre Unterrichtsstunden nicht wahrnehmen. Die anderen Lehrer sprangen für sie ein und taten auf diese Weise etwas für die Rettung der Jungen und Mädchen.

Zwei weitere Lehrer trafen im Sommer und im Herbst in La Hille ein. Ende August 1943 trat Sebastian Steiger seine Stelle an. Nach dem Abschluss des Lehrerseminars musste er sich drei Jahre lang mit Stellvertretungen in verschiedenen Orten begnügen. Durch Zufall erfuhr er von der Chance, vom Schweizer Roten Kreuz als Lehrer nach Frankreich geschickt zu werden, und er ergriff sie. Seine Erlebnisse schrieb er ein halbes Jahrhundert später auf. Vor allem bewog ihn das Schicksal der jüdischen Kinder von La Hille, alles zu schildern, woran sich erinnerte. Er war verantwortlich für die Ausbildung einer Gruppe mit französischen Kindern und Flüchtlingskindern.

Er liebte die Kinder sehr und die Kinder fühlten es und hingen an ihm. Er kam zur Zeit der Sommerferien. Die Sympathie der Kinder erwarb er sehr schnell, weil er mit ihnen baden ging, das war ihre Lieblingsbeschäftigung. Überhaupt bestand seine Tätigkeit während der Ferien darin, die Kinder zu beschäftigen. Ihm wurde die Gruppe der Kleinen anvertraut. Er sah aber selbst, was es sonst noch zu tun gab, und half, so gut er konnte. Da waren zum Beispiel kleine Wunden zu versorgen und Schmerzen zu lindern, über die die Kinder klagten. Und manche fanden täglich etwas, was weh tat, nur um ein bisschen besondere Zuwendung zu erfahren. Als im Herbst wieder einmal eine neue Directrice ins Schloss kam, ergab sich für ihn eine Tätigkeit, die er neben dem Unterricht sehr gern übernahm: Die neue Directrice,

Emmy Ott, war Krankenschwester und freute sich, dass der junge Lehrer bereit war, sie bei der sanitären Betreuung der Kinder zu unterstützen. Er nahm ihr viel Arbeit ab und die Kinder waren mit dieser Regelung sehr zufrieden.

Sehr bald stellte der neue Lehrer fest, dass es eine Anzahl Bettnässer gab. Er machte es sich zur Aufgabe, sie davon zu heilen. Über die Ursache gab es keinen Zweifel. Die Kinder, losgerissen von den Eltern und ohne Nachricht von ihnen, schleppten mehr seelische Last, als sie tragen konnten. Sebastian Steiger stand Nacht für Nacht mehrmals zu festen Zeiten auf, weckte ein Kind nach dem anderen und ließ es austreten gehen. Nasse Betten richtete er so her, dass die Kinder darin weiterschlafen konnten. Eigentlich nahm ihn der Unterricht voll in Anspruch, aber er unterzog sich geduldig der nächtlichen Mühen und nach einigen Wochen gab es keine Bettnässer mehr. Für diesen Lehrer lernten die Kinder gern.

Sechs Wochen nach Sebastian Steiger kam der Lehrer Heinrich Kägi nach La Hille. Das war gerade zu der Zeit, als Margrit Tännler La Hille verließ und Emmy Ott ankam. Heinrich Kägi bekam wie alle anderen seine Gruppe für den Unterricht und trug dazu bei, die Kinder auszubilden und gleichzeitig ein wenig Vater und Mutter zu ersetzen. In den Berichten und Erzählungen der damaligen Kinder wird Heinrich Kägi selten erwähnt. Er hat seine Arbeit gemacht und war ein netter Lehrer, so lautet die allgemeine Meinung. Er war für sie einfach da, aber es gab vielleicht nichts Besonderes, was sich mit ihm verband. Bis auf ein großes Ereignis, an dem alle beteiligt waren.

Heinrich Kägi war mit Annelies Keller verlobt, die ebenfalls vom Schweizer Roten Kreuz nach La Hille entsandt wurde. Sie feierten mit allen Schlossbewohnern Hochzeit. Die Kinder fertigten Glückwunschzeichnungen für das Brautpaar an und drückten darin aus, dass sie ihren Lehrer mochten und dass sie sich sehr über dieses schöne Fest freuten. Fernand Nohr, der – wie oben zitiert – so anschaulich

Das Hochzeitsbild des Brautpaars Kägi; von l.: Emmy Ott, Sebastian Steiger, Annelies und Heinrich Kägi, Anne-Marie Piguet, Eugen Lyrer

über das Leben im Schloss berichtet, schreibt von den Schweinen, die anlässlich der Hochzeit geschlachtet wurden. Sicher hielt das Gedächtnis nicht nur das Schlachten fest, sondern auch die besondere, seltene Mahlzeit, obwohl es sich, wie ich einer anderen Aufzeichnung entnehmen kann, um kleine magere Schweine gehandelt hat. Andere waren wohl nicht aufzutreiben oder im Schloss heranzufüttern. Es spielte keine Rolle, dass das Fleisch vom Schwein nicht koscher war. Die Speisengesetze konnten mit den Schweizern nicht eingehalten werden, aber essen musste man.

Die Hochzeit war für die Kinder das wichtigste Ereignis, das sie mit Heinrich Kägi verbinden. Es war die Durchbrechung des Alltags, etwas Merkbares und etwas sehr Schönes.

An den einzelnen Rettungsaktionen waren die beiden neuen Lehrer nur mittelbar beteiligt. Jedenfalls habe ich dem vielen Papier, das ich durchgesehen habe, nichts anderes entnehmen können. Sie sprangen aber als Lehrer ein, wenn sich andere außerhalb des Schlosses aufhielten, und sie wussten

Bescheid über das, was sich tat, wenngleich sie nicht alle Einzelheiten kannten. Sie sorgten sich um die Kinder und halfen, die Gefahr, die die Gendarmen für sie darstellten, abzuschirmen. Sebastian Steiger wagte es sogar, aktive und risikovolle Hilfe zu leisten, als sein Schüler und Freund Walter Kamlet sie benötigte. Der erbarmungslosen Verfolgung von Kindern und Jugendlichen setzten die Schweizer Lehrer ihre Menschlichkeit entgegen.

Sebastian Steiger hat mich durch seine Art, mit der ungewöhnlichen Situation zurechtzukommen, beeindruckt. Ich denke dabei nicht nur an die sanitäre Hilfe und die Heilung der Bettnässer. Bemerkenswert finde ich, wie er dem Musiker Walter Kamlet half und welche Gedanken er sich über die psychisch gestörte Rosa Goldmark machte.

Er war ein junger Mann, nicht viel älter als die Großen der La Hiller. Sebastian Steiger mochte den sensiblen, oft kränkelnden Pianisten Walter Kamlet, den Ältesten der Jungen. Er gewann ihn als Freund und er verteidigte ihn gegen den Verdacht, sich vor schwerer Arbeit zu drücken. Sebastian Steiger und Walter Kamlet sprachen viel miteinander, redeten über die Kriegslage, über den Widerstand in ihrer Umgebung, über Razzien in Toulouse, Foix und Pamiers. Walter Kamlet stand merkwürdigerweise auf keiner Liste der Gendarmen. Er erklärte es sich als einen Irrtum, der jederzeit bemerkt werden könne. Vorsichtshalber suchte er Unterschlupf auf einem Bauernhof, der anderthalb Kilometer vom Schloss entfernt war. Zeitweilig versteckte er sich vor den Gendarmen im Wald. Sebastian Steiger ging zu Walter in den Wald, brachte ihm, was er brauchte, und redete mit ihm, damit sich der junge Mann nicht zu einsam fühlte. Schließlich gab ihm Sebastian Steiger seine eigenen Papiere, damit er über die Grenze gehen konnte. Damit hat er ihn in die rettende Schweiz geschickt.

Über Rosa Goldmark hat Sebastian Steiger einfühlsam erzählt und am Ende sich selbst den bitteren Vorwurf gemacht, nicht genug für das Mädchen getan zu haben. Als kleines Mädchen musste Rosa ihre Eltern und Geschwister, Wien und alles, was sie mit der frühen Kindheit verband, verlassen. Warum man sie nach Brüssel schickte, das hat die Zwölfjährige nicht verstanden. Es war die erste Wunde, die man ihr zufügte. Die gute Absicht, sie aus der Gefahr zu nehmen, erreichte ihr Bewusstsein nicht. Die Flucht nach Südfrankreich mit ihren Ängsten und Strapazen und das schwere Jahr in Seyre, der harte Winter unter unsäglich beschwerlichen Verhältnissen, waren nicht dazu angetan, die sich verwirrenden Gedanken des Mädchens zu ordnen. Rosas Seele wurde krank und das Mädchen zog sich in sich selbst zurück. Sie war nicht fähig zu verstehen, was sie ertragen musste. Sie stellte Fragen und hörte nicht auf die Antworten. Allen wich sie aus, wandelte durch das Schloss oder saß irgendwo in einer Ecke und hing ihren Gedanken nach, die sie weit weg trugen. Eine unerwiderte Liebe trug dazu bei, dass sie immer trauriger, einsamer und sonderbarer wurde. Sie vermisste ihre Kameradinnen und Kameraden, die nach und nach vom Schloss fortgingen und sie zurückließen. Am meisten vermisste sie Peter Salz. Das Mädchen Rosa Goldmark ist auf einem Foto vor dem Schloss zu finden (s. Abb. auf S. 131), fröhlich zwischen den anderen. Es ist das einzige Bild von ihr.

Sebastian Steiger fiel Rosa auf, aber er scheute sich, sich des Mädchens anzunehmen. Als er nach La Hille kam, war Rosa fünfzehn Jahre alt. Der junge Mann fürchtete, sie würde sich an ihn klammern und er wäre pädagogisch zu unerfahren für Gespräche mit einer psychisch Kranken. Aber Walter kannte sich aus mit Rosa, mit ihm redete sie. Ihre Krankheit bestand darin, dass sie sich verlassen, ausgestoßen fühlte und dass sie glaubte, schuldig zu sein und Strafe zu verdienen, weil sie nicht wie in ihrer orthodoxen Familie nach den jüdischen Gesetzen lebte und einmal sogar ein christliches Gebet gesprochen hatte. Und sie liebte den sechzehnjährigen Peter Salz, der sie nicht beachtete und eines Tages in die

Schweiz ging. Sie litt darunter. Die Schweizer Adresse, die er nach dem geglückten Grenzübertritt mitteilte, hielt sie für falsch.

Wie Steiger von Walter Kamlet weiß, stellte Rosa viele Fragen, ohne die Antworten aufzunehmen, zum Beispiel solche: Wie kommt es, dass man denken kann, dass man träumt, dass man ein Gedächtnis hat, dass man Kinder haben kann? Wie ist es möglich, dass man jeden Morgen aufwacht? Wie lange dauert das menschliche Leben? Oder auch: Wo sind die anderen? Und manchmal lief sie weg.

Rosa hätte einen Menschen gebraucht, der sich besonders um sie kümmerte. Alle waren sie sehr beschäftigt und begnügten sich damit, Rosas Zustand als nicht änderbar hinzunehmen. Von den Betreuern hat wohl nur Sebastian Steiger versucht, mit ihr zu sprechen. Es gelang ihm aber nicht, sie zum Reden zu bewegen. Also gab er es auf. Und plötzlich war Rosa nicht mehr da.

Bei Sebastian Steiger steht ein kurzer Satz, mit dem er sich und allen Betreuern in der Kinderkolonie die Schuld zuweist, etwas unterlassen zu haben: »Für einzelne Kinder hatte niemand so richtig Zeit.«

Eines Morgens um vier Uhr, als niemand es merkte, hatte Emmy Ott das Mädchen in die psychiatrische Klinik von Lannemezan gebracht, ohne vorher etwas zu sagen, ohne darüber mit den Betreuern zu beraten. Ihr kurzer Kommentar lautete: »Es blieb mir nichts anderes übrig.« Beratungen über pädagogische Probleme gab es unter Emmy Otts Leitung nicht.

Steiger war erschüttert und schreibt: »Für uns war Rosa kein schwerwiegendes Problem: Sie ordnete sich gut ein und störte niemanden. Es gab keine Klagen über sie. Einzig, daß sie von Zeit zu Zeit (vielleicht alle zwei, drei Wochen einmal) davonlief, war eine Schwierigkeit, mit der wir aber leicht fertig werden konnten. Rosa wurde jeweils schnell wieder gefunden.« Er wiederholt den Vorwurf: »Niemand hatte Zeit für sie. Auch ich nicht (…) Unter irgendeinem Vorwand wurde sie morgens um vier Uhr von der Directrice nach Toulouse mitgenommen und in Lannemezan in der psychiatrischen Klinik abgegeben. Jetzt hatte sie alles verloren.«

Sebastian Steiger besuchte Rosa zweimal in der Klinik. »Endlich kommen Sie, um mich zu holen«, sagte sie und dann: »Sie kommen zu spät.« Sie lag im Bett, es ging ihr sehr schlecht. Aber sie redete mit Steiger. »Warum hat man mich in den falschen Autobus geworfen wie ein Packerl? Ich habe der Directrice gesagt, es sei der falsche Autobus.« Und beim zweiten Besuch: »Papa und Mama haben mich einfach fortgeschickt – wie ein Packerl auf der Post (…) Sie haben mir nie geschrieben. Die Deutschen haben sie getötet, und ich will auch sterben. Ich esse nicht mehr (…)«

Wenige Tage danach starb Rosa Goldmark. Es war im Frühjahr 1944. Die Directrice teilte es mündlich mit. Den Brief der Klinik mit der Nachricht von Rosas Tod zeigte sie nicht.

WIEDER GENDARMEN IM SCHLOSS

Die Gendarmen erschienen immer wieder mit ihren Listen und Fragen, aber sie trafen nie diejenigen, die auf ihren Listen standen. Jedes Mal verschwanden die Großen rechtzeitig im Zwiebelkeller und stets bestand die Sorge, er könnte entdeckt werden.

Am 8. September 1943 standen wieder einmal die Gendarmen im Schloss. Sie fragten nach Manfred Kamlet, nach dem Geiger Heinz Storosum, nach Heinz Brünell, dem Bruder des bei Madame Authier arbeitenden Mädchens, und nach Addi Nußbaum, dem Mathematiker der Kinderkolonie. Die hatten längst den Zwiebelkeller aufgesucht. Dass sie abwesend waren, nahmen die Gendarmen aber nicht einfach

hin. Sie kamen ein paar Stunden später wieder. Margrit Tännler erklärte,
nicht zu wissen, wo die Jungen seien.
Wahrscheinlich seien sie davonge-
laufen, als sie die Gendarmen sahen,
schließlich hätten sie Angst vor
ihnen. Auch Herr Lyrer hatte keine
Ahnung, wo die Jungen steckten, das
Schloss sei doch kein Gefängnis und
die Jungen könne man nicht festbin-
den. Das Château wurde tagelang bewacht, ehe die Gendarmen es aufga-

Addi Nussbaum, der
Mathematiker der
Kinderkolonie

ben, die Vier zu verhaften. (Manfred Kamlet Abb. auf S. 54,
236, Heinz Storosum Abb. auf S. 49, 54, 248, Heinz Brünell
Abb. auf S. 49, 130, 248)

Anne-Marie Piguet, unterstützt von Margrit Tännler,
suchte intensiv Alternativen für die vier Jungen, nach denen
die Gendarmen verlangt hatten. Als man wusste, wohin sie
gehen konnten, verließen sie unbemerkt das Schloss, während mehrere La Hiller Ausschau hielten, ob Gendarmen in
der Nähe wären. Heinz Brünell ging zu einem Bauern in Pau,
Heinz Storosum in ein Jugendlager und Manfred Kamlet zog
es vor unterzutauchen und hielt sich in Toulouse und Foix
auf. Addi Nußbaum nahm mit Hilfe Anne-Marie Piguets den
Weg in die Schweiz. Diese Jungen waren in den Monaten zuvor achtzehn Jahre alt geworden.

An dem Tag, als die Gendarmen in La Hille auftauchten,
kamen auch welche zu Herrn Boubichon, denn bei ihm arbeitete ein Junge vom Schloss, Rudi Öhlbaum. Er hatte keine
Gelegenheit, sich zu verstecken, und musste mit den Gendarmen gehen.

Die Directrice des Schlosses – das war im September 1943
noch Margrit Tännler –, verlangte von Madame Authier, Rudi
Öhlbaum von ihrer Liste zu streichen, denn er sei erst siebzehn Jahre alt. Die Abmachung der Madame Authier mit

Rösli Näf besaß offenbar noch ihre Kraft und überdies mag der Name Schweizer Rotes Kreuz etwas bewirkt haben. Wenige Tage später kam Rudi tatsächlich wieder nach La Hille. Unmittelbar vor einer Deportation war er aus einer Sammelstelle entlassen worden.

Anne-Marie Piguet war fest entschlossen, alle Großen in die Schweiz zu bringen. Sie hatte sich einen neuen Weg über die Grenze ausgedacht. Um ihn vorzubereiten, war sie oft fort, ebenso Eugen Lyrer. Aber noch war der Weg nicht gesichert und eine drohende Verhaftung der Großen eine akute Gefahr. Und wie lange würde die Zahl achtzehn oder sechzehn oder fünfzehn, je nachdem, welche Altersgrenze galt, einen Teil der La Hiller schützen? Wie lange würde man vor dem Schweizer Roten Kreuz Respekt haben und die Jüngeren schonen?

Zu der Angst vor dem ungewissen eigenen Schicksal, vor dem plötzlichen Auftauchen von Gendarmen mit ihren Listen, auf denen der eigene Name oder der von Freunden stehen würde, zu der Angst um alle La Hiller kam die quälende Sorge um die Eltern in Deutschland und in Österreich. Post aus dem Ausland kam nur noch durch das Rote Kreuz, erlaubt waren fünfundzwanzig Wörter, geschrieben werden durfte nur über Familienangelegenheiten. Es herrschte eine strenge Zensur. Mittags, wenn die Post verteilt wurde, verließ manchmal einer oder eine weinend den Saal. Sie verstanden die Schlüsselsprache der Nachrichten von zu Hause. »Papa ist aufs Land gegangen.« »Deine Eltern mussten plötzlich dringend verreisen.« »Deine Schwester ist schwer erkrankt.« Wie es auch formuliert war, es hieß: Deportation.

Eines Mittags hielt Inge Helft einen Brief ihrer Mutter in der Hand, in dem stand: »Kurz bevor ich abreise, erkrankte deine Großmutter schwer, unheilbar. Man brachte sie aufs Land. Ich habe seither keine Nachricht von ihr.« Das Mädchen war tief unglücklich, denn nach dem frühen Tod ihres Vaters hatten Mutter, Großmutter und Inge zusammen gelebt und es war vor allem die Großmutter, die sich um das kleine Mädchen gekümmert hatte. So sehr die Kinder und Jugendlichen von La Hille auf Post von der Familie warteten, so sehr fürchteten sie die verschlüsselten Worte, die sie hilflos ertragen mussten.

Nachdem klar war, dass das Schloss La Hille kein sicherer Ort mehr war, wollten die meisten nach Spanien oder in die Schweiz fliehen. Die Fluchtaktionen der Mitarbeiter des Roten Kreuzes nahmen jedoch Zeit in Anspruch. Es war unmöglich, alle gleichzeitig über die Grenze zu bringen. Manche La Hiller wollten nicht warten. Einzelne suchten einen individuellen Rettungsweg über eine Grenze oder tauchten mit fremder Identität unter. Andere wollten nicht schon wieder fliehen, sich aber auch nicht mit falschen Papieren durchschlagen, sie schlossen sich der Résistance oder dem Maquis an.

Frieda Steinberg, die Malerin von Seyre, war auf dem Weg zur Schweiz, konnte aber nicht über die Grenze gebracht werden, weil zur Zeit ihrer Flucht die Grenzbarrieren verstärkt worden waren. Sie erhielt jedoch, vermittelt durch die »Christliche Brüderschaft« des Abbé Glassberg in Lyon, ein Versteck in einem Kloster, dann Unterkunft bei einer wohlhabenden französischen Familie in Grenoble. Leute der Résistance gaben ihr echte, das heißt registrierte falsche Papiere. Durch Ruth Herz und deren Chefin, Madame Barusseau, bekam sie als Denise Soutout eine Stelle als Kindererzieherin in Mégève in der Haute Savoie, einem sehr schönen Skigebiet. Nun war sie Staatsangestellte und vor den Deutschen sicher. Sie sprach bereits akzentfrei Französisch. Nicht einmal ihre besten Freunde ahnten, wer sie wirklich war. Sie befand sich in guter Gesellschaft: Die meisten ihrer jungen Kollegen waren aktive Mitglieder der Résistance. Erst nach der Befreiung, die sie in Mégève erlebte, nahm Frieda Steinberg ihre wahre Identität wieder an.

Die Rettung der jüdischen Kinder und Jugendlichen vor der Deportation hatte viele Namen. Sie hieß Flucht über die Grenze, Arbeit mit fremder Identität, Aufnahme in einem Kloster, Zwiebelkeller im Schloss, ein Versteck bei Bauern, Illegalität und Tätigkeit für die Résistance oder Kampf mit der Waffe im Maquis.

Sechs Jungen entschlossen sich, das Unglück nicht mehr tatenlos hinzunehmen, sondern gegen die Faschisten zu kämpfen. Vier gingen zum Maquis, einer zu einer jüdischen Gruppe des Maquis, einer zur französischen Armee de Gaulles.

Edgar Chaim, der Sohn eines Berliner Schneiders, tauchte nach Vernet zunächst kurze Zeit bei einer Schweizerin in Tambouret unter und kam ab und zu noch nach La Hille. Dann ging er zur französischen Armee des Generals de Gaulle, die in der Gegend von Pamiers operierte. Er war neunzehn Jahre alt. Bis Januar 1945 gehörte er zum 11. Régiment d'Infanterie Étrangère, erhielt eine militärische Ausbildung und kam im April zur 4. Division Marocaine. Bis zum Kriegsende nahm er an den Kämpfen teil, die für ihn in Bregenz am Bodensee endeten. Als französischer Besatzungssoldat blieb er bis 1947 in Österreich. Während eines Urlaubs brachte er die La Hillerin Cilly Stückler von Paris in ihre Heimatstadt Wien zurück. Wer die Jahre nach dem Krieg nicht kennt, wird dies nicht für besonders erwähnenswert halten. Aber Cilly erwähnt es und Edgar ebenfalls. In jenen Jahren herrschte in den zerstörten Ländern mehr Chaos als Ordnung. Es gab im Grunde keine Möglichkeit, von Paris nach Wien zu fahren. Auf den Straßen sah man kaum ein Auto, Busse gar nicht und die Züge waren so voll, dass die Menschen auf den Puffern zwischen den Waggons saßen. Edgar als Angehöriger der französischen Armee hatte das Recht

und die Möglichkeit, in Urlaub zu fahren, und bekam die Genehmigung, Cilly im überfüllten Urlauberzug für Armeeangehörige als Zivilistin nach Wien mitzunehmen.

Der Geiger Heinz Storosum fand den Weg zum Maquis der Éclaireurs Israélite. In dieser kämpfenden Gruppe hat er 1944 mitgeholfen, die Städte Castres und Albi in Südfrankreich zu befreien. Danach trat er zusammen mit Heinz Brünell den Marsch über die Pyrenäen an, auf dem sie andere La Hiller trafen.

Kurt Klein, den sie Onze nannten, hatte zusammen mit Kurt Moser vergeblich versucht, in der Schweiz zu bleiben, nachdem sie die Grenzhürden überwunden hatten, denn Schweizer Gendarmen jagten sie über die Hürden zurück, hinter denen sie Gefahr liefen, von französischen oder deutschen Wachen gefasst zu werden. Ich denke, das war das entscheidende Erlebnis, das Kurt Klein veranlasste, gegen die

Angst vor der Deportation anzugehen und die Waffe zu nehmen. Er war siebzehn Jahre alt.

Sie entschlossen sich zu handeln: Kurt Klein nach seinem
vergeblichen Versuch, in die Schweiz zu gelangen, Rudi Öhlbaum, der gerade der Deportation entgangen war, Joseph Dortort mit der Erfahrung der bitteren Trennung von seinem Bruder Emil und schließlich Egon Berlin, dessen Schwester Inge
mit den Franks über die Pyrenäen gegangen war. Sie gingen
zum Maquis. Joseph Dortort erzählte mir, wie es dazu kam.

Er antwortete in seiner knappen, ruhigen Art: »Niemand
hat gesagt: ›Komm mit zum Maquis.‹ Wir haben in einem Wald
gelebt, mit einem Elsässer, haben Holz gehackt. Ich nehme an,
wir waren im Wald versteckt, ohne es zu wissen. Geht in den
Wald arbeiten, hatte man uns gesagt. Dann sind abends Leute
gekommen, die Lebensmittel und Sachen gebracht haben, alles, was wir so brauchten. Wir hörten, wie sie erzählten, in
einem Dorf gäbe es Kämpfe. Da müssen wir hingehen, sagten
wir uns. Ich weiß nicht, ob das dumm von uns war. Es hatte mit
der Geschichte zu tun. Wir hatten etwas über die französischen
Revolutionäre gelernt, das hat uns beeinflusst. Mit unseren
sechzehn Jahren haben wir nicht viel nachgedacht. So sind wir
abmarschiert. Ungefähr acht Monate waren wir im Maquis im
Wald, ein paar Monate davon im Winter.«

Ich fragte ihn, ob es leichter gewesen sei zu kämpfen als ab-
zuwarten, ob man von den Gendarmen geholt wird oder
nicht. Er bestätigte es und fügte hinzu: »Es war unsere Befreiung, zum Maquis zu gehen. Vor dem Maquis haben wir
in Angst gelebt, dass man morgens wach wird und dass dann
einer dasteht und … Es war leichter zu kämpfen. Der Maquis hat immer gekämpft, er hat die faschistische Armee auf
der Straße angegriffen.«

»War die Angst in den Kämpfen größer als die in La
Hille?«, fragte ich ihn. Er antwortete mit einem entschiede-
nen Nein und ergänzte: »Wir haben erfahren, dass man mit
sechzehn frei sein kann.« Ähnliches hat Joseph Dortort in

Die drei Freunde Egon Berlin (Mitte), Rudi Öhlbaum (l.) und
Joseph Dortort (r.)

Ursula Junks Film gesagt: »Ich wollte kämpfen. Ich wollte
denken, dass ich nicht immer das Opfer bin.«

Sie lebten in den steinigen, mit Büschen bewachsenen Bergen zwischen Foix und Lavelanet und nahmen an Kämpfen
in diesem Gebiet teil. Am 6. Juli 1944 fand bei Roquefixade
ein Kampf statt, bei dem Egon Berlin schwer verwundet
wurde und starb. Er war, als er fiel, sechzehn Jahre alt, der
jüngste deutsche Jude, der im Maquis für die Befreiung vom
faschistischen Terror sein Leben ließ.

Ursula Junk wollte von Joseph Dortort wissen, wie Egon
Berlin gestorben ist. »Ich habe gehört, er habe sich mit einer
Granate getötet. Sie haben keine Gefangenen gemacht. Man
hat uns gesagt, lasst euch nicht gefangen nehmen. Nehmt
eine Granate und tötet euch. Nicht jeder hatte den Mut dazu.
Egon anscheinend doch.« Und in einem Brief an Alexander
Frank schrieb Joseph Dortort: »Ich war in Egons Nähe, als
er starb. Der 4. Juli 1944 ist ein Tag, den ich bestimmt nicht
vergessen werde.«

Egons Schwester Inge wurde gebeten, etwas über ihren Bruder aufzuschreiben. Ich gebe es hier wieder: »Egon war für mich ein kleiner Bruder, als ich ihn in Frankreich zurückließ, und das bedingt, daß ich über sein kurzes Leben unter so eng begrenzten Bedingungen nur sehr wenig zu berichten weiß. Seine ersten elf Lebensjahre verbrachte Egon im Elternhaus, das uns beide mit Wärme und Liebe umgab. Wegen der systematischen Ausschaltung der Juden aus dem normalen öffentlichen Leben fanden unsere Eltern jedoch kaum eine Möglichkeit, den Lebensunterhalt zu bestreiten. Nach dem Pogrom nahmen sie schweren Herzens, aber dankbar die Gelegenheit wahr, uns nach Belgien zu schicken. Egon wurde dem Kinderheim in Anderlecht zugeteilt. Ich arbeitete als Haushaltshilfe und Kindermädchen in einer Familie und konnte Egon jeden zweiten Sonntag besuchen.

Kurz vor Ausbruch des Krieges überschritten meine Eltern auf abenteuerliche Weise die belgische Grenze, um wieder mit ihren Kindern vereint zu sein. Die Freude dauerte nur wenige Monate, dann brach der Krieg aus, und wir Kinder fuhren nach Südfrankreich. Ganz unbegreiflich ist, daß meine Eltern in Brüssel überlebten. Sie konnten sich nicht verstecken, im Gegenteil, meine Mutter erwarb für sich und meinen leidenden Vater ein kärgliches Brot durch Hausarbeit in einer Pension, die deutsches Besatzungspersonal beherbergte. Mein Vater starb nach der Befreiung Belgiens.

Egon war ein lieber, sanftmütiger Junge. Er paßte sich den Umständen viel besser an als ich, und es fiel ihm augenscheinlich leicht, Freunde zu gewinnen. Er schien mir für sein Alter sehr reif, verfolgte die Nachrichten zielbewußter und begriff unsere Lage, glaube ich, besser als seine um fünf Jahre ältere Schwester. Damit erkläre ich mir seinen Entschluss, der Résistance beizutreten, denn seine ruhige, liebenswürdige Persönlichkeit stand im Gegensatz zu militärischen Unternehmungen.

Anscheinend war Egon mathematisch begabt, denn er war

einer von drei Jungen, die in diesem Fach aus ihrer normalen Klasse herausgenommen wurden, um unter Anleitung des jungen Mathematikers Addi Nußbaum fortgeschrittene Aufgaben zu lösen.

In La Hille versorgte er unter anderem gemeinsam mit seinem Freund Joseph Dortort die beiden Ziegen. Das machte ihm Spaß und war seinem Charakter viel angemessener als die Handhabung eines Gewehrs.

Meine Eltern hatten mir, natürlich in der besten Absicht, das Versprechen abgenommen, Egon nie zu verlassen. Bald mußte ich lernen, daß man solche Versprechen für eine vollkommen undurchsichtige Zukunft weder verlangen noch geben darf. Als eine der Ältesten von La Hille war ich in Vernet und wußte nach der Befreiung von dort, daß ich einen Fluchtversuch aus Frankreich machen mußte. Egon hingegen hatte das ›gefährliche Alter‹ von sechzehn Jahren noch nicht erreicht, und natürlich hofften alle auf eine baldige Befreiung durch die Alliierten. Ich stand vor dem Entschluß, entweder Egon auf ein fragwürdiges und für ihn zu der Zeit unnötiges Abenteuer mitzunehmen oder mein Versprechen zu brechen und ihn zurückzulassen. Ich traf die schicksalsschwere Entscheidung für das Letztere.

Nachdem meine Flucht geglückt war, war mein dringendstes Anliegen, Egon nachkommen zu lassen. Ohne Beziehungen und ohne Beherrschung der Sprache und natürlich auch ohne Geld gelang es mir in Spanien dennoch, einen ›Passeur‹, einen Führer aufzutreiben und eine ansässige Familie zu finden, die sich bereit erklärte, das Unternehmen zu finanzieren. Mit meinem knapp bemessenen Wochengeld vom Joint, das die Flüchtlinge in Barcelona unterhielt, wechselte ich von einem Einbettzimmer zu einem größeren mit zwei Betten, um auf Egons Ankunft vorbereitet zu sein. Wochenlang wartete ich in höchster Spannung, bis der Passeur zurückkehrte, ohne Egon. Der Passeur versicherte mir, er sei im Schloß gewesen, aber es sei ihm nicht möglich gewesen,

Egon abzuholen. Die Directrice des Schlosses La Hille hatte ihn mit leeren Händen weggeschickt. Ich zweifle, daß Egon je etwas von diesem Versuch erfuhr, denn es wäre nicht schwer gewesen, ohne Erlaubnis wegzugehen. Natürlich weiß ich nicht sicher, was sich wirklich zugetragen hat.«

Wenn die Directrice Emmy Ott den Mann, der Egon zu seiner Schwester bringen wollte, abgewiesen hat, dann hielt sie sich an die Weisung, dass niemand ohne einen wichtigen Grund die Zone, in der er lebte, verlassen durfte, und die illegale Überquerung der Pyrenäen war kein Grund, den man angeben konnte, um einen Passierschein von der Behörde zu erhalten. Der Führer hätte Egon natürlich ohne ein amtliches Papier mitgenommen, wenn die Directrice zugestimmt hätte. Aber Egon durfte nicht über die Pyrenäen gehen. Schließlich wählte er einen Weg, auf dem er sich frei fühlte, wenn auch nur für wenige Monate seines kurzen Lebens.

Die Bewohner des Gebietes um Roquefixade haben den gefallenen Kämpfern des Maquis ein Denkmal gesetzt, auf dem sechzehn Namen stehen, alphabetisch geordnet, Egon Berlin an zweiter Stelle. Wenn ein La Hiller nach Südfrankreich reist, versäumt er nicht, zu diesem Denkmal zu fahren und Blumen niederzulegen. Auch bei den Treffen der La Hiller in den Jahren 1993 und 2000 stand ein Besuch in Roquefixade auf dem Programm.

In der Résistance

Mehrere Mädchen und Jungen wollten nicht fliehen und auch nicht kampflos mit fremder Identität leben.

Heinz Storosum ist nach dem Vernet-Erlebnis untergetaucht und fand Anschluss an die jüdische Résistance. Er arbeitete für sie bis zur Flucht über die Pyrenäen im August

1944. Seine Geige brachte er unversehrt über die Zeit der Illegalität und über die Berge.

Ilse Brünell wurde, wie schon erwähnt, von Heinz Storosum von der für die Deutschen arbeitenden Madame Authier weggeholt und in die Arbeit der Résistance einbezogen. Sie strickte Socken und schrieb ab und zu auf der Schreibmaschine etwas für eine Untergrundzeitung. Ihr Französisch war nicht gut, darum sagte man ihr, sie solle so wenig wie möglich reden. Im August 1944 ging sie über die Pyrenäen und fuhr von Spanien mit der MS »Guinea« nach Haifa.

Die schon mehrfach zitierte Ruth Schütz wählte ebenfalls die Résistance. Sie ging nicht geradezu dorthin, sondern nach einer Wanderzeit von Arbeitsstelle zu Arbeitsstelle, von Unterkunft zu Unterkunft. Ich muss in der Zeit ein wenig zurückgehen, um verständlich zu machen, was Ruth bewegte und sie zur Résistance führte.[43]

Ruth kam im Schloss nicht mehr zurecht, nachdem Alexander Frank nicht mehr da war und Rösli Näf allein die Kinderkolonie leitete. Die christlichen Feiertage der Schweizer nennt sie zwar Lichtblicke, obwohl sie an solchen Tagen mit Sehnsucht an die Schabbat-Abende bei ihren Eltern dachte, aber an den Alltag mit neuen, strengen Anordnungen von Rösli Näf konnte und wollte sie sich nicht gewöhnen.

Ruth Schütz (FaP 12)

Die folgenden Passagen sind dem Erinnerungsbuch von Ruth Schütz entnommen: »Rösli Näf führte eine starre Schweizer Ordnung ein und forderte pedantische Ausführung. Jeden Morgen kontrollierte sie, ob wir die Bettdecke genau im richtigen Winkel gefaltet hatten. An der Tür war ein Zettel angeklebt mit den Namen der Kinder, die ihre Decke nicht nach Vorschrift gefaltet hatten. Ich war sechzehn Jahre alt. Die Welt rund um uns brannte. Ich war besorgt um das Los meiner Eltern. Die Zukunft war ungewiss und bedrohend und Fräulein Näf behandelte uns wie zurückgebliebene Kinder. Ich war beleidigt und empörte mich gegen ihre Ordnung. Eines Tages riss ich die Liste von der Tür. Mein Streit mit Fräulein Näf dauerte Wochen, bis ich einen Ausweg fand.

Irgendwann hörte ich, dass die Familie Schmutz, Schweizer Bauern, die einen Hof zwei Stunden von La Hille entfernt betrieben, eine Magd suchten. Ich bewarb mich, wurde angenommen und verließ das Schloss. Meine kleine Schwester Betty tat mir Leid, denn sie weinte, als ich wegging. Ich versprach, sie so oft wie möglich zu besuchen. Im bescheidenen Haus der Familie Schmutz wurde ich herzlich aufgenommen. Das Haus bestand aus einem Raum, in dem gekocht, gegessen und am Abend verweilt wurde. Außerdem war noch eine kleine Schlafkammer vorhanden. In der Mitte des großen Raums stand ein Tisch auf dem Fußboden aus gestampfter Erde und in der Ecke der Herd. Der Mann – ungefähr fünfzig Jahre, von der Sonne verbrannt, breite Statur, gebeugter Gang als Folge langer Jahre hinterm Pflug. Seine Frau – mager, mit einem von Runzeln zerfurchten Gesicht. Ihre Augen drückten Güte, aber auch Entschlossenheit aus. (…) Die Söhne waren zwanzigjährig und sahen wie Hünen aus, sie waren nett und harmlos.« Hier arbeiteten eine Zeit lang auch Edgar Chaim und Werner Epstein.

Ruth machte alles, was von ihr erwartet wurde, und was sie nicht konnte, zeigte man ihr. Sie lernte in diesem Sommer 1942 viele praktische Dinge. Hier wurde sie Ende August verhaftet und nach Vernet gebracht. Danach war sie wieder im Schloss. Der Spanier Ramon, den Ruth in Vernet kennen lernte, träumte davon, nach seiner Befreiung, auf die er wartete, nach Palästina zu gehen. Ruth machte keine Pläne, weil sie sie in dieser Zeit der Ungewissheit für zwecklos hielt, aber die Idee Palästina wirkte in ihr weiter. Wenn es Freiheit für sie gäbe, wollte auch sie in Palästina eine neue Heimat für ihr Volk bauen.

Nach dem Erlebnis mit den Gendarmen, die nach den La Hillern der dritten Gruppe suchten, wollte Ruth über die Grenze fliehen. Es gelang ihr nicht. Sie kam nur bis Grenoble, einer Stadt im italienisch besetzten Gebiet, und fand Aufnahme in einem Kloster, in dem sich schon andere jüdische Mädchen befanden. Vor jeder Mahlzeit stand sie wie die anderen mit gesenktem Kopf und gefalteten Händen, während die Oberin das Essen segnete, wobei sie dem Vater im Himmel für das tägliche Brot dankte, ohne den Namen Jesus zu erwähnen. Und zu den Mädchen gewandt: »Wir sind alle Gottes Kinder.« Hier blieb Ruth, bis eines Tages Gestapo an der Pforte stand und Einlass verlangte: »Ihr habt Juden versteckt! Öffnen Sie!« Die Oberin ließ sie nicht herein: »Das ist ein Nonnenkloster! Kein Mann übertritt die Schwelle des Klosters!«

Ruth wurde nach Annecy, einem kleinen Erholungsort in den Bergen, geschickt, zur Arbeit mit Unterkunft. Dazu musste sie eine fremde Identität annehmen. Sie bekam gute Papiere auf den Namen Renée Sorel und erfand eine überzeugend wirkende Legende: Sie war in St. Quentin, einer Stadt an der belgischen Grenze, geboren. Ihre Familie wohnte in Brüssel, wo ihr Vater als Techniker in einer Textilfabrik angestellt war. Nach dem Tod der Mutter heiratete der Vater wieder, aber Renée kam nicht mit ihrer Stiefmutter aus und verlor die Verbindung zur Familie. Die Nähe zu Belgien erklärte ihre harte französische Aussprache. Den fremden Namen musste sie im Laufe ihres Nomadendaseins noch einmal gegen einen anderen tauschen. Trotz des fast echten Papiers und der guten Legende wechselte Ruth häufig die Arbeit und das Quartier, zeitweilig jeden Monat, weil das eine oder das andere eine Zumutung war, weil sie irgendwem verdächtig erschien oder weil sie vor einer Razzia fliehen musste.

Sie war sehr allein, traf nur selten Lixi Grabkowicz und Frieda Steinberg, die beiden jungen Mädchen, die bei Bauern arbeiteten.

Nach einiger Zeit des nomadisierenden Lebens fand Ruth Kontakt zum M.J.S. in Grenoble, dem zionistischen Jugendverband (Mouvement De Jeunesse Zioniste), der sehr aktiv im Untergrund tätig war. Ohne Zögern entschloss sie sich mitzuarbeiten und die Gefahren sowie ein unregelmäßiges Leben auf sich zu nehmen. Diese Art zu leben kannte sie ja im Grunde genommen schon. Aber endlich bekam sie etwas Richtiges und Wichtiges zu tun. Sie brachte Pakete und falsche Papiere, Rations- und Identitätskarten, Geburts- und Taufscheine zu unbekannten Leuten in den umliegenden Ortschaften, besuchte Juden, die in verlassenen Gebäuden versteckt lebten. Sie versuchte, Hilfe und Hoffnung zu bringen. Es kam vor, dass sie mit vielen falschen Papieren und mit viel Geld unterwegs war und sich bei Kontrollen geschickt aus der Lage herauswinden musste. Niemand hatte ihr beigebracht, wie sie sich in schwieriger Situation zu verhalten habe, aber dass sie schnell reagieren konnte, hatte sie bereits bei der Flucht mit ihrer Schwester Betty aus Deutschland bewiesen.

Ein Beispiel: Eines Morgens schlugen drei deutsche Soldaten ihre Gewehrkolben an ihre Tür und riefen: »Aufmachen!« Ruth schreibt in ihrer Autobiografie: »Ein Soldat mit aufgepflanztem Bajonett, den Finger am Abzug, stand vor mir. Zwei andere stürmten in die Wohnung und in wenigen Augenblicken lag der Inhalt vom Schrank und von den Schubläden auf dem Boden. Ich dachte fieberhaft nach. Was ist der Grund für die Durchsuchung? Durchsuchen sie auch andere Wohnungen im Haus? Ist es vielleicht nur ein Irrtum in der Adresse? Ein Glück, dass Raymonde, mit der ich die Wohnung teilte, mit dem Stapel gefälschter Papiere bereits aus dem Haus war. Es war nichts Verdächtiges in der Wohnung. Plötzlich dachte ich an die hebräische Bibel, die unter meiner Matratze versteckt war. Vielleicht werden sie das Bett nicht berühren, hoffte ich. Ich lehnte mich an die Wand, meine Knie zitterten. Gott, mach, dass sie nicht im Bett suchen! Aber die Bitte war umsonst. Mit einer rauen Bewegung kehrte der Offizier die Matratze um, nahm die Bibel, schüttelte sie, sah die komischen Buchstaben und fragte: ›Was ist das?‹ ›Ah, das ist ein Buch in Arabisch, das ich von meinem Verlobten bekommen habe. Er lebte vor dem Krieg in Algier und jetzt hat er sich freiwillig zur Arbeit in Deutschland gemeldet.‹ ›Warum hast du das Buch unter der Matratze?‹ ›Mein Verlobter sagte mir, wenn ich das Buch unter meine Matratze lege, wird es unsere Liebe erhalten‹, antwortete ich verschämt. Die Erklärung gefiel dem jungen Soldaten wahrscheinlich. Die Drei schlugen ihre Absätze zusammen und erhoben die Hand: ›Heil Hitler, Mademoiselle‹, und verließen die Wohnung.«

Bei vielen Aktivitäten bestand Ruths Aufgabe darin, Naivität und Vertrauen auszustrahlen, zum Beispiel wenn sie als selbst ernannte Sekretärin irgendeines Städtchens einem Beamten Formulare mit Passbildern vorlegte, damit er sie ins Einwohnerregister eintrage. Wenn der Beamte die Bilder mit ernster Miene prüfte, betete sie, dass die jüdischen Gesichter darauf sie nicht verrieten. Mit Stempel und Eintragung waren es echte Papiere, die bei einer Razzia vorgezeigt werden konnten.

Auf den Formularen standen die Daten von verstorbenen jungen Männern und Frauen, die manche Dorfältesten nach dringlicher Überzeugungsarbeit wiederbelebt hatten, indem sie das Sterbedatum aus dem Register strichen.

Die wichtigste Aktivität der Widerstandsgruppe im Winter 1943/44 war es, jüdische Kinder über die Grenze zu bringen. Das beschreibt Ruth Schütz so: »Wir mussten Familien mit Kindern im passenden Alter finden und die Eltern überzeugen, uns ihre Kinder anzuvertrauen. Ich besuchte Familien in entlegensten Dörfern. Meistens sprach ich mit den Eltern jiddisch und ich erzählte ihnen, dass sich meine Mutter 1939 von ihren Kindern trennte, um uns zu retten. Die Überführung der Kinder war schwierig. Eines Tages stand ich mit fünfundzwanzig Kindern auf dem Bahnsteig von Grenoble und wartete auf die Bahn, die uns nach Annecy bringen sollte. Ich betrachtete die Gesichter der Kinder und dachte: Großer Gott, warum sehen sie so jüdisch aus? Jedes Kind allein, na ja, aber die ganze Gruppe! In Annecy brachte ich die Kinder im Turnsaal der Schule unter. Ich stellte mich als Begleiterin eines Kindertransportes vor und erklärte, die Kinder sollten zur Erholung in die Schweiz fahren und brauchten einen Platz bis zum Übergang über die Grenze. Das war die Wahrheit, nur dass es keine französischen, sondern jüdische Kinder waren und dass sie nicht von der Schweizer Regierung zur Erholung eingeladen worden waren.«

Außer Ruth waren noch zwei junge Menschen, Ado und Bella, mit den Kindern beschäftigt. »Wir spielten mit ihnen, um sie zu beruhigen, und verbrachten die Zeit mit ihnen, damit sie ihre Furcht vergaßen. Wir waren gezwungen, noch einen Tag in Annecy zu verbringen, denn etwas in unserem Plan hatte sich geändert. Die Kinder sollten etwas Warmes essen. Um zum nächsten Restaurant zu kommen, mussten wir ein Stück gehen. Der Weg führte am Hauptquartier der Gestapo vorbei. Im Gleichschritt in Dreier-Reihen und mit Gesang marschierten wir zu dem Restaurant. Trotz der Angst fühlte ich fast eine kindliche Genugtuung, dass wir es wagten, der Gestapo unter ihren Augen zu entwischen.

Am Ende kam die entscheidende Stunde: dem Führer die Kinder übergeben und sie bis nach Annemasse begleiten. Von dort brachte der Führer sie, für eine gute Summe Geld, nachts durch die deutsche Absperrung über die Grenze. Ado, Bella und ich warteten auf den Morgen. Keiner war fähig zu schlafen. In dieser Nacht rauchte ich meine erste Zigarette. Als wir die Nachricht erhielten, dass alles in Ordnung sei, beeilten wir uns, den Eltern zu sagen, dass ihre Kinder in der Schweiz und in Sicherheit seien. Auf dem Rückweg brachte uns der Führer, ein berufsmäßiger Schmuggler, auch das Geld mit, das wir für unsere Tätigkeit brauchten. Geld war das

ABC jeder illegalen Bewegung, ohne Geld war es unmöglich, etwas zu unternehmen. Unsere Quelle war der amerikanische Joint und unsere Adresse in der Schweiz war Heini Bornstein, der später wie ich ein Mitglied des Kibbuz' Lehavoth Habashan wurde.«

Im Zuge dieser Aktivitäten sorgte Ruth dafür, dass ihre kleine Schwester Betty in die Schweiz gebracht wurde. Sie schrieb an Eugen Lyrer, dass seine Familie – lies: die Schweiz – Betty einladen wolle und wann und wo sie sich treffen könnten, um Betty zu den Verwandten zu schicken. Sie wartete in einem Café in Annecy auf Lyrer und dachte: Hoffentlich hat er meine Absicht verstanden und hoffentlich weiß er, welche Gefahr mit der Aktion verbunden ist. Er kam mit Betty. Die Schwestern hatten sich ein Jahr nicht gesehen. Betty hatte sich nicht verändert, sie war mit ihren dreizehn Jahren noch immer klein, dünn und blass. Es war ein Wiedersehen mit vielen Tränen. Einige Stunden hatten sie für sich und Ruth verwöhnte ihre Schwester so gut es möglich war. Abends mussten sie sich trennen. Betty bettelte, bei Ruth bleiben zu dürfen, und Ruth musste energisch darauf bestehen, dass sie den Weg in die Schweiz geht. Ohne Hindernisse kam Betty über die Grenze.

»Ihr Leben in der Schweiz war schwer und nicht glücklich«, schreibt Ruth. »Ein paar Monate verbrachte sie in einem Flüchtlingslager. Als sie von dort befreit wurde, kam sie zu einer Familie in Schaffhausen und die Stadt wurde bombardiert. Als Vierzehnjährige wurde sie zu einer Frau, die schwer krank war, als Pflegerin geschickt. Betty sorgte für sie Tag und Nacht, ohne die Stunden zu zählen und ohne Lohn zu bekommen. Zur selben Zeit litt meine kleine Betty an erhöhter Temperatur, ohne dass sie untersucht und behandelt wurde. Viele Jahre später war sie unfähig, ein Kind zu bekommen, und es stellte sich heraus, dass sie in der Schweiz an Tuberkulose gelitten hatte und darum kinderlos blieb.«

Eugen Lyrer hatte sich beeilt, wieder nach La Hille zurückzufahren. Es ist möglich, dass er sich dafür bei der Directrice Emmy Ott verantworten musste, weil er nicht im Sinn der Schweizer Behörden gehandelt hatte. Im Nachhinein fiel Ruth ein, dass sie in der Eile vergessen hatte, ihm die Ausgaben zu erstatten, die er bestimmt von seinem bescheidenen Gehalt getragen hatte.

Eines Tages, es war 1944, als Juden wieder besonders intensiv verfolgt wurden, traf Ruth auf der Straße eine Frau, die für die Kinderhilfsorganisation OSE arbeitete. Sie erzählte ihr, dass sie vor ein paar Wochen einen Säugling in ein Waisenhaus gebracht habe, dass die Gestapo es herausgefunden und dass Leiterin des Waisenhauses am Morgen den Befehl erhalten habe, den Säugling der Gestapo auszuliefern, er werde um vier Uhr abgeholt. Die Leiterin würde das Kind aus Angst herausgeben, das stand fest. Die Frau, mit der Ruth sprach, flehte: Rettet das Kind! Als Ruth das Problem mit ihren Kameraden der Résistance besprach, hatte sie eine Idee und sagte: »Ich werde die Deutsche sein, die das Kind abholt.« Das wurde als Lösung akzeptiert. Ruth wurde so angezogen, dass sie wie eine Frau der Gestapo aussah: langer Regenmantel, klobige Schuhe, Hornbrille und Filzhut, unter dem die schwarzen Locken verschwanden. Sie fuhr mit einem Taxi zum Waisenhaus, legte der Leiterin ein gut gefälschtes Papier vor und verlangte in scharfem Ton die Herausgabe des Säuglings. Sie erzwang größte Eile, es war kurz vor vier Uhr. Sie wollte wieder im Taxi sein, bevor die Gestapo zu sehen war. Ruth rettete das Kind, ein Mädchen. Dreiunddreißig Jahre später suchte dieses Mädchen die Retterin und fand sie in Israel.

Nach dieser Kindesentführung war Ruth gezwungen, Frankreich unverzüglich zu verlassen. Sie fuhr nach Carcassone, ging im August über die Pyrenäen und traf mehrere La Hiller auf dem Weg und in Spanien.

Ruth hatte alle Gefahren während ihrer Tätigkeit überstanden und trauerte den Kameraden nach, die dabei den Tod fanden. »Nicht immer«, schreibt Ruth, »verlief der Übergang der Kinder in die Schweiz ohne Hindernisse. Ein Opfer war Marianne. Sie brachte die Kinder zu dem Führer, der sie über die Grenze schleusen sollte. Da sie es schon oft gemacht hatte, sollte sie ausgewechselt werden. Ich wollte sie ablösen, aber sie argumentierte, dass man auf ihre Erfahrung nicht verzichten dürfe. Es wurde beschlossen, sie ein letztes Mal die Kinder begleiten zu lassen. Es war wirklich das letzte Mal. An der Grenze wurde sie gefasst und von der Gestapo schwer gefoltert. Sie verriet uns nicht und wurde ermordet.

Über Mariannes Tod habe ich viel nachgedacht. Wäre man auf meinen Wunsch, Marianne abzulösen, eingegangen, hätte ich mein Leben lassen müssen. Ein Gedanke ließ mir damals keine Ruhe: Werde ich auch Folter aushalten, ohne meine Kameraden zu verraten? Die Angst vor Verrat und Auslieferung von Kameraden war größer als die Angst vor dem Tod. Sicher ist diese Furcht jedem Menschen bekannt, der einmal im Untergrund tätig war.«

FLUCHT ÜBER DAS JURA-GEBIRGE

Auf der Suche nach Schutz für die Kinder nahmen die Betreuer die unterschiedlichsten Möglichkeiten wahr. Sie pflegten Verbindungen zu Mitgliedern der Résistance, sahen sich bei Bauern um, hielten Ausschau nach Arbeitsstellen und erkundeten, ob katholische Klöster in ihren Waisenhäusern weitere Plätze für die jüdischen Kinder hätten. Es machte unendlich viel Mühe und kostete Zeit, an der es mehr und mehr mangelte. Mittlerweile waren ja nicht nur die Großen akut gefährdet, sondern auch alle anderen Kinder. Das Schloss La Hille genoss zwar den Schutz des Schweizer Roten Kreuzes, was die meisten Bewohner bisher vor dem Unglück der Deportation bewahrt hatte, aber der Schutzschild konnte jederzeit zerschlagen werden. Man hatte es mit Barbaren zu tun.

Anne-Marie Piguet fand einen Ausweg. Sie stammte aus dem Jura-Gebirge. Ihr Vater war Oberförster im Grenzgebiet, schon der Großvater war es und sie kannte sich ausgezeichnet in ihrer heimatlichen Gegend aus. Sie kannte den großen Wald und eine steil aufragende Felsenwand des Mont Risoux und nahm an, dass man an einer bestimmten Stelle, bei einem Spalt in der Bergwand, sicher hinübergehen könnte, ohne gesehen zu werden. Sie dachte, man könnte die Kinder einzeln, zu zweit oder zu dritt über die Grenze schmuggeln. Jedoch der Weg dorthin war noch weiter als der nach Annemasse und die Strecke nicht so abgesichert wie die über Toulouse und Lyon.

Der Weg, den Anne-Marie Piguet ausgemacht hatte, führte über den Mont Risoux. Zuerst ist sie nur mit einem Jungen gegangen. Danach befragt, antwortete sie: »Ich war sehr vorsichtig, es war das erste Mal, dass ich die Verantwortung für einen Menschen mit mir trug. Er hatte eine falsche Identitätskarte und ich wusste genau, wenn er in eine Kontrolle kommt, ist er sehr gefährdet, denn sie werden erstens merken, dass er nicht ganz einwandfrei französisch redet, und zweitens auch sofort, dass er ein Jude ist. Ich hatte große Angst, weil ich wusste, wenn irgendetwas passiert (...)«

Mutige Helfer beim Übergang über den Berg waren die Schwestern Victoria und Madeleine Cordier, die direkt am Fuß des Grenzberges in einem ziemlich einsamen Haus wohnten.

Der Weg über den Mont Risoux verlangte große Anstrengungen, zumal als der Winter mit viel Schnee eingesetzt hatte. Die Flüchtenden konnten nicht allein die Grenze überschreiten, sondern mussten bis in die Schweiz hinein begleitet werden, um unverletzt anzukommen. Den Aufstieg auf den Mont Risoux auf einer schmalen Piste bis über die Grenze übernahmen Victoria und Madeleine Cordier, Anne-Marie Piguet und ein Herr Altweg, über den nichts weiter bekannt ist.

Auf der Schweizer Seite wurden die Kinder und Jugendlichen von Anne-Marie Piguets Vater in Empfang genommen oder von ihr selbst, wenn sie nicht mit hinaufgestiegen war, sondern schon oben auf der anderen Seite wartete. Auf dem Schweizer Gebiet führten sie die Flüchtlinge durch eine 25-Kilometer-Zone, die als eine Art Sperrzone hinter der Grenze galt. Wenn die schweizerischen Gendarmen jemanden dort erwischten, waren sie verpflichtet, sie zurückzuschicken. Das hieß, sie den Deutschen zu übergeben, die auf der anderen Seite der Grenzstationen standen.

Addi Nußbaum, der Mathematiker, hat mehrere Versuche einer Grenzüberquerung unternommen. Er berichtet: »Anfang 1943 versuchte ich, mit Werner Epstein und Kurt Moser nach Spanien zu flüchten. Ich traute aber dem Führer nicht und kehrte nach La Hille zurück. Danach dachte ich an eine Flucht in die Schweiz. Ich war bis Grenoble und Lyon gekommen. Als ich jedoch erfuhr, dass man an der Schweizer Grenze alle illegalen Flüchtlinge zurückwies, machte ich wiederum kehrt und ging zurück nach La Hille. In Lyon war ich mit Leuten der Untergrundbewegung in Kontakt gekommen, die mir falsche Identitätspapiere ausgestellt hatten. Später wurde ich zu zwei Wochen Gefängnis bestraft, weil ich meinen Wohnort ohne Erlaubnis verlassen hatte. Die Strafe wurde jedoch nicht vollzogen. Im Oktober 1943 gelang mir endlich vom Jura her der illegale Grenzübertritt in die Schweiz mit Hilfe von Anne-Marie Piguet.« Addi Nußbaum war der Junge, mit dem Anne-Marie Piguet den ersten Versuch unternahm, über den Mont Risoux in die Schweiz zu gelangen.

Der mühselige Weg über den Berg ist von zwei Mädchen beschrieben worden, von Edith Moser [44] und Edith Goldapper [45]. Im Film von Ursula Junk sieht man von dem Haus der

Manfred Kamlet
(FaP 29),
s. auch Abb. auf S. 54

Edith Moser (FaP 22),
s. auch Abb. S. 83

Cordiers aus eine leicht ansteigende Wiese, ein weites offenes Gelände, das war eine verbotene Zone, dahinter Wald und eine Felsenwand. Anne-Marie Piguet sagt im Film: »Wir kamen gegen Abend hierher. Es war immer spannend, weil man die ganze verbotene Zone durchstreifen musste, und die verbotene Zone, das hieß, alles, was sich bewegt, kann erschossen werden, ohne Vormeldung. Die Damen hier (Victoria und Madeleine Cordier) wussten, wann die Deutschen ihre Patrouillen machten. Man hat immer gewartet, bis sie vorbei waren, dann sind wir hinaus und langsam zu dieser großen Felsenwand gegangen, da mussten wir hinaufsteigen (...) eine ganz schmale Piste, und wenn wir oben waren, waren wir gar nicht mehr weit von der Schweiz entfernt. Mein Vater ist dann von der anderen Seite gekommen und hat die Kinder übernommen. (...) Wir hatten Glück, wir haben etwa zwölf Menschen hinübergebracht, ohne Unfall.«

Edith Moser ging Ende Oktober 1943 den Weg mit Manfred Kamlet. Zunächst musste sie das Haus der Cordiers unterhalb des Mont Risoux erreichen. Es hatte noch nicht geschneit. Madeleine Cordier holte sie von einer Bahnstation ab. Um zum Haus der Cordiers zu kommen, ohne von den Deutschen bemerkt zu werden, mussten sie einen unbequemen Weg wählen. Edith Moser schreibt: »Es war eine helle, schöne Nacht. Ein kalter Wind blies. Ich zog mir die Kapuze ins Gesicht und zog mir meine Skihose an, den Mantel darüber. Manfred ging mit dem Fahrrad von Madeleine vor. Sie hatte es mitgenommen, um nachher zurückfahren zu können. (…) Angst hatte ich nicht mehr, die schöne Nacht hatte mir Mut eingeflößt. Die Straße fing an zu steigen. Der Rucksack machte sich bemerkbar. Manfred als Gentleman nahm ihn mir ab. Nach einigen Kilometern sagte uns Madeleine, daß wir aufpassen sollen, wenn an der linken Seite der Straße eine alte Karre steht. Etwa hundert Meter hinter dieser Karre fing die verbotene deutsche Zone an, und die Deutschen würden dort Patrouille mit ihren Hunden machen. (…) Das Rad versteckten wir im Gebüsch. Vorsichtig gingen wir weiter. (…) Nun bogen wir von der Chaussee ab. Wir kletterten durch einen Stacheldraht und überquerten vorsichtig eine Wiese. Wir hielten uns immer am Wald, so daß man uns nicht so schnell sehen könnte. (…) Wir hatten es nicht mehr weit zu einer Straße, auf der die Deutschen ihre Wache hatten. Madeleine ging allein voraus und ließ uns unter einer Tanne liegen. (…) Als sie zurückkam, gab sie uns ein Zeichen, und auf Händen und Füßen gingen wir weiter. Das Gepäck hinderte uns sehr. Wir zogen es förmlich hinter uns her. Dort war die Straße. Madeleine ging vor, nach einigen Minuten kroch ich schnell hinüber und dann Manfred. Danach blieben wir wieder liegen, für den Fall, daß die Deutschen uns gehört hätten. Jetzt kam ein anstrengender Weg, der aufwärts ging, durch morastige Wiesen, in denen wir bis zu den Knien versanken. (…) Wir marschierten an die sechs Stunden, von Zeit zu Zeit stehen bleibend, um zu horchen. Um vier Uhr kamen wir zu dem Bauernhof, in dem Madeleines Eltern wohnten.«

Der Hof stand unmittelbar vor der verbotenen Zone und wurde manchmal kontrolliert. Die Deutschen wussten natürlich, wer in dem Haus wohnte. Am folgenden Tag war der Aufstieg zur Grenze vorgesehen. Herr Piguet, der Oberförster, erwartete die Flüchtlinge um zwei Uhr oben an der Grenze. Edith Moser schreibt weiter: »Die beiden Schwestern (Madeleine und Victoria) kletterten den bewaldeten

237

Berg hinauf. Als ich sie nicht mehr sah, bin ich ihnen nach. So schnell geklettert bin ich noch nie. Mein Herz ging wie eine Maschine. Hinter einem Baum blieb ich keuchend liegen und wartete auf Manfred, der einige Minuten nach mir losgelaufen war. Da kam er. Er hielt sich an den Wurzeln und Ästen fest. Meinen Rucksack hatte er aufgeschnallt. Erschöpft warf er sich nieder, ohne ein Wort zu sagen. Der Schweiß lief ihm übers Gesicht. Man mußte sich krampfhaft an den Wurzeln festhalten, um nicht den Berg hinunterzurutschen. Durch die Bäume guckten wir ins Tal. Wir zwei gehetzten Menschenkinder paßten nicht zu dieser friedlichen Umgebung. Immer, wenn irgendwo ein Hund bellte, zuckten wir zusammen. Das Geraschel eines Vögleins im Laub erschreckte uns. Die beiden Schwestern hatten sich weiter oben umgesehen und kamen nun wieder zu uns. Die eine ging wieder heim, und nur Madeleine ging mit uns weiter. Langsam ging es bergauf, so steil, daß ich kaum wagte hinunterzuspähen. Plötzlich hörte der Wald auf, und wir standen vor einer hohen Felswand. Oben war die Schweiz. (...) Wir schlichen uns an der Felswand entlang, die lauter Vorsprünge hatte. Dann ein Geraschel. Mir stockte der Atem. Ich drückte mich hinter einen Vorsprung. Als ich nach unten blickte, sah ich einen Menschen, der hastig angeklettert kam. (...) Hilfesuchend spähte ich nach Manfred und Madeleine aus, aber beide waren verschwunden, und mein Rucksack stand in einer Ecke. Ich sah mich bereits in den Händen der Deutschen. Nun war der Mann ganz nah. Er war in Zivil. (...) Vater im Himmel, rette mich! Ich fing am ganzen Körper an zu zittern. Nun hatte er mich entdeckt. Mit flehenden Augen guckte ich ihn an, aber er achtete nicht auf mich, sondern lief an mir vorbei, kletterte wie ein Affe die Felsen hinauf und war verschwunden. Jetzt würde er sicher die Deutschen alarmieren, dachte ich. Wo waren nur Manfred und Madeleine? Ich rief leise, bekam aber keine Antwort. Ich machte mich allein auf den Weg. Plötzlich stand ich auf einem schmalen Felsvorsprung, auf dem ich überhaupt keinen Spielraum hatte. Vor mir war eine tiefe Schlucht, und ich mußte, glaube ich, zwei Meter springen, um auf den gegenüberliegenden Felsvorsprung zu kommen. Ich stand so mindestens eine Viertelstunde und traute mich nicht abzuspringen. Mehrmals rief ich nach Manfred, aber der war sicher schon weit weg. Es geht um dein Leben, dachte ich mir. Wenn du stehenbleibst, schnappen dich die Deutschen. Wenn du gut springst, bist du gerettet. Ich stützte meine Hände gegen den Fels und stieß mich ab. Ich kam drüben an, taumelte zurück, griff aber nach etwas Gewächs und bekam mein Gleichgewicht wieder. Mir wurde todübel, und ich lehnte mich gegen den kalten Fels. Als ich mir wieder bewußt war, in welcher Situation ich mich befand und daß ich so schnell wie möglich nach oben kommen müßte, kletterte ich mühsam weiter. Das Schlimmste war, daß man sich nirgends festhalten konnte. Ich rutschte immer wieder ab, doch ich kam oben an. Nach welcher Seite mußte ich nun laufen, um in die Schweiz und nicht wieder nach Frankreich zu kommen? Ich blickte um mich und sah plötzlich einen fremden, stämmigen Mann und diesen andern, der an mir vorbeigelaufen war. Ich versteckte mich hinter einem Baum. Da hörte ich meinen Namen rufen. Es war Manfreds Stimme. Ich trat vor, und siehe da, neben den beiden Männern standen Manfred und Madeleine mit strahlendem Gesicht. Mit Jubel wurde ich empfangen, aber ich betrachtete immer noch mißtrauisch die beiden Männer. ›Ich bin Anne-Maries Vater und will euch weiter in die Schweiz geleiten, bis zu mir nach Hause, dort wartet schon Fräulein Tännler mit Ungeduld auf euch.‹ – Wir waren bereits auf Schweizer Boden. Ich konnte es kaum fassen. Wer war aber dieser andere Mann? Es stellte sich heraus, daß er Madeleine hatte helfen wollen, uns zu führen, doch da er uns nicht kannte, lief er an uns vorbei und dachte, wir würden ihn verraten. Wir gingen nun mit Herrn Piguet allein weiter. Er führte uns durch den Wald, um auf keinen Grenzwärter zu stoßen. Es ging bergauf, bergab, und ich war wirklich nahe am Zusammenbrechen. (...) Der Wald war in Reviere eingeteilt, und da wir keine Wege benützten, mußten wir über Drahtverhaue und Steinwälle klettern. Nach zwei Stunden Marsch kamen wir um acht Uhr abends an unseren Bestimmungsort. Fräulein Tännler schloß uns in die Arme.«

Sechs Wochen danach, als der Winter Einzug gehalten hatte und tiefer Schnee auf den Bergen lag, passierte Edith Goldapper denselben Weg. Es hatte zuvor Schwierigkeiten gegeben und es stand bis zuletzt nicht fest, ob sie La Hille verlassen kann oder nicht. Eugen Lyrer hatte Edith und Inge Schragenheim gefragt, ob sie zur Flucht in die Schweiz bereit wären. Natürlich waren sie es. Edith schrieb zum letzten Mal Anträge für eine Arbeitsbewilligung, wonach Inge zu einem Herrn Pick und sie selbst zu einem Pfarrer gehen wollte, um zu arbeiten. Dort würden sie aber nie ankommen, sondern mit den Bewilligungen, die sie zum Verlassen des Schlosses berechtigten, wollten sie sofort zur Schweizer Grenze fahren. Die Anträge gingen zu Madame Authier. Nach zwei Wochen ohne Antwort wurden die Mädchen unruhig. Sie fürchteten, Madame Authier würde die Gesuche abweisen, denn zuvor hatte Fanny Weinberg eine Bewilligung verlangt und auch erhalten, sie aber nicht in Foix, wo sie angeblich arbeiten wollte, abgeliefert. Das war im Amt der Madame Authier bekannt geworden und verursachte der Madame Unannehmlichkeiten. Auch Irma Seelenfreund wartete schon längere Zeit auf einen positiven Bescheid der Madame Authier. Alles war für die Flucht vorbereitet gewesen. Anne-Marie Piguet hatte sich bereits mit den Führerinnen für den Weg in die Schweiz in Verbindung gesetzt und einen Termin ausgemacht. Am 27. Oktober sollten die Mädchen von La Hille abfahren. Am Tag davor trägt Edith in ihr Tagebuch ein: »Wie auf Nadeln sind wir, die Demanchen kommen nicht. Andauernd bestürmen Inge und ich Fräulein Anne-Marie und

Fräulein Ott. Aber Fräulein Ott ist unerbittlich, sie besteht darauf, daß wir nicht fort dürfen, denn sonst würde das Heim mit der Gendarmerie wieder Schwierigkeiten haben. Inge und ich sind schrecklich traurig. Jetzt haben wir so eine großartige Chance, und nun werden wir sie verfehlen! Herr Piguet will uns an der Grenze abholen, Fräulein Tännler will uns dann bis nach Zürich begleiten. Ach, es ist furchtbar.« Ohne das Papier der Madame Authier wurde den Mädchen nicht erlaubt, das Schloss zu verlassen. In letzter Stunde durften dann Edith Moser und Manfred Kamlet den Termin wahrnehmen und kamen, wie geschildert, wohlbehalten in der Schweiz an. Eugen Lyrer und Anne-Marie Piguet machten Emmy Ott den Vorwurf, fast eine Rettungschance vereitelt zu haben. Anfang November trafen dann die Arbeitsbewilligungen für Irma Seelenfreund und für Edith Goldapper ein, aber nicht für Inge. Zu spät. Irma fuhr daraufhin nach Vailhes, um dort bei einer Coiffeuse zu arbeiten. Doch schon in der folgenden Nacht ergab sich unerwartet eine Möglichkeit, zwei La Hiller zum Jura zu schicken. Da Irma nicht erreichbar war, wurden von Anne-Marie Piguet kurzerhand Edith und Inge für die Fahrt vorbereitet, Inge offenbar ohne ein gültiges Papier zum Verlassen des Schlosses.

In den Aufzeichnungen Edith Goldappers kann man ebenso wie bei Edith Moser nachlesen, welche Anstrengung und welcher Mut nötig war, um Schweizer Boden zu erreichen. Edith Goldapper schreibt: »Um 9 Uhr nehmen wir den Autobus für Champagnole, unser letztes Reiseziel und unser Bestimmungsort. Ich habe aber immer noch ein komisches Gefühl, nämlich, daß wir eine Kontrolle passieren müssen. Aber wie ein Wunder – keiner einzigen Kontrolle begegnen wir. Gegen Mittag kommen wir in Champagnole an und suchen die uns angegebene Adresse auf. Bald finden wir sie auch, unsere lieben unbekannten Freunde. Zwei nette junge Mädels im Alter von 23 und 25 Jahren vielleicht (gemeint sind Victoria und Madeleine Cordier). Sie empfangen Inge und mich äußerst liebenswürdig, und wir fühlen uns sofort heimisch. (...) Gegen sieben Uhr nehmen wir das Abendbrot ein, und dann erklären uns die beiden Schwestern, daß es in dieser Jahreszeit fast unmöglich wäre, noch in die Schweiz zu gehen. Der Schnee liege schon zu hoch. Wenn wir aber vielleicht eine Woche warten würden, so wollten sie uns gern behalten; vielleicht gehe der Schnee zurück. Ich bin sehr traurig darüber, ich war schon so fest überzeugt, morgen, Samstag, die Grenze zu überschreiten. (...)

Der 19. November 1943. Ich glaube, noch nie wartete ich so wie in diesen Tagen, daß der Schnee ein wenig zurückgehen möge, aber nichts geschieht. Es ist aber nicht sehr kalt, und ich gehe noch in Söckchen. (...) Die Mädels machen uns den Vorschlag, bis zum Frühjahr eine Arbeit in einem Haushalt in Champagnole anzutreten, natürlich unter falschen Namen. (...) Inge bewirbt sich auch gleich darum, das heißt, von nun an ist sie ja Danièlle Pascal. (...)

11. Dezember 1943. Victoria hat Inge erklärt, daß sie mich über die Grenze bringen will, und Inge ist auch einverstanden. Ich versuche auf alle Fälle, daß man Inge doch mitnehmen kann, aber Victoria sagt, es wäre schon mit mir sehr schwierig, im hohen Schnee durchzukommen. Inge sieht es vollkommen ein, daß man mich mitnimmt, da erstens für mich keine Stelle gefunden worden ist und sie zweitens gut aufgehoben ist und im April oder im Mai kommen wird. (...)

Der 12. Dezember. Es ist ganz komisch. Ich habe überhaupt keine Angst. Ich bin völlig überzeugt, daß ich über die Grenze komme. Noch ein letztes Mal kontrolliere ich meine Sachen. Gegen zehn Uhr kommt auch Herr Altweg, der uns begleiten will. (...) Soeben ist Victoria angekommen. Sofort sind wir bereit, nach Chapelle zu gehen, zum Haus der Cordiers. Ich denke nichts anderes als ›vorwärts‹. In eiligen Schritten geht es das schneebedeckte Feld hinauf. Wir müssen furchtbar aufpassen, um nur ja keinem Gendarmen in die Arme zu laufen. Endlich haben wir das Haus erreicht. Durch den Stall gelangen wir in die Wohnstube. M.-A., die älteste Schwester, erwartet uns bereits. Wir bekommen Butterbrot und Kakao, und so wärmen wir uns. Nun wird diskutiert, soll mich M.-A. morgen hinüberbringen, oder gehe ich gleich mit Herrn Altweg und Victoria fort. Es wird also beschlossen, daß ich mitgehe, und da ich mit meinen Schuhen sehr wahrscheinlich nicht weit kommen würde, bekomme ich ein Paar feste Bergschuhe, Größe 42, in denen ich förmlich schwimme. Da sie aber auch Addi schon angehabt hat und sie ihn gut auf die andere Seite gebracht haben, müssen sie mir auch Glück bringen. Wir machen uns bereit. Trotz meinem Widerstreben nimmt Victoria meinen schweren Rucksack. Ich bekomme einen ganz leichten zum Tragen. Noch einmal schaut M.-A. hinaus, ob die Luft rein ist, und kurz danach marschieren wir ab.

Es ist der 12. Dezember 1943, 10 Uhr abends. Der Mond scheint ganz hell, man könnte meinen, es wäre Tag. (…) Kalt ist mir auf keinen Fall. Außer meinem Wintermantel habe ich noch meinen Skianzug an und darunter noch einen Pullover. Jetzt heißt es aufpassen. Wir dürfen keine Spuren im Schnee hinterlassen, denn man könnte sofort sehen, daß wir vom Hause Victorias kommen. Deswegen klettern wir ein gutes Stück über große, spitze Steine hinweg, denn so verlieren sich unmerklich die Spuren. Jetzt geht es noch ganz gut, der Schnee ist nicht allzu hoch. Aber nun sehe ich, daß der Jura ganz schön steil hinaufgeht. Als Erste geht Victoria, danach Herr Altweg und zum Schluß ich. Jetzt fängt es schon an, schwieriger zu werden. Der Schnee ist sehr hoch, und ich versinke bis an die Knie. Herr Altweg bahnt mir jetzt den Weg, indem er ›Stufen‹ macht. Ich bin sehr erschöpft, und mir sinkt der Mut. Die Gefahr ist eigentlich weniger groß als die Anstrengung. Noch sind wir auf französischem Boden.

Es ist 12 Uhr. Nun kommt das Schlimmste von allem. Da ist ein richtiger vergletscherter Felsen, fast so steil wie eine

Wand. Wie hinaufkommen? Mit viel Mühe kommt Victoria oben an, die aber anscheinend auch schon Übung hat. Herr Altweg macht ein höchst komisches Gesicht und ich – schon mein Testament. Victoria kommt wieder herunter und hilft Herrn Altweg. Ich warte. Sie kommt nochmals und bringt nun mich hinauf. Wir haben die Schweiz erreicht. Soll das wahr sein? Ich kann es nicht fassen, hat sich doch der Wald gar nicht verändert. Ein Baum ist wie der andere, und doch bin ich in der Schweiz. Meine Führerin erklärt nun, daß wir gleich das Hotel d'Italie erreicht hätten, und wirklich, unweit von uns erblicke ich ein Häuschen, worin untertags Holz-fäller ihr Mittagsmahl einnehmen. Die Tür ist verschlossen. Victoria hebt eine Fensterscheibe aus und steigt durch die winzige Öffnung durch; es ist erstaunlich. Nachdem Victo-ria gut drinnen angelangt ist, komme ich dran. Es geht alles wirklich famos, und zum Schluß folgt Herr Altweg. Ich bin ziemlich erschöpft, doch ich will es nicht zeigen. Victoria öff-net ein Schränkchen – da kommt es mir fast vor, als ob ich das Märchen Schneewittchen erleben würde. Ich erblicke Milch, Käse, Brot, Kakaopulver. Victoria macht ein Feuer an und kocht Kakao. Kurz darauf sitzen wir gemütlich beim Essen. Es gefällt mir fast, und ich fühle mich recht wohl. Herr Alt-weg schläft gleich ein, und auch Victoria macht Anstalten, dasselbe zu tun. Aber ich, obwohl ich sehr müde bin, kann kein Auge zumachen. Ich habe immer nur das eine im Kopf: In der Schweiz bin ich, wovon wir so viel gesprochen haben.

Es ist 2 Uhr nachts. Die Herrschaften erwachen, und es wird zum Aufbruch gerüstet. Es geht durchs Fenster wieder hinaus. Wir haben fast Übung, kann man sagen. Jetzt fängt es langsam an zu dunkeln, den Mond sieht man kaum noch. Bis jetzt hat Victoria meinen Rucksack getragen, es war mir peinlich genug, aber nun habe ich ihn. Der Weg führt ganz steil hinauf, zwischen Baumgruppen hindurch. Ich muß sehr aufpassen. Mit meinen genagelten Goiserern (Bergschuhen) kann ich leicht hinfallen und mir einiges brechen. Victoria und Herr Altweg unterhalten sich, doch ich spreche kein Wort, überhaupt – während der ganzen Tour kann man zählen, wieviel ich gesprochen habe. Meine Gedanken sind ganz woanders. (...) Nach einer Stunde Weges wird wieder gerastet. Man legt sich in den weichen Schnee, der ja so wohl tut bei dieser ›Hitze‹, denn von Kälte ist bei uns nicht zu sprechen.

Es geht wieder weiter. Bald sind wir am Ziel, noch eine Stunde. Nun geht es steil abwärts, und dann noch alles vereist. (...) Herr Altweg ist ein Ekel. Er jagt mir Angst ein, indem er mir jetzt 200 Franken in die Hand drückt und erklärt, daß man uns jetzt leicht erwischen könnte. In diesem Moment zähle ich dann natürlich nicht zu ihnen. Victoria und Herr Altweg wären dann ein Ehepaar, aber ich müßte mich allein durchschlagen. Die ersten Häuser werden sichtbar. (...)

4 Uhr früh. Le Campe ist erreicht. Bei den Freunden von Victoria werden wir erwartet. Victoria wirft Steinchen in das offenstehende Fenster, damit man nicht rufen muß. Nach endlosen Minuten wird die Tür geöffnet. Sofort kommt die ganze Familie angestürmt, und gleich wird auch Essen aufgetragen. (...) Nachher richte ich mich etwas zurecht, gebe die schweren Schuhe zurück und ziehe meine eigenen wieder an, und dann schreibe ich sogleich an Inge und Frl. Anne-Marie und auch an Frl. Tännler, daß ich das Ziel erreicht hätte.«

Den Weg über das Jura-Gebirge gingen außer Addi Nußbaum, Edith Moser, Manfred Kamlet und Edith Goldapper auch Inge Schragenheim und Inge Joseph. Sie alle waren bereits im Dezember 1943 in der Schweiz. Später überschritten noch andere La Hiller an dieser Stelle die Grenze. Im Mai 1944 wurden auch Flora Schlesinger und ihr Sohn Paul über den Jura in die Schweiz geleitet. Diese Aktion wäre beinahe übel ausgegangen: Ein Schweizer Gendarm hatte in der verbotenen Zone der Schweizer Seite die Flüchtlinge entdeckt,

als sie sich in dem Haus der Holzfäller, in dem auch Edith Goldapper war, ausruhten. »Was sind das für Leute?«, wollte der
Gendarm von den Schweizer Begleitern wissen. Man gab ihm
offen Auskunft, schilderte die Gefahr für Juden. Der Gendarm
missachtete seinen Befehl und beruhigte die Flüchtlinge, denn
er habe auf seinem Postengang keinen Menschen gesehen.

Als die Schwestern Madeleine und Victoria Cordier Jahrzehnte später über die Rettungsaktionen berichteten, meinte
Madeleine, ihr Haus im Jura habe an einer geografisch sehr
günstigen Stelle gestanden, genau an der Grenze zwischen
beiden Ländern, und außerdem hätten ihnen die Gewohnheiten und die Mentalität der Menschen, die am Berg lebten
und sich auskannten, den Mut zum Überschreiten der
Grenze gegeben. Übrigens hätten sie nie etwas für die Hil-
feleistung genommen, kein Geld, nichts. Etwas traurig und
leicht vorwurfsvoll fügt sie hinzu: »Niemals hat uns einer
später ein Lebenszeichen übermittelt.« Und ihre Schwester
sagt: »Es hat uns aber genügt, dass wir wussten, wir haben
geholfen.«[46]

Illegal in die Schweiz gelangten
beim Grenzort Annemasse

ohne Begleiter	Leo Lewin
	Inge Schragenheim – aber nach Frank- reich zurückgebracht
als 1. Gruppe	Margot Kern
	Regina Rosenblatt
	Jacques Roth
	Peter Salz
als 2. Gruppe	Ruth Klonower
	Else Rosenblatt
	Inge Wulff
und	Inge Bernhard mit Toni Rosenblatt
einzeln	Betty Schütz
	Walter Kamlet

über das Jura-Gebirge
                        Addi Nußbaum
                        Manfred Kamlet und Edith Moser
                        Edith Goldapper
                        Inge Schragenheim
                        Inge Joseph
                        Lotte Nußbaum
                        Hans Garfunkel
                        Helga Klein
                        das Mädchen A.K.
                        Paul Schlesinger mit seiner Mutter

ÜBER ANDORRA NACH SPANIEN

Auf den harten Weg über die Pyrenäen begaben sich 1943 und 1944 dreiundzwanzig La Hiller und das Ehepaar Frank. Manche waren als kleine Gruppe mit einem Führer über die Berge unterwegs, einige versuchten es auf eigene Faust. Es glückte neunzehn jungen Menschen und den Franks, die Freiheit zu gewinnen:

Luzian Wolfgang und Norbert Stückler gingen im Winter 1942/43 über die verschneiten Pyrenäen. Die Franks und Inge Berlin kamen im April 1943 in Spanien an. Die vier Jungen, die verraten wurden, hatten im Sommer 1943 vergeblich versucht, diesen Weg in die Freiheit zu gehen. Einige La Hiller, die sich nach einem Aufenthalt in Klöstern bei Frau Gisèlle in Toulouse trafen, wurden von Mitgliedern der Résistance und des Joint im Sommer 1944 über die Grenze gebracht, irgendwann um diese Zeit auch die Schwestern Kokotek.

Der siebzehnjährige Heinz Storosum und der ein Jahr ältere Heinz Brünell entschlossen sich 1944, allein die Flucht über

Heinz (Henri) Brünell
(FaP 34),
s. auch Abb. auf S. 130

die Pyrenäen zu wagen. Sie hatten Vernet erlebt, Stunden im Zwiebelkeller zugebracht und befürchteten, dass es nicht immer gelingen würde, sich vor den Gendarmen in Sicherheit zu bringen. Heinz Storosum gehörte schon längere Zeit einer illegal arbeitenden Gruppe junger Juden an. Heinz Brünell wusste aus eigener Erfahrung, was man zu erwarten hatte, wenn man den Gendarmen in die Hände fiel. Er war einer von denen, die 1943 von der französischen Polizei im Schloss verhaftet worden waren und einige Zeit im Internierungslager Gurs verbracht hatten.

Die beiden Jungen, Heinz und Heinz, marschierten drei Tage durch die Pyrenäen und trafen dann eine Flüchtlingsgruppe, der Ruth Schütz angehörte. Den letzten Teil des Weges legten sie zusammen zurück. Alle La Hiller Flüchtlinge, die im Sommer 1944 den Marsch über die Pyrenäen antraten, erreichten ihr Ziel: Andorra und Spanien.

Der Joint half ihnen weiter: Er beschaffte Einreisebewilligungen nach Palästina. Mehrere La Hiller fuhren von Spanien aus mit dem Schiff »Guinea« nach Haifa. Heinz Brünell kehrte nach dem Krieg nach Frankreich zurück.

Heinz Storosum und seine Schwester Martha, die bis Kriegsende in La Hille blieb

Ruth Schütz wurde nach der geschilderten Entführung eines Säuglings im Sommer 1944 von der SS gesucht und musste Frankreich sofort verlassen. Sie beschreibt den Marsch über die Berge, auf dem sie die Kameraden aus La Hille traf. Die erste Station dieses Weges war Toulouse. Von dort fuhr sie nach Carcassone. Sie schreibt: »Ich bestieg den Zug, der mich zu einem Ort in der Nähe der spanischen Grenze brachte. Die Stunden eines kurzen Aufenthaltes benutzte ich, um die alte Stadt zu besuchen, die ihr mittelalterliches Aussehen bewahrt hat. Die Straßen waren menschenleer. Am Nachmittag fuhr ich mit der Bahn zu dem gottverlassenen Grenzort Quillan. Ein paar Bewohner stiegen aus, aber auch mehrere junge Leute, sie schauten hin und her, als ob sie etwas suchten. Am Ende des Bahnsteiges stand ein hoch gewachsener Mann mit einer schwarzen Baskenmütze. Er winkte uns und verließ schnell die Station. Alle jungen Leute folgten ihm, auch ich. Nach kurzer Zeit ging die kleine Gruppe, wir waren acht Leute, durch ein Dickicht von Disteln und niedrigem Buschwerk, an der Spitze der Spanier. Nur das niedergetretene Gras bezeugte, dass wir auf einem schmalen Pfad gingen. Wir schritten schnell bergauf und es wurde mir warm, der Rucksack auf meiner Schulter begann zu drücken, auch an meine Schuhe, die ich mir extra für den Pyrenäenmarsch besorgt hatte, war ich noch nicht gewöhnt. Nach zwei Stunden bergauf durch das Dickicht, ohne ein Wort zu sprechen, gab unser Spanier das ersehnte Zeichen für eine Pause von zehn Minuten. Ich fiel nieder wie ein Sack und fragte mich, ob ich noch fähig wäre, nach der Pause weiterzugehen. Werde ich die Kraft haben, die Pyrenäen zu überqueren, wenn ich schon jetzt so müde bin?

Die Stimme unseres Führers unterbrach meine Gedanken. Er verlangte: ›Jetzt legt alle Ausweise, Photographien, Briefe und alle Papiere zusammen!‹ Unser Spanier legte rund um den kleinen Hügel unserer Papiere ein paar trockene Zweige und zündete sie an. Der Haufen brannte mit einer hohen

Flamme und verlöschte schnell. Die Asche bedeckte er mit Erde. So verschwanden meine echten Ausweise und alle Bilder meiner Eltern und Schwestern. Von jetzt an bin ich ein Mensch ohne Vergangenheit und ohne Namen, sagte ich mir. Für einen Moment bedauerte ich, dass ich mich auf das spanische Abenteuer eingelassen hatte. Ich erinnerte mich an das Buch von Traven, ›Das Totenschiff‹, das uns Eugen Lyrer in La Hille am Abend vorgelesen hatte. Dort wird von jemandem erzählt, der seinen Ausweis verliert und seitdem nicht mehr als Person existiert.

Unser Weg ging weiter bergauf und wurde nur alle Stunde von einer kleinen Pause unterbrochen. Jedes Mal wurde es mir schwerer, nach der Rast aufzustehen. Damals wusste ich noch nicht, warum der Spanier es so eilig hatte: Nur ein paar Wochen vorher war eine große Gruppe gefasst worden. Leon Cohen, Bruder des späteren Richters am Hohen Gericht von Israel, und J'ack Roitmann, Bruder von Arje und Poul Roitmann von der M.J.S., der Organisation der zionistischen Jugend, wurden verhaftet; beide waren leitend bei den Transporten nach Spanien tätig. Im Rucksack von Leon wurde sein Gebetbuch gefunden und er endete in Auschwitz. J'ack hatte ausgezeichnete französische Ausweise und wurde als französischer Bürger zur Zwangsarbeit nach Deutschland geschickt. Nach dem Krieg kehrte er nach Paris zurück. Der spanische Führer der Gruppe wurde an Ort und Stelle erschossen. Darum drängte unser Spanier auf Eile und vermied alle bewohnten Orte.

Am Abend erreichte unsere kleine Gruppe einen vom Maquis gehaltenen Platz, eine verlassene Mühle und ein paar kleine Gebäude. Männer, unrasiert und nachlässig gekleidet, Gewehre auf ihren Schultern, umringten uns. Sie machten nicht den Eindruck tapferer Widerstandskämpfer, sondern eher einer Gruppe, die sich mit zweifelhaften Dingen beschäftigt und vor dem Gesetz geflüchtet war. Sie hatten wohl schon längere Zeit keine Frauen gesehen. Die Mädchen wurden mit Begeisterung empfangen.

Ich war überrascht, dass ich Ilse und Heinz Brünell und Heinz Storosum aus unserem Heim in La Hille hier traf. Sie waren in einer Gruppe, die vor uns zu diesem Platz geführt worden war. Am Abend saßen Ilse und ich an einem Tisch, umringt von den ›tapferen Kämpfern‹, die uns unentwegt Wein in unsere Becher gossen und sich über unsere Trinkfestigkeit wunderten, bis sie betrunken waren wie Lot aus der Bibel, ihre Köpfe auf den Tisch fielen und wir endlich schlafen gehen konnten. Ilse saß neben einem Blumentopf und hatte ihn getränkt, ich hatte meinen Becher auf dem lockeren Boden unter dem Tisch geleert. Wir verrammelten die Fenster und die Tür, damit die Betrunkenen nicht unseren Schlaf störten. Es war noch dunkel, als man uns weckte. Unsere kleine Gruppe setzte sich um die zwei Tische und die einzige Frau unter allen Männern dieses Platzes tischte uns einen Brei aus Bohnen und Speck auf. Zwei Jungen wollten den Schweinespeck nicht essen und schoben ihren Teller von sich. Unser Führer befahl ihnen zu essen: ›Wer nicht isst, kommt nicht mit!‹ Die Zwei begannen zu essen. Ich kämpfte auch mit meiner Portion und versuchte die Speckstücke zu schlucken, ohne zu kauen.

Wir machten uns aufs Neue auf den Weg. Zu unserem Führer gesellte sich ein junger Bursche. Nach einer kurzen Strecke hörten die Pfähle der elektrischen Leitung am Wegesrand auf. Weder Hütten noch Bäume noch Pfad waren zu sehen. Auch bemerkten wir keine Zeichen von Hirten, die ihre Ziegen in den Bergen weideten. Wir stiegen Hügel hinauf und gingen Hügel hinunter. Das Gras war grau und spärlich. Jeder Berg glich dem anderen. Großer Gott, wie ist es möglich, in dieser Wildnis den Weg zu finden?, dachte ich. Nach zwei Tagen wurde die Gegend noch felsiger und wir waren gezwungen, von Felsen zu Felsen zu springen. Es ging das Gerücht um, dass sich ein Junge, der in einer Gruppe vor uns diesen Weg ging, das Bein gebrochen und damit sein Schicksal besiegelt hätte. Er konnte nicht gehen und es gab weit

und breit keine Hilfe. Sein Führer wollte, dass man ihn er-
schießt, damit er nicht von wilden Tieren getötet werde.

Wir waren wahrscheinlich schon sehr hoch in den Bergen.
In den Felsspalten war Schnee, hier und da gab es eisbe-
deckte, schlüpfrige Felsen. Von Zeit zu Zeit fragte jemand
den Führer: ›Wann werden wir ankommen?‹ Der antwortete:
›Seht ihr den Hügel dort? Den müssen wir besteigen.‹ Aber
wir wussten schon, dass nach dieser Bergspitze eine andere
kommt und nach ihr noch eine. Von nun an liefen wir nur
nachts und verbargen uns am Tage. Nach drei Tagen ging unser Proviant zu Ende, bis auf ein paar Kilo Stückenzucker,
und wir befanden uns noch weit entfernt von unserem Ziel.
Ich überlegte: Kann es sein, dass sich unsere Führer geirrt
haben? Ist es möglich, dass sie uns verlassen und ohne uns
zurückkehren? Unser Blut, Judenblut, ist ja vogelfrei. Wir
wählten zwei Jungen, die dreimal am Tage jedem zwei Stück
Zucker zuteilen sollten. Wasser tranken wir aus den Bergbä-
chen oder vom geschmolzenen Schnee. Das Wasser hatte
einen herrlichen Geschmack. Ich trank es nicht, ich stellte
mir vor, dass ich es esse. Es hatte für mich den Geschmack
aller Köstlichkeiten der Welt; wie das Manna, das vom Himmel gefallene Brot, das die Kinder Israels in der Wüste aßen.
Eines Morgens ruhten wir an einem kristallklaren Bergsee.
Nach einer Nacht des anstrengenden Wanderns streckte ich
mich auf dem Boden aus und verfiel in einen Halbschlaf. War
es die dünne Bergluft, die schwere Müdigkeit oder das Fehlen von Nahrung? Ich wünschte ewig hier am Ort zu bleiben.
Als ob ich entschwinde und nicht mehr wichtig sei. Ich fühlte
keinen Hunger, keinen Schmerz und nicht einmal mich
selbst. Ich wollte mit der Umgebung verschmelzen. Es war
ein herrliches Gefühl.

Zwischen ein paar Burschen und unseren Führern kam
Spannung auf. Sie beklagten sich aufgeregt, dass sie hungrig
seien, und behaupteten, die Führer hätten Brot in ihren Beu-
teln. Die Spanier öffneten ihre Rucksäcke und leerten sie vor

unseren Augen. Sie enthielten Strümpfe, einen Pullover, eine Flasche Kognak, eine Taschenlampe und zwei Handgranaten. Es war klar, dass sie wie wir nichts zu essen hatten.

Ich hatte vergessen, die Tage zu zählen. In einer mondlosen Nacht gingen wir leise in einer Reihe. Plötzlich merkte ich, dass ich den, der vor mir schritt, nicht mehr sah. Zu rufen war verboten. Mit großer Anstrengung versuchte ich die Reihe einzuholen. Einen Augenblick blieb ich stehen, um etwas Luft zu schnappen, als ich hinter mir noch Leute bemerkte. Ein Schlag traf meine Schulter und das Licht einer Taschenlampe blendete mich. Zum Glück hatte der Führer gemerkt, dass mehrere Leute fehlten. Wie fand er uns in der Dunkelheit? Ohne Zweifel rettete er unser Leben.

Für die nächste Nacht bekamen wir besondere Anweisungen. Wir mussten den Weg, der die Grenze zwischen Andorra und Frankreich markiert, überqueren. Der Weg war von Scheinwerfern beleuchtet und deutsche Soldaten patrouillierten dort. Einer nach dem anderen musste in kurzen Abständen den Weg schnell überqueren und mehrere Meter den steilen Abhang hinunterrollen. In einiger Entfernung warteten wir, bis der Letzte da war. Dann gingen wir weiter bis zu einem reißenden Bach. Die andere Seite war Andorra. Wir zogen unsere Schuhe aus und begannen durch den Bach zu gehen. Das Wasser reichte uns bis zu den Hüften und war so kalt, dass es einem den Atem nahm. Die Führer halfen uns, damit keiner weggeschwemmt wurde. Unglaublich, wir schafften es alle und waren der deutschen Bedrohung entkommen.

Endlich standen wir auf dem Boden Andorras. Hier konnte uns nichts mehr passieren, aber es war noch nicht das Ende des mühevollen Weges. Wir mussten weiter bergauf klettern und bergab gehen. Am Morgen erblickte ich auf einem Hügel eine aufrecht stehende Gestalt mit erhobenen Händen, zum Himmel blickend, als ob sie betet. Ich hörte sie schreien: ›Hier bleibe ich, ich gehe keinen Schritt weiter!‹ Es war Ilse. Der Spanier sagte: ›Du bleibst nicht hier, du gehst mit uns!‹ und gab ihr eine Backpfeife. ›Du gehst?‹ Noch ein Schlag und noch einen und Ilse nahm sich zusammen. Ihre Arme sanken. Der Spanier band einen Strick um seine Hüften und gab das Ende Ilse in die Hand. Nun ging sie hinter ihm. Noch zwei Stunden und wir erreichten die Stadt Andorra.

An die Gesichter und Namen aller jungen Leute, mit denen ich diesen Weg ging, erinnere ich mich nicht. Nur die Bilder von Ilse Brünell auf dem Hügel, die nicht weitergehen wollte, und von Heinz Storosum, der unter allen Umständen seine Geige wie einen Säugling behütete, prägten sich in mein Gedächtnis ein.«

Der Joint kümmerte sich um die Überfahrt der jungen Leute nach Palästina. Zu der Gruppe, die über die Pyrenäen marschiert war, gehörte auch Eva Fernanbuk. Gemeinsam fuhren sie mit der »Guinea« nach Haifa.

Mit echten Papieren fuhren nach Spanien:
>   Hanni Schlimmer
>   Werner Rindsberg

Im Winter 1942/1943 gingen über die Berge:
>   Norbert Stückler
>   Luzian Wolfgang
>   Inge Berlin mit Elka und Alexander Frank

Im Sommer 1943 wurden in Gruppen über die Berge gebracht:
>   Peter Bergmann
>   Edith Jankielewicz
>   Guita Kokotek
>   Irene Kokotek
>   Gerhard Kwaczkowski
>   Gustav Manasse

Manfred Manasse
Heinz Voss

Im Sommer 1944 verließen drei Jugendliche Frankreich und beendeten damit die Tätigkeit in der Résistance. Mit ihnen gingen Heinz Brünell und Eva Fernanbuk.

Heinz Brünell
Ilse Brünell
Eva Fernanbuk
Ruth Schütz
Heinz Storosum

NOCH IMMER KRIEG

Viele Jungen und Mädchen aus La Hille hatten ein freies Land erreicht und waren den Gefahren der Verfolgung entgangen, aber noch immer war Krieg.

Als Beteiligte an der Anti-Hitlerkoalition hatten die Briten und die Vertreter der USA versprochen, 1942 in Westeuropa die 2. Front zu errichten, um die schweren Kämpfe der Russen an der Ostfront gegen die dort konzentrierten deutschen Armeen zu entlasten. Das mit schwachen Kräften unternommene Landeunternehmen der Alliierten an der französischen Küste bei Dieppe im August 1942 aber scheiterte unter hohen Verlusten. Die deutschen Armeen im Osten behielten ihren Rücken frei und drangen bis zur Wolga, bis Stalingrad vor und wollten die Erdölfelder südlich des Kaukasus erobern. Die Schlacht um Stalingrad, die Kapitulation der deutschen Truppen am 2. Februar 1943, brachte die Kriegswende. Der Krieg begann zu seinem Ausgangspunkt zurückzukehren, aber der Weg war lang.

Die im Süden Frankreichs lebenden Flüchtlinge warteten

in ständig wachsender Bedrängnis auf die Eröffnung der 2.
Front. Am 6. Juni 1944 landeten endlich die westlichen Alliierten in der Normandie. Sie drangen nach Süden und Südosten vor und brachen im August den Widerstand der deutschen Truppen in Frankreich. Am 25. August marschierten die Alliierten in Paris ein. Die französische Widerstandsbewegung hatte bereits in einem Aufstand die Kapitulation der Deutschen in Paris erzwungen.

Wenige Tage zuvor waren die Alliierten in Südfrankreich, östlich von Toulon und Marseille, gelandet und befreiten diese Städte und das Gebiet des Rhônetals und endlich, am 3. September, Lyon. Am gleichen Tag wurde auch Brüssel befreit.

Im Herbst 1944 endete das Flüchtlingsdasein für die jüdischen Kinder und Jugendlichen, die sich noch in La Hille oder in Klöstern befanden oder irgendwo untergetaucht waren.

Der Krieg war immer noch nicht beendet. Erst am 8. Mai des folgenden Jahres wurde in Berlin-Karlshorst die Urkunde über die bedingungslose Kapitulation Hitler-Deutschlands unterzeichnet.

Nach der Befreiung, hintere Reihe v. l.: Edgar Chaim, Joseph Dortort,
3. u. 4. v. l. Sebastian Steiger und Eugen Lyrer und mehrere nicht
bekannte Personen

Nicht alle Kinder und Jugendlichen konnten gerettet werden. Auf ihren illegalen Wegen über eine Grenze oder dort, wo sie sich mit falschen Papieren aufhielten, wurden sie gefasst und den deutschen Organisatoren der »Endlösung der Judenfrage« ausgeliefert. Nur einer der Deportierten überlebte das Vernichtungslager.

In den Pyrenäen durch einen Kollaborateur verraten und an die Deutschen ausgeliefert wurden:
Karl/Charles Blumenfeld aus Breslau, Jg. 1926, Auschwitz
Kurt Moser aus Hannover, Jg. 1922, Auschwitz
Fritz Wertheimer aus Heidelberg, Jg. 1924, Auschwitz.

In den Pyrenäen verhaftet, ins Lager Gurs gebracht und deportiert wurde:
Norbert Winter, Jg. 1924, Auschwitz.

Von Schweizer Gendarmen an der Grenze gefaßt, den Deutschen übergeben und deportiert wurden:
Inge Helft aus Wurzen, Jg. 1926, Auschwitz
Adele Hochberger aus Berlin, Jg. 1925, Auschwitz
Walter Strauss aus Duisburg, Jg. 1925, Maidanek
Manfred Voss aus Köln, Jg. 1924, Auschwitz.

Einer Aufforderung der französischen Behörde, sich zur Arbeit in Deutschland zu melden, folgend, wurde deportiert:
Emil Dortort aus Bottrop, Jg. 1924, Maidanek.

An der Schweizer Grenze zurückgewiesen, nach der Rückkehr ins Schloß La Hille von französischen Gendarmen verhaftet, ins Camp de Gurs gebracht und deportiert wurde:
Bertrand Elkan, Jg. 1922, Maidanek.

Auch die Gruppe der Jungen, die sich dem Maquis anschloss, hatte einen Toten zu beklagen. In den Kämpfen der Résistance in Südfrankreich ist am 6. Juli 1944 gefallen:
Egon Berlin aus Koblenz, Jg. 1928.

Zu den Opfern muß auch das Mädchen gezählt werden, dessen Psyche die Trennung von den Eltern und das Fortgehen ihrer Freunde nicht ausgehalten hat. Sich einsam und ungeliebt fühlend, wollte sie nicht mehr weiterleben.
In einer psychiatrischen Klinik in Südfrankreich starb im Frühjahr 1944:
Rosa Goldmark aus Wien, Jg. 1927.

DER ÜBERLEBENDE VON AUSCHWITZ, WERNER EPSTEIN, BERICHTET:

»Im Juni 1943 entschieden sich drei Kameraden und ich, nach Spanien zu gehen. Der spanische Begleiter, der den Weg kannte, arbeitete aber für die Deutschen. An der Grenze erwartete man uns. Charles Blumenfeld und ich wurden in das Gestapo-Gefängnis in Toulouse gebracht, wo wir wieder mit Kurt Moser und Fritz Wertheimer zusammen waren. Die Gestapo befragte uns. Drei Wochen waren wir ihre Gefangenen. Dann wurden wir nach Drancy gebracht und von dort direkt nach Auschwitz. Mir wurde die Nummer 130581 in den Arm gebrannt. Im Januar 1945 wurde ich von den Russen befreit, war drei Monate in Rußland und im Juli wieder in Paris.«
Werner Epstein erfüllte nach seiner Befreiung einen Auftrag seines Freundes Kurt Moser. Er schrieb an Kurts Schwester Edith: »Liebe kleine Edith Moser, damals hat Kurt vier oder fünf Monate mit mir in der Kohlengrube Rudolf in Jadvizna gearbeitet. Er hatte drei Wochen lang Durchfall, ich

durfte ihn nicht besuchen. Du musst wissen, dass auch ein Vater seinen kranken Sohn nicht in der Krankenbaracke besuchen durfte. Aber ich hatte Erfolg und war bei Kurt. Er war nur noch Knochen, wog 25 Kilo. Er lachte und hatte gute Laune. Er war glücklich, weil seine Leiden bald ein Ende hätten. Ich kann seine Worte nicht vergessen: ›Klein Eppelstein, du musst aushalten und alles ertragen. Du sollst meine liebe Schwester besuchen. Ich habe den ganzen Tag an sie gedacht. Aber meine Mutti soll nie wissen, was aus mir geworden ist. Ich werde verschwinden. Hör zu, mein kleiner Eppelstein, es ist sehr wichtig. Vergiss nicht, Ilse Wulff und die ganzen Kameraden zu grüßen.‹ Zwei Tage später schaffte man ihn nach Auschwitz. Ich fragte den Arzt und er sagte: ›Krematorium.‹«

Für einen Blick auf ein Foto der Opfer sei verwiesen auf S. 49, 54, 163 mit Walter Strauß; S. 83, 130, 221 mit Egon Berlin; S. 54, 188 mit Charles Blumenfeld; S. 54, 83 mit Emil Dortort und Bertrand Elkan; S. 54, 69, 83 mit Kurt Moser; S. 49, 54, 150 mit Manfred Voss; S. 83 mit Norbert Winter; S. 150, 158 mit Inge Helft; S. 150 mit Adele Hochberter; S. 131 mit Rosa Goldmark. Von Kurt Wertheimer habe ich kein Foto gefunden. Ernst Schlesinger s. S. 161.

ERSTE NACHRICHTEN VON DEN GERETTETEN

Wer über eine rettende Grenze gekommen war, teilte es den anderen mit, die noch in Frankreich waren. Man schrieb nach La Hille, oft adressiert an Irène oder Elka Frank, solange sie im Schloss arbeiteten. Die meiste Post, die in meine Hände gelangte, war an Alexander Frank gerichtet, der nach seiner Flucht aus Frankreich in der britischen Armee kämpfte und dem die Post in die wechselnden Standorte nachgesandt wurde.

Auf den Karten und in den Briefen an die Franks stehen Worte, die das glückliche Gefühl beschreiben, nicht mehr in Angst leben zu müssen. Sie werden mit großer Freude aufgenommen worden sein. Jeder einzelne Brief, jede Karte bedeutete: Ich bin angekommen, alles ging gut! Und sie schrieben, was sie über andere La Hiller, die einen Weg der Rettung gefunden hatten, wussten.

Auf die erste Nachricht folgten oft weitere Briefe und Karten. Die jungen Menschen teilten mit, was sie gerade machten und was sie vorhatten. Es war nicht leicht, in der durch Mangel und Hunger gekennzeichneten Nachkriegszeit zurechtzukommen, dennoch begannen sie, ihre Zukunft zu planen und zu gestalten.

Es kam aber auch ein Brief mit der Botschaft an, dass die Deportierten vermutlich nicht mehr am Leben sind. Mit Sicherheit wusste man es nicht, man hoffte noch, sie würden sich irgendwann melden. Man hoffte noch lange vergeblich.

Die Briefe sind heute in keinem guten Zustand. Die Umschläge wurden eilig aufgerissen, und sicher wurden die Briefe nicht nur einmal gelesen, sondern anderen in die Hände gegeben, die die Nachrichten selbst lesen sollten. Und sie wurden im Laufe von Jahrzehnten von einem Wohnort zum anderen mitgenommen. Trotz ihres ramponierten Zustandes oder gerade deshalb sind die Briefe und die Umschläge Dokumente der Lebensgeschichten. Darum sollen einige hier aufgenommen und auszugsweise wiedergegeben werden.

Die meisten Karten und Briefe wurden französisch geschrieben, einige englisch. In deutscher Sprache wurde erst nach dem Ende des Krieges geschrieben und das auch nur selten. In den Briefen wird oft nur ein Vorname genannt. Zur Orientierung, von wem die Rede ist, habe ich den Familiennamen in Klammern dazugesetzt.

Margot Kern am 20.7.1943:

»Lieber Herr, liebe Frau Frank! Mit großer Freude habe ich Ihre Karte gelesen und bin sehr glücklich zu wissen, daß Sie es geschafft haben, über die Grenze zu gehen. Unglücklicherweise habe ich die Adressen nicht, die Sie von mir wünschen. Nur von Ruth (Schütz) und Else (Rosenblatt). Wir treffen uns jede Woche, weil wir am Wochenende frei haben, das finde ich gut. Von den Vier, die deportiert wurden, wissen wir, daß Kurt (Moser) und Fritz (Wertheimer) schwer krank geworden waren, über die beiden anderen wissen wir noch nichts. (…) Alle anderen sind noch im Schloß. Ich glaube, es ist zu spät für sie, um etwas zu unternehmen. Alles, was man hofft, ist ein Ende des Krieges. Ich bitte Sie, mir zu schreiben, wenn Sie in Ihrem Bestimmungsort angekommen sind. Auf Wiedersehen und viel Glück. Margot«

Postkarte aus Basel:

»Lieber Herr und liebe Frau Frank! Meine besten Grüße und guten Wünsche von Ihrem Pierre (Peter Salz). Nicht wahr, es ist lange her, daß ich Ihnen geschrieben habe. Aber glauben Sie mir: Es war nicht, weil ich Sie vergessen habe. (…) Endlich ein paar Worte von mir.«

Andere Handschrift: »Endlich auch einige Worte von mir. Am letzten Tag meines ›Urlaubs‹ sind wir zu Lotte gegangen, um ihr Guten Tag zu sagen. Viel Glück, Herr Frank, und meine besten Wünsche und Grüße an Sie beide von Ihrem Hans (Garfunkel)«

Andere Handschrift: »Nun, wir sind jetzt zu dritt. Wir spazieren im Zoologischen Garten von Basel. Nochmals Dank für Ihren Brief, der heute Morgen ankam. Viel Glück und beste Freundschaft, Ihre Lotte (Nußbaum)«

Lotte Nußbaum am 21.9.1943

»Lieber Herr Frank! (…) Seit einem Monat gehe ich zur Sozialhelferinnenschule, was mich sehr befriedigt. Jeden Tag fahre ich mit dem Zug nach Zürich. Der Kreis unserer Freunde hat sich vergrößert. Addi (Nußbaum), Inge Joseph, Betty Schütz, Manfred Kamlet und Edith Moser sind bei uns.«

Werner Rindsberg an die Mutter von Inge Helft am 13.10. 1944:
Werner Rindsberg, der den Namen Walter Reed angenommen hatte, schrieb einen Brief an die Mutter von Inge Helft, als der Krieg in Frankreich bereits beendet war, aber in anderen Teilen Europas noch tobte. Um diese Zeit befand sich Inge Helft in einem Konzentrationslager, vielleicht war sie schon nicht mehr am Leben.

»Liebe Frau Helft, ich kann mir vorstellen, daß Sie noch nichts von mir gehört haben, aber ich kannte Ihre Tochter Inge sehr gut. Über Hanni Schlimmer habe ich Ihre Adresse erhalten, und obwohl ich einige Zeit in England war, hatte ich keine Chance, mit Ihnen in Kontakt zu treten. In den Jahren 1940/41 war ich mit Ihrer Tochter und anderen im Camp in Südfrankreich. Danach ging ich in die USA, und ich verlor den Kontakt zu denen, die in Frankreich geblieben sind. Jetzt bin ich zurück in Frankreich und möchte diejenigen der Gruppe wiederfinden, die noch hier sind oder die in den Nachbarländern leben. Ich schätze Ihre Unterstützung sehr. Vielleicht haben Sie einige Adressen oder Nachrichten von denjenigen, die in Frankreich sind, in der Schweiz usw. Hanni schrieb mir kürzlich auch, daß Herr Frank, der ehemalige Direktor der Kolonie, jetzt in England ist, bei der Armee, und sie wandte sich an mich, Sie zu fragen, wo er sich befindet. Wissen Sie etwas über Inge und wo ist sie jetzt? In der Hoffnung, bald von Ihnen zu hören, liebe Frau Helft, verbleibe ich mit besten Grüßen Ihr Walter Reed«

Addi Nußbaum am 12.12.1944 aus Feldmeilen in der Schweiz:

»Lieber Herr Frank, (…) Herr Lyrer hat uns die letzten Neuigkeiten aus la Hille zukommen lassen, die uns sehr erregt haben. Sie wissen bestimmt, daß seither noch mehr Jugendliche in der Schweiz eingetroffen sind. Ich besuche die Schule in Zürich, um mich auf das Reifezeugnis vorzubereiten. Lotti, die die Schule für Sozialfragen für Frauen in Zürich besucht hat, beendete ihre Studien mit einem Diplom als Sozialarbeiterin. Zur Zeit arbeitet sie in einer Kinderkolonie in Ascona. Das ist in Kürze alles, was ich von hier berichten kann. (…) meine allerherzlichsten Grüße von Ihrem Addi«

Hans Garfunkel am 15.2.1945 aus Zürich:

»Lieber Herr Frank, Sie können sich die Freude nicht vorstellen, als ich vor einigen Tagen das Buch erhielt, das Sie uns zu Weihnachten schickten. Das war wirklich sehr freundlich von Ihnen. Haben Sie schon Werner (Epstein) und die anderen unserer Freunde gesehen, die in der Armee sind – Rudi (Öhlbaum), Edgar (Chaim), Onze (Kurt Klein)? Die militärische Situation an der Ostfront hat sich in diesen letzten Wochen in so wundervoller Geschwindigkeit entwickelt, daß wir die Russische Armee bald in Berlin erwarten. Vor 6 Jahren verließ ich das Haus, und wieviel Dinge sind seitdem passiert! Aber letztendlich wenden sich die Dinge zum Guten, möglicherweise zu spät für viele Menschen. Ich kann den Groll nicht überwinden, wenn ich daran denke, daß so viele von ihnen hätten gerettet werden können, wenn wirklich jemand hätte helfen wollen. Durch ein Wunder hat eine private Organisation die Erlaubnis bekommen, daß einige Tausend Leute von Theresienstadt hierher kommen. Der erste Transport kam letzten Samstag an. Es wäre zu schön, wenn die Eltern von Addi (Nußbaum) unter ihnen wären! Bitte, schreiben Sie bald. Ich bin so glücklich, von Ihnen zu hören. Wenn Sie Hanni (Schlimmer) schreiben, dann richten Sie bitte meine besten Grüße aus.«

Hans Garfunkel am 31.8.1945 aus Bern:

»Sehr geehrter Herr Frank, vor einigen Tagen erhielt ich Ihren letzten Brief, den mir Pierre (Peter Salz) hierher geschickt hat. Und wieder sind große Ereignisse eingetreten. Wir sind endlich! im Frieden. Das ist derartig neu für uns, daß ich Probleme habe, es zu glauben. Dennoch, für uns, die Flüchtlinge, hat der Waffenstillstand keine sichtbaren Veränderungen gebracht, aber die werden eines Tages auch für uns kommen, darauf hoffe ich. Ich bin so glücklich, daß dieser Krieg sehr viel schneller endete, als man noch vor kurzer Zeit glaubte. Es ist sicher, daß diese neue und so furchtbare Waffe einen großen Anteil an der Kapitulation Japans hat, aber nichtsdestotrotz bin ich nicht zu begeistert von dieser Erfindung, die wirklich zu gefährlich ist, um sie Menschenhänden anzuvertrauen.

Ich war sehr zufrieden, als ich vom überragenden Sieg Labour's [Attlee gegen Churchill] hörte. Ich hatte immer damit gerechnet, doch einen solchen Erfolg erwartete ich nicht. Dieser 26. Juli ist zweifelsohne ein ebenso wichtiger Tag für die Welt wie der victory day, und ich blicke mit größerem Vertrauen in die Zukunft. Letztlich ist das Land, das uns seine ›Gastfreundschaft‹ anbot, eines der letzten Länder in Europa mit einer reaktionären Regierung. Das erklärt zum großen Teil den Umgang, den man mit den Flüchtlingen gepflegt hat. (...) Jetzt bin ich wieder in einem Arbeitslager. Wir sind hier gewissermaßen am Ende der Welt. Das Lager befindet sich in einer Höhe von ca. 1800 m. Es ist eine alte Barackenanlage der Armee. Wir sind ohne elektrischen Strom, ohne Verbindung zur nächsten Stadt (Brigue). Um dorthin zu kommen, braucht man gut drei Stunden zu Fuß. Die Arbeit besteht im Baumfällen und die Stämme in Stücke hauen. Am Ende der Woche kommt ein Traktor, der hochfährt, um sie abzuholen. Er bringt uns gleichzeitig die Lebensmittel und die Post.

Haben Sie schon Neuigkeiten von Werner Epstein? Er ist schon bei Familie Schmutz! Eine andere gute Neuigkeit ist herübergekommen: Der Vater der beiden Grossmann ist gerettet und befindet sich momentan in der Tschechoslowakei. Die beiden Grossmann sind auf dem Weg nach Palästina, Margot (Kern) vielleicht auch. Ich habe gerade einen Brief von Ruth Schütz und von Ilse und Henri (Brünell) bekommen. Sie sind alle sehr zufrieden und glücklich, in Palästina zu sein. Es bleibt zu hoffen, daß sich die Türen Palästinas letztlich für alle öffnen, die dorthin gehen wollen. Die Führer von Labour wie auch Churchill haben sich stets gegen einen ›Blankoscheck‹ ausgesprochen, was noch an diese famose Epoche der Politik der ›Befriedung‹ erinnert im Gefolge unseres alten Chamberlain.

Wahrscheinlich gibt man mir von neuem die Erlaubnis, meine Studien an der Universität Bern fortzuführen. Sicher können Sie sich nicht vorstellen, wie dringend ich von hier wegkommen will. Die Schweiz kann God's own country für Touristen mit einem großen Sack Geld sein, auf jeden Fall ist sie es nicht für die Flüchtlinge gewesen. Selbst außerhalb des Lagers ist man ständig ein von der Polizei kontrolliertes Objekt. Selbst jetzt noch muß man sich jede Woche bei der Polizei melden; es ist verboten, die Stadt ohne spezielle Erlaubnis zu verlassen sowie zwischen 22.00 und 7.00 Uhr in den Straßen zu laufen. Daß man kein Recht hat, an politischen Versammlungen teilzunehmen, versteht sich von selbst. Das ist stets Fakt, und es ist auch ein Fakt, daß diese Schikanen nicht die Deutschen betreffen – die ›wahren‹ Deutschen –, für die auch kein Lager existiert. Aber all das wird auch eines Tages zu Ende sein. (…) Ich grüße Sie.«

Hans Garfunkel am 28.8.1946 aus Bern:
»Lieber Herr Frank, (…) Von hier gibt es nicht viel zu erzählen. Gesundheitlich geht es mir immer noch nicht gut, und manchmal habe ich Zweifel. Es gibt Momente, in denen es wirklich keine Hoffnung gibt, daß gute Tage kommen werden. (…) Ihr Jean«

Peter Salz am 7.2.1945 aus Zürich:

»Ich danke Ihnen sehr für Ihr Geschenk. Wie gut haben Sie dieses Buch ausgewählt. Ja, gern würde ich dieses Land kennenlernen, von dem man bis vor kurzem nicht viel wußte. Hier in der Schweiz gibt man sich alle Mühe, all das Gute zu vertuschen, was von Rußland gekommen ist. Ein Beispiel: In unseren Geographie-Stunden, die uns auf die Reifeprüfung vorbereiten – das einzige Land der Welt, von dem man nicht einmal wagt, den Namen zu nennen, ist Rußland. Ist das nicht lächerlich? Kein Wort über Rußland während zwei Jahren Geographie-Unterricht, und wir haben schon den ganzen Stoff gehabt.

In fünf Wochen werde ich das Examen begonnen haben, ich hoffe es wenigstens. (…) Diese Prüfung nähert sich wirklich schnell. Ich habe keine Angst, daß ich nicht weiß, was man mich fragen wird, aber ich fürchte, daß ich alles vergessen habe, wenn ich dort vor den Lehrern sitze. Aber was mich am meisten verdrießen würde, wäre, wenn ich noch ein halbes Jahr an der Schule verbringen müßte, und ich glaube, daß ich es nicht tun würde. Ich glaube auch, daß ich nicht studieren werde. Ich kann nicht mehr drei Jahre lang von morgens bis abends in einem Zimmer sitzen. Ja, wenn man am Abend studieren könnte! Alles, was ich hoffe, ist, einige von uns wiederzufinden, mit denen ich später gern zusammenbleiben würde. Alles, was ich täte, ginge in ihrer Gesellschaft besser. (…)

Addi (Nußbaum) wohnt immer noch in einer Villa am Genfer See. Ich glaube, daß er sich in diesem ein wenig aristokratischen Kreis nicht sehr wohl fühlt. Außerdem muß er viermal am Tag den Zug nehmen, um in die Schule zu kommen.

Jacques (Roth) und Léon (Leo Grossmann) sind jetzt zusammen im Lager in der Nähe von Zürich. Léon ist zum Fourier aufgestiegen, nachdem er Koch gewesen ist. Manfred (Kamlet) hat ziemlich lange nicht geschrieben. Er befindet sich noch in Grisom. Walter (Kamlet) ist ernsthaft krank, wie er uns geschrieben hat. Er ist in einem Sanatorium in Leytin mit Verdacht auf Tuberkulose. Mademoiselle Renée Farny, der wir es verdanken, hier zu sein, hat uns vor einigen Tagen besucht. Sie ist auch in Leytin in einem Sanatorium. (...) Aber sie sieht gut aus, wie Walter übrigens auch. Das ist das Schreckliche, daß man diese Krankheit nicht sieht.

Ilse Wulff arbeitet immer noch in einer Kinderkrippe. Edith Moser wird bald nach Lausanne auf eine Schwesternschule gehen, die von der OSE organisiert wird. Lotte (Nußbaum) ist in Ascona in einem Kinderheim. Sie hat ihr Diplom als Sozialarbeiterin gemacht. Aber sie hat geschrieben, daß die Zustände in diesem Haus schlimmer sind als bei uns in Seyre während der ersten Tage. Inge Joseph ist in Neukirch, wo sie in einer Haushaltsschule darauf wartet (zwischenzeitlich arbeitet sie), daß sie eine Ausbildung als Krankenschwester in einem Krankenhaus in Zürich machen kann. Sie arbeitet in einem Haushalt, aber ich weiß nicht wo. Margot (Kern) ist immer noch auf der Suche nach Geld, um auf eine Dolmetscherschule in Genf gehen zu können. Regina (Rosenblatt) geht immer noch zur Schule in Luzern, Toni (Rosenblatt) in Frauenfeld. Inge Bernhard wohnt noch in Gornach. Madame Schlesinger und ihr Sohn sind in Bern, Pauli ist jetzt zufriedener als am Anfang. (...) Monsieur Lyrer leitet für zwei Monate ein Kinderheim in Toggenburg; er möchte gern so schnell wie möglich zurück nach Frankreich. Er hat wahrlich recht.

Lieber Monsieur Frank, ich hoffe, daß ich niemanden vergessen habe. Oh, doch, ich habe Inge Schragenheim vergessen. Sie ist in einem Lager in Territet bei Montreux, am Ufer des Genfer Sees. Am Sonnabend kommt sie ihre Mutter besuchen, die hier in Zürich wegen ihres erfrorenen Fußes im Krankenhaus ist. (...)

Wenn ich nur endlich von hier weg wäre. Man ist sehr nett zu mir, ich habe alles, was ich brauche, außer Menschen, mit

denen ich gern zusammensein würde. Und es ist mir sehr unangenehm, daß ich so oft sehr wenig liebenswürdig zu den
Leuten hier bin, ohne es zu wollen vielleicht, aber sie sprechen so oft über Dinge, die sie nicht verstehen, die sie nicht
wissen, die sie nicht fühlen, daß ich nicht anders kann als
wegzugehen oder wenig Nettes zu sagen. Und sie sind auch
traurig, wenn sie sehen, daß ich mich bei ihnen nicht so wohl
fühle, wie sie es gern hätten, und dann weiß ich nicht mehr,
was ich tun soll. Ich sage ihnen oft, daß ich es nirgendwo besser hätte als bei ihnen. Und wenn ich Addi und all die anderen sehe, dann glaube ich wirklich, daß es in Zürich nicht
viele Familien gibt, die freundlicher sind. Aber gräßlich ist,
daß es viele Flüchtlinge gibt, die netter zu denen sind, die sie
betreuen, als ich es bin.

(...) Wie albern müssen Sie diese Bagatellen finden! Sie werden andere Sorgen haben. Wenn ich an Egon (Berlin) denke,
an Sie, Rudi (Öhlbaum), Onze (Kurt Klein), Joseph (Dortort), Werner (Epstein)! Wie mir das hilft, das, was hier passiert, nicht allzu schwer zu nehmen. Und das wird mir auch
helfen, die Prüfungen abzulegen, denn ich werde dort hingehen und denken, daß es nicht so schlimm ist, wenn ich sie
nicht bestehe. (...)

Viel Glück, lieber Monsieur Frank, bei allen Ihren ›Reisen‹.
Auf ein baldiges Wiedersehen und meine besten Wünsche
Ihr Peter«

Peter Salz am 16.7.1945 aus Zürich:
»Lieber Monsieur Frank, Ich möchte Ihnen schnell eine wun-
derbare Neuigkeit sagen: Werner Epstein hat aus Polen an
Herrn Schmutz geschrieben. Er ist gesund und wohlbehalten und wird so bald wie möglich zurückkommen. Edgar
(Chaim) und Lucien (Wolfgang) befinden sich am See von
Konstanz, in der französischen Armee. Sie sind so nah von
hier, aber es gibt immer noch eine Grenze zwischen uns, die
uns daran hindert, uns zu sehen. Margot (Kern) wird in einer

Woche nach Palästina fahren. Léon und Willy (Grossmann) sind noch bei Toulouse in einem Heim für Zionisten. Könnten Sie nicht auf Urlaub in die Schweiz kommen wie die amerikanischen Soldaten? Jean (Hans Garfunkel), Addi (Nußbaum) und ich werden dieser Tage aufs Land fahren. Addi muß dort vier Wochen bleiben. Im Oktober werde ich versuchen, mein Studium in Genf zu beginnen. Wenn ich nicht in Frankreich studieren kann, ist es vorteilhafter, erst dann dorthin zurückzukehren, wenn ich etwas gelernt habe. Außerdem hoffe ich sehr, bald dort studieren zu können, denn ich möchte endlich mit den anderen zusammensein. Wie geht es Ihrer Mutter? Ist sie noch in Pailhes? Wie glücklich wird sie sein, daß sie all diese Jahre hinter sich hat. Auf ein baldiges Wiedersehen, lieber Monsieur Frank, und meine besten Grüße und Wünsche an Sie und an Madame Frank Ihr Peter«

Frieda Steinberg am 17.8.1945 aus Lyon:
»Von Werner habe ich erfahren, daß Kurt Moser, Walter Strauß, Charles Blumenfeld vermutlich gestorben sind. Sie haben in einer Kohlengrube gearbeitet, und als Kurt nur noch 25 Kilo wog und an Ruhr erkrankt war, wurde er zurück nach Auschwitz, vermutlich ins Krematorium, geschickt. Charles war auch die ganze Zeit krank und Walter nur noch ein Schatten seiner selbst. (…) Werner ist mehrere Monate in Rußland gewesen. Wir waren so glücklich, uns wiederzusehen.«

Werner Rindsberg am 16.12.1944:
»Lieber Mister Frank (obwohl Sie sich sicher über das ›Mister‹ lustig machen), Sie können sich nicht vorstellen, wie glücklich ich war, von Ihnen so unerwartet zu hören! (…) Möglicherweise kann ich Sie nicht in London treffen. Ich hätte, als ich in diesem Jahr in England war, eher wissen müssen, wo Sie sind. Danach arbeitete ich als Französisch-Dolmetscher. Eine Reihe von Veränderungen und ein kurzer

Aufenthalt in Paris führten schließlich zu der Entscheidung, daß ich, wie Sie wissen, hier in der 3. Armee von General Patton bin.

In New York arbeitete ich zwei Jahre als Werkzeugmacher und machte mein Diplom an der US High School in der Abendschule. Als ich zu Beginn 1943 in die Armee eintrat, ging mein schulischer Weg zu Ende. Wie auch immer, ich will nach dem Krieg zum College gehen und meine Studien fortsetzen, entweder als Sprachwissenschaftler oder als Dolmetscher, vielleicht auch Journalismus studieren. Ich habe mich dem ›American way of life‹ voll angepaßt. Seit dem letzten Jahr habe ich die amerikanische Staatsbürgerschaft. Das ist über mich alles.

Ich war sehr oft in Kontakt mit Hanni (Schlimmer), und jetzt höre ich, daß Inge Berlin auch hier ist. Nie habe ich von den anderen etwas gehört, die von Frankreich in die USA gekommen sind, bevor oder nachdem ich hier war, und habe auch nicht gewußt, wie es ihnen geht, aber ich weiß, daß die meisten von uns in gute Familien gekommen sind. (...) Sie können wahrscheinlich verstehen, wie geschockt ich war, als ich hörte, daß Walter und die anderen nicht mehr in La Hille sind, und ich erwarte Ihre Nachrichten über alles, was in Montégut geschehen ist. Ich hoffe, einige von ihnen vielleicht während meines Aufenthaltes in Europa zu sehen oder noch eher nach dem Waffenstillstand. Das könnte eine Chance für mich sein, denjenigen zu helfen, die später in die Staaten wollen, und natürlich würde ich mich überhaupt freuen, meine ehemaligen Freunde wiederzusehen. Wie geht es Ihrer Frau? Und ist Ihre Mutter bei Ihnen? Es muß für sie sehr hart gewesen sein, alle die Strapazen in Frankreich zu ertragen. Was passierte mit den kleinen Kindern und den Dubois'? Ich sehe, daß ich zwei Seiten voller Fragen an Sie gestellt habe, aber ich hoffe, daß Sie mir einige beantworten können, und überhaupt, erzählen Sie mir Ihre eigenen Erlebnisse, obwohl ich sicher nie die ganze Geschichte erfahren werde. Seit ich zurück in Deutschland bin, bin ich oft mit mir im Konflikt, umgehe es aber noch ganz gut. Vielleicht finde ich in diesen Tagen etwas von meinen Eltern, von denen ich seit 1941 nichts gehört habe. Wollen Sie nach Belgien zurückkehren?«

Werner Rindsberg am 10.2.1945:
»Lieber Herr Frank, (…) Sie sehen, wie es so oft in der Armee ist, daß ich wieder einmal meinen Aufenthaltsort gewechselt habe. Zur Zeit läuft alles ziemlich ruhig. (…) Diesen Morgen erhielt ich einen Brief von Hanni Schlimmer, sie hat seit einiger Zeit nichts von der Schweiz gehört, und auch meine eigenen Briefe an unsere Freunde blieben unbeantwortet. Sie hat Inge Berlin in New York getroffen und geht dort zum College. Sie möchte ein Werbefachmann werden, was in den USA ein ziemlich guter Beruf ist.
Wie Sie an meiner Adresse sehen können, bin ich jetzt Unteroffizier. Aber ich hoffe, nicht weiterzukommen, denn der Krieg wird bald zu Ende sein. Es scheint so, daß die Russen ihn sehr bald beenden werden, so daß wir alle zu einem normalen Leben zurückkehren können. (…) Ich wünsche Ihnen und Ihrer Frau alles Beste. Für immer Ihr Walter.«

Werner Rindsberg am 2.10.1945 aus Marburg:
»Lieber Herr Frank, heute erhielt ich Ihre Postkarte vom 6. September, und ich war froh, endlich von Ihnen zu hören. Davor bekam ich noch Ihren Brief vom 17. Juli, aber der ist gerade erst angekommen, weil ich seitdem mehrere Male meine Adresse gewechselt hatte. Ich habe mich über die Nachrichten von Walter (Kamlet) gefreut. Wenn Sie mir Einzelheiten mitteilen, könnte ich über die UNRRA [Hilfs- und Wiedergutmachungskommission der Vereinten Nationen, 1943–47] versuchen, seine Eltern ausfindig zu machen, genauso wie ich es mit meinen Eltern machte. Letzte Woche erhielt ich Nachricht von Hans (Garfunkel) und Peter (Salz).

Ich möchte sie Ende des Monats besuchen, noch ehe ich in die USA zurückkehre. (...) Schreiben Sie bald wieder! Ihr Walter«

Ruth Schütz an Alexander Frank am 26.3.1945 aus Haifa: »Ich freue mich, daß Sie meiner Mutter Nachricht überbringen konnten, und vielleicht wissen Sie, daß ich die Möglichkeit hatte, zu ihr nach England zu fahren. Ich bin aber nach Palästina gefahren, was ihr ganz sicher weh getan hat. Es war für mich eine sehr schwierige Entscheidung, aber ich konnte nicht anders. Ich dachte, und heute weiß ich es mit Sicherheit, daß mein Platz hier ist und nicht anderswo, ganz gleich, unter welchen Bedingungen. Ich muß Ihnen nichts über Palästina erzählen, da Sie es ja kennen. Und Sie sind sicher der gleichen Meinung wie ich, daß es ein einzigartiges und erstaunliches Land ist. Ich war nie Anhängerin eines fanatischen und engstirnigen Zionismus, und ich bin zur Zeit im Kibbuz Hoshea. Dieser Kibbuz wurde von Menschen, die aus Deutschland gekommen sind, gegründet, von Menschen, die aus rein intellektuellem Milieu kamen. Wie Sie wissen, hat Hoshana Herz mehr Wert auf das Soziale als auf das Nationale gelegt.«

Aus einem späteren Brief von **Ruth Schütz** an Alexander Frank:
»Ich kann sagen, daß jeder Tag ein Kampf war, der an unseren Kräften zehrte. Zum Glück habe ich die ganze Zeit über aktiv mitwirken können, unsere Leute zu retten. Das erschreckende Los von unseren La Hiller Kameraden hat mich erschüttert. (...) Noch in Frankreich habe ich von der Konvertierung von Inge Joseph und Ilse Wulff erfahren und habe es nicht begreifen können. Daß Lotte (Nußbaum) den gleichen Schritt getan hat, hat mich sprachlos gemacht.
Was Werner Rindsberg betrifft, freue ich mich, daß Sie mir die Nachricht geben konnten. Ich weiß, daß Ilse und Henri

272

(Brünell) in Jerusalem sind und daß sie ein Stipendium am Konservatorium erhalten konnten. Pierre (Peter Salz) hat seinen Vater wiedergefunden, und Edith (Moser) ist in einem Institut in Tel Aviv.«

Lotte Nußbaum am 24.2.1946 aus Zürich:
»Lieber Alex Frank! (…) Ich weiß, daß ich sehr wenig kann und meine Kenntnisse in jeder Beziehung gering sind, aber ich glaube, es kommt auf die Bereitschaft und den Willen zum Helfen an. Ich versuche auch meinen unfreien Aufenthalt in der Schweiz als Flüchtling so fruchtbar wie möglich auszunutzen. Seit drei Monaten bin ich (…) auf dem Büro der Flüchtlingshilfe, um auch in diesen Dienst Einblick zu gewinnnen. Leider wird diese Arbeit auch nicht mehr lange dauern, da die Polizei mir nur drei Monate genehmigt hat. Es wird sich schon wieder ein Weg auftun! (…) Ich glaube, ich werde das amerikanische Affidavit nun endgültig ablehnen. Es ist furchtbar schwer für mich zu entscheiden. Addi und meine Verwandten wollen mich nach Amerika haben. Meine Verantwortung und die zum Himmel schreiende Not ruft mich in den Dienst an der Menschheit in Europa. Für Dich ist vieles leichter. Du hast Deine Staatsangehörigkeit. Ich habe mich als Staatenlose jedoch wieder neu zu entscheiden, wohin ich will. So schwer der Entschluß ist, glaube ich nun bestimmt, daß ich nach Deutschland komme. (…)«

Lotte Nußbaum am 15.8.1946 aus Zürich:
»Lieber Alex Frank! (…) Addi hat jetzt an der Uni Semesterferien. Er ist zur Zeit mit einigen jüdischen Studenten nach Grenoble gefahren, wo ein Treffen aller jüdischen Studenten stattfindet. Er wird den Rest der Ferien bei der Familie Sauermann verbringen, wo ich selbst bin. Sauermann ist der protestantische Pfarrer des Dorfes. Ich habe dort viel im Garten gearbeitet. Ich mache die Wäsche, koche, mache sauber und flicke. Das ist für mich sehr nützlich. Ich warte auf den Tag,

an dem ich für die Kinder, die Opfer des Krieges wurden, in Deutschland arbeiten kann. Es ist schwer zu erfahren, wann und wohin ich gehen werde. (...) Wir haben nie etwas von unseren Eltern und unserem Bruder gehört.«

Hans Garfunkel am 14.7.1947 aus São Paulo:
»Lieber Herr Frank, für Ihren lieben Brief vom 3. Juli danke ich Ihnen sehr. Ich bin so froh gewesen, nach einer so langen Zeit von Ihnen zu hören, und ich hoffe aufrichtig, daß wir von jetzt an unseren Kontakt beibehalten. Ihr Bericht über Deutschland war sehr interessant, und ich würde sehr gern mehr Informationen über Ihre Schwierigkeiten und Ihre Eindrücke in Deutschland erhalten. Ich bin sehr froh zu hören, daß es Ihrer Frau gut geht. (...) Sie haben ganz recht in der Annahme, daß ich hier mit meinem Bruder und meiner Schwägerin lebe. Mein Bruder kam 1937 nach Brasilien, und seitdem ist er Teilhaber (aber nur zu 10 %) an einem Großhandelsunternehmen für Lederwaren. Aber ich bin dort nicht sehr lange geblieben. Ende Juni habe ich mein Visum für die USA erhalten. Gegenwärtig arbeite ich als englisch-, französisch- und deutschsprachiger Korrespondent in einer Importfirma. Wir importieren Büroausstattungen, insbesondere aus den Vereinigten Staaten, aber genauso aus England und aus der Schweiz. Zur Zeit haben wir hier in Brasilien eine sehr schwere ökonomische Krise. Mehr noch, jeder wartet auf einen 3. Weltkrieg in sehr kurzer Zeit (USA-UdSSR). (...)«

Lotte Nußbaum am 14.1.1948 aus Basel:
»Lieber Herr Frank! (...) Ich bin seit 1. IX. 1947 in Basel in einer Missionsschule für einen Kurs von einem Jahr. Ich gedenke, meine Tätigkeit auf missionarischer Grundlage auszuüben. Ich hoffe, daß ich bis zum Sommer nun endlich mit meiner Arbeit beginnen kann. Ich bin mir noch nicht klar, wo ich arbeiten werde. (...) Menschen gilt es heute in der

ganzen Welt zu retten. – Addi (Nußbaum) ist sehr unglücklich in den USA und möchte am liebsten wieder nach Europa zurück. Else (Rosenblatt) wurde am Blinddarm operiert, ist aber jetzt wieder im Krankenhaus tätig. Sie bereitet sich jetzt auch auf Palästina vor. Peter Salz und Ruth Klonower sind auch ganz begeisterte Zionisten. Schade. Ich sehe in dieser nationalen Einstellung keine Lösung des Judenproblems.«

SPÄTERE KORRESPONDENZ

Als ich den Nachlass von Alexander Frank sichtete, fand ich in den Schubfächern einige Briefe, die in späteren Jahren zwischen ehemaligen Kindern und den Franks gewechselt wurden. Sie ergänzen auf besondere Art die ersten Nachrichten über die Rettung und den Beginn eines neuen Lebens, weil sie schon mit einem gewissen Abstand zu den überstandenen Gefahren geschrieben wurden. Den brieflichen Kontakt zu einigen »ihrer Kinder« haben Alexander Frank und seine Mutter lebenslang aufrechterhalten. Irène Frank wird in den Briefen mit »Frau Taufstein« angeredet, da sie in fortgeschrittenem Alter noch einmal geheiratet hat.

Aus den Briefen erfährt man, wie es den Geretteten in den langen Jahren nach der Rettung ergangen ist und was sie von anderen wissen. Briefe solcher Art sind in alle Welt geschickt worden. Sie kursieren bis heute zwischen den La Hillern. Wer die Geschichte dieser Menschen nicht kennt, wird nicht merken, welche Ängste sie gequält haben, welche Verluste sie ertragen mussten. Es scheinen Briefzeilen über ganz normale Lebenswege zu sein. Die Nazijahre sind der Gegenwart untergeordnet, als seien sie wie Ballast auf dem Weg zurückgelassen worden. Doch der Schein trügt. Von der Vergangenheit konnten sich die La Hiller nie lösen. Die Normalität, die sie erreichten, ist hart erkämpft, ein Triumph des Lebens über den Tod, der ihnen einst zugedacht war.

Rita Kuhlberg am 15.8.1993:
»Lieber Herr Frank! Ich habe gerade die Briefe von Ihrer Mutter gelesen, die mir noch geblieben sind, und habe geweint vor Sehnsucht, und ich bereue es sehr, daß ich damals den Kontakt verloren habe. Ich schicke Ihnen die Briefe zum Lesen, und wenn Sie sie gern haben möchten, können Sie sie behalten, wenn nicht, dann möchte ich sie gern zurückhaben. Seit ich nach unserem Treffen nach Hause kam aus Frankreich und aus der Schweiz, das war Mitte Juni, lebe ich noch immer unter dem tiefen Eindruck von dort. Auf jeden Fall sah ich noch Fräulein Ott in Bern, und wir hatten einen wunderschönen Tag zusammen. Auch Herrn Steiger traf ich noch in Basel, bevor ich heim kam. (…) und natürlich traf ich mich mit meiner Schwester Fanny und mit Edith Jankielewicz. Zusammen fuhren wir nach Nathania zu Friedel (Steinberg), und ich habe denen alles erzählt und die Bilder von La Hille gezeigt. (…) Ich hoffe, Sie sind gesund und so munter, wie Sie in Frankreich waren.«

Hier angeschlossen seien die Briefe von **Irène Frank** an Rita Kuhlberg, die sich im Nachlass von Alexander Frank befanden:

Irène Frank an Rita Kuhlberg am 12.12.1948 nach Israel:
»Ich schreibe Dir auf deutsch, weil ich merke, wie ungewohnt Dir jetzt das Französische schon ist und weil ich keine Lust mehr habe, als Dein Professor aufzutreten. Als mir Dein lieber Brief im Juni nach London nachgeschickt wurde, wo ich 4 Monate lang den Haushalt eines leidenden alten Onkels versorgte, war ich ebenso überrascht wie innig erfreut. Warum eigentlich so überrascht: Du bist 20 Jahre alt und sicher älter und reifer als wir mit 20 Jahren waren. In Palästina finden die jungen Menschen rasch und leicht zuein-

Die erste Seite eines Briefes von Irène Frank an Rita Kuhlberg

ander. Was war so erstaunlich? Vielleicht weil ich Dich als zwölfjährige kahlgeschorene Ratte kennengelernt, mit Dir über Verben und nicht gemachte Aufgaben verhandelt habe, Dich tadeln und loben mußte, Dich an kleinen Intrigen gegen mich teilnehmen sah und mich dabei oft so innig freute, selbst in Deinen frechen Antworten zu erkennen, wie Du moralisch grad gewachsen warst wie eine junge Tanne. Ich habe Dich immer lieb gehabt, selbst zur Zeit Eurer Auflehnung, Dich, Inge Helft und die Schütz-Mädels und Ruth Klonower, weitaus lieber als die anderen, eben um dieser Eurer Gradheit willen. Ich erinnere mich auch noch, wie Du und Reiner, Ihr mutterlosen Kinder im Pubertätsalter, auf einem Spaziergang Euch neben mich ins Gras setztet und mich um Aufklärung batet. Ich gab sie Euch mit bestem Wissen wie meinen eigenen Kindern.

Leider hast Du mir wenig über Deinen Mann geschrieben. (...) Wie alt ist er, wie lange schon in Palästina, wie sind seine politischen Ansichten? Hat er studiert, was ist sein Beruf? Hat er seine Eltern behalten können? Ich höre nur wenig von unseren ›Kindern‹. Inge Berlin schreibt alles aus Syrakus, und in London hatte ich die große Freude, Betty Schütz und ihre Mutter zu treffen. Betty hat sich wunderbar entwickelt, sie arbeitet in einer Art chemischem Laboratorium als Sekretärin, hat trotz ihrer großen Begabung aufs Studium verzichtet, um Mutter und Schwester helfen zu können. Sie hat in den Schweizer Tagen menschliche Härte und Bosheit zur Genüge kennengelernt, ist fast zu ernst und zu reif für ihr Alter, und ich glaube gut und warmherzig, aber skeptisch und hart und illusionslos wie viele der heutigen Jugend. (...)«

Irène Frank an Rita Kuhlberg am 20.4.1959:
»Meine liebe Rita! Du wirst diese Schrift nicht mehr kennen und mich vielleicht im Lauf der Jahre und der Erlebnisse überhaupt vergessen haben. Ich aber habe Dich, meine liebste, weil aufrichtigste und gradeste Schülerin unter den ›Großen‹, wie auch die herzige, rundliche Fanny nicht aus dem Gedächtnis verloren, und es betrübt mich, nichts mehr von Euch zu wissen.

Wenn ich trotzdem so lange kein Lebenszeichen gab, so hat das außer Schreibfaulheit recht gewichtige Gründe. Erst starb meine alte Mutter, dann gab es im nahen Freundeskreise Todesfälle, die mich stark beschäftigten und niederdrückten. Der Hauptgrund aber war eine große glückliche Veränderung in meinem Leben. Vor vier Jahren heiratete ich einen lieben Jugendfreund (...) und wohne seitdem auf dem Lande, 20 km von Brüssel entfernt, in einem gemütlichen alten Bauernhaus aus der Zeit Napoleons, ein Haus, das viel Freude, aber auch viel Arbeit gibt.

Mein Sohn, Lex, Euer einstmaliger Direktor, und seine Frau Elka leben seit zwei Jahren in Halle in der DDR, wo er Präsident eines Kolchos (ähnlich Eurer Kibuzzim) geworden ist und sich sehr glücklich fühlt. (...)

Wenn Ihr, Du und Fanny, Lust habt, unsere Korrespondenz wieder zu erneuern, so wird es mich sehr freuen. Erzähl mir recht viel von Euch, ob Ihr zufrieden seid, ob Du schon Kinder hast und was Ihr von den anderen La Hillern wißt, die auch in Israel leben, besonders von Ruth Klonower, Ruth und Betty Schütz und den Storosums. Hat Heinz Storosum einen Namen als Violinist? Grüß sie mir alle und seid umarmt von Eurer alten Lehrerin und Freundin Irène Taufstein-Frank.«

Irène Frank an Rita Kuhlberg am 17.7.1959:
»Meine liebe Rita! In Halle bei meinem Sohn hat mich Dein lieber Brief erwartet, dessen guter Inhalt mit dem schönen Familienbild mich ebenso freute wie sein herzlicher offener Ton. (...) Das also ist Rita als Mutter im Kreise ihrer Familie. (...) Mich wundert, daß Ihr nicht mehr im Kibbuz lebt, aus dem Du mir die ersten Jahre voll Begeisterung berichtetest, besonders was die Erziehung der Kinder anbelangt. Haben sich Eure Ideen geändert? (...)«

Frieda Steinberg an Irène Taufstein-Frank am 18.11.1973:
»Liebe Frau Taufstein, Ihren lieben langen Brief habe ich dankend erhalten und mich sehr darüber gefreut. Sie hätten auch nicht fürchten müssen, den Kontakt zu verlieren, denn auf jeden Fall hätte ich Ihnen geschrieben. Und wenn es so lange dauerte, so, weil mir der Krieg dazwischenkam. (...) Ihren Brief habe ich an Ruth Schütz und Peter Salz gesandt, der ihn dann weiter an Ruth Klonower leiten wird (Ruth Klonower und Ruth Schütz sind Schwägerinnen, da sie zwei Brüder heirateten). Leider weiß keiner von uns, wo sich die Kuhlbergs

befinden, da sie ja durch Heirat sicher ihre Namen gewechselt haben.

Was mich betrifft, so lebe ich seit meiner zweiten Heirat (meine erste wurde nach sechs Jahren geschieden, mein erster Mann, Musiker von Beruf, ging nach Berlin zurück, und ich wollte ihm nicht folgen), seit 19 Jahren in Nathania, das ist eine hübsche Strandstadt, ungefähr die Art von Nizza, deren offizielle Schwesternstadt sie ist. Sie hat an die 100000 Einwohner und befindet sich zwischen Haifa und Tel Aviv. Bis vor sechs Jahren war hier die engste Stelle des Landes, bis zur jordanischen Grenze nur 18 km. Sollten wir alles zurückgeben müssen, sind wir hier wieder der ärgsten Gefahr ausgesetzt. Es ist ein Kinderspiel, uns von den jordanischen Hügeln aus zu vernichten. In noch ärgerer Gefahr sind Ruth Schütz und Peter Salz, sollten wir die Golan-Höhen zurückgeben müssen. Ihr Kibbuz liegt direkt am Fuß des Golan, und bis vor sechs Jahren waren die syrischen Kanonen sehr genau auf den Kibbuz gerichtet. Ich glaube, die Leute dort lebten mehr in den Luftschutzkellern als woanders. Die uns so leicht verurteilen, sollten einmal versuchen, ständig in Lebensgefahr zu leben.

Mein Mann hat hier eine Bau-Firma und ist sehr stolz darauf, Nathania sozusagen mit aufgebaut zu haben. Er fing ganz bescheiden an. Als wir heirateten, wohnten wir in einer Holzhütte. Was mich persönlich angeht, so arbeitete ich die ersten Jahre als Grafikerin. Den Beruf habe ich teilweise in Paris, teilweise an der Brüsseler Akademie erlernt. Nach der Geburt meiner Tochter hörte ich zu arbeiten auf und wandte mich meinem Hobby, der Malerei, zu. Es ist nicht leicht. Ich habe kaum Zeit für meine Lieblingsbeschäftigung, weil der Haushalt mich zu sehr in Anspruch nimmt. Und viel Kunstverständnis finde ich leider bei meiner Familie nicht. (...) Die hebräische Sprache genügend zu beherrschen scheint schwerer zu sein, als den Mt. Everest zu besteigen. Vorläufig kann ich mich nicht aufs Lernen konzentrieren. Umso mehr habe ich die Absicht, an der Malerei festzuhalten. Was ich male? Ich bin eine gute Porträtistin, aber ich male auch Landschaften und Stilleben.

Ruth Klonower wohnt in Ashkelon. Sie arbeitet noch immer als Sozialhelferin. Auch Else Rosenblatt wohnt in Ashkelon und Margot Kern in Jerusalem. Mit Ilse Brünell bin ich in steter Verbindung. Sie wohnt in Haifa, ist geschieden, hat zwei Kinder.

Bei meiner Europareise traf ich in Bern Herrn Lyrer. Er ist natürlich gealtert und auch krank, aber vor allem einsam. In Basel besuchte ich Herrn Steiger, ein ganz reizender, warmherziger Schweizer. Auch Walter Kamlet sah ich. Ich hatte Glück, denn gewöhnlich hat Walter keine Zeit. Er sieht wunderbar aus und ist sehr nett. Von seiner schrecklichen Krankheit und den Operationen vor 25 Jahren scheint er sich bemerkenswert erholt zu haben. Er scheint ganz in seiner Arbeit aufzugehen, ist Musikprofessor am Baseler Konservatorium. Nach wie vor unverheiratet, wahrscheinlich, da die Musik seine Geliebte ist. Ob ich ihn noch einmal wiedersehen werde, weiß ich nicht. Nicht jedes Mal ist er bereit, seine Zeit ehemaligen La Hillern zu opfern. Und er schreibt auch nicht, selbst mit seinem Bruder telefonierte er immer. Menschenscheu, sagen Sie, liebe Frau Frank. Nein, eher original exzentrisch, mit seiner Intelligenz kann er sich das ruhig erlauben. (...) Manfred Kamlet starb ganz plötzlich, er hatte schon in Australien einmal einen Herzinfarkt gehabt.«

Frieda Steinberg an Irène Frank am 31.5.1976:
»Liebe Frau Taufstein, (...) Der Samen ist aufgegangen, auch wenn die Mutterpflanze abgeblüht ist. Ich war schon immer wißbegierig. Im Januar habe ich mein Examen im Fortgeschrittenen-Französisch gut bestanden, und jetzt bin ich tief in englischer Literatur vergraben. Im Januar soll das Examen sein. Von manchem verstehe ich kein Wort, weil es in mittelalterlichem Englisch geschrieben ist, das aus einem weichen

Gemisch von Gälisch, Französisch und anderen nördlichen Sprachen besteht, hier und da mit einem verständlichen englischen Wort. Ich kann es selbst nicht glauben, daß ich dieses Examen bestehen werde. Aber ich bin zäh und werde es durchkämpfen. Dafür ist mein nächstes Examen als Bonbon zu betrachten: Geschichte. Subjekt: Renaissance und Reform. Danach steht mir jede englische Universität offen, vielleicht auch jede israelische.«

Alexander Frank an Edith Moser im Herbst 1978:
»Ich wohne noch immer in Berlin, bin aber in der Woche an einer Agrar-Schule in einer Ortschaft in der Nähe von Halle, wo ich mich schon das dritte Jahr mit 25 afrikanischen Studenten beschäftige. Diese Arbeit mit jungen Leuten macht mir viel Freude, ich betrachte es als ein Hobby. Ende des Jahres werde ich 70 Jahre alt, und seit meinem 60. Geburtstag genieße ich hier eine sehr gute Rente, eine Ehrenrente als Verfolgter und Kämpfer gegen den Nationalsozialismus, da ich während des Krieges als Freiwilliger in der britischen Armee gedient habe. In Berlin habe ich eine nette kleine, komfortable Wohnung. Die Miete wird vom Staat gestützt und ist sehr billig, sie beträgt sieben Prozent meines Einkommens.
An der Schule habe ich ein Zimmer, freie Verpflegung, alle Dienstleistungen umsonst, brauche mich um keinen Haushalt zu kümmern, nur am Wochenende fahre ich nach Berlin. Das ist eine angenehme, großzügig gebaute Stadt geworden mit viel Theatern, mit Opern- und Konzerthäusern. Die historischen Gebäude, zum Beispiel Unter den Linden, sind wieder aufgebaut. Wenn Du mit Deinem Mann mal nach Europa kommst, lade ich Euch gern ein, Berlin und vielleicht auch andere kulturelle Zentren wie Weimar oder Dresden zu besuchen.«

Rita Leistner am 22.12.1992:
»Lieber Alex, mit großer Freude habe ich Ihren letzten Brief erhalten und gelesen, genau wie Ihre Postkarte, die Sie mir

aus den USA geschickt haben. Vielen Dank! Obwohl 50 Jahre vergangen sind, habe ich Sie und Ihre liebe Frau nicht vergessen, und auch die Zeit nicht, die ich in Belgien und Frankreich als eine Ihrer ›Schützlinge‹ verbrachte. Sie haben sich sehr der Gruppe der Kinder gewidmet. In Ihrer Fürsorge demonstrierten Sie viel Mut, indem Sie in sehr kritischen Zeiten schnell handelten, weil Sie uns retten wollten. Was mit uns weiter in Frankreich geschah, als Sie sich aus Ihren Verantwortlichkeiten lösen mußten, aus Ihrer ›großen Familie‹, und Ihre eigene Lösung fürs Überleben finden mußten, war verständlicherweise außerhalb Ihres Wissens und Ihrer Wahl. Mit Interesse las ich Ihre Beschreibung, wo Sie seit 1943 waren, Ihre Erlebnisse, Ihre Mühen mit dem Joint in Spanien, um uns unter ihre Fittiche zu bringen, nachdem wir über die Pyrenäen gegangen waren, und von Ihren Bemühungen, mit einigen unserer gemeinsamen Freunde, die in verschiedenen Ländern wohnen, ein Treffen zu organisieren.

Ich versuchte, in Frankreich unter sehr schwierigen Umständen zu überleben. Es würde zu ausführlich in dem Brief werden, alles zu beschreiben. Nur, nach dem Krieg erhielt ich die französische Staatsbürgerschaft ›in Anerkennung meines Patriotismus‹ für Frankreich. Wie meine Familie, so war auch ich konfrontiert mit den Nachkriegsrealitäten. Ich beschloß zu Beginn der 50er Jahre, Europa zu verlassen und ein neues Leben in Australien zu beginnen, wo mich Bekannte unterstützten. Hier setzte ich meine Studien im Bereich der Erziehung fort. Ich arbeitete viele Jahre als Lehrerin und in der Forschung. Mein Mann hatte hohe Positionen als Chemieingenieur in verschiedenen Industriebranchen inne, ist jetzt selbständiger Berater. Vor zwei Jahren kam ich über einen meiner Freunde in Kontakt mit Inge Berlin, und binnen kurzer Zeit erhielt ich viele Briefe unserer ›La Hiller‹ Freunde, die ich dachte verloren zu haben. Ich war durch die wieder erwachten Kontakte so ergriffen, diese Freundschaften hatten eine sehr spezielle Bedeutung für mich. Peter Salz schickte mir eine Sammlung ›Die Kinder von La Hille‹, die die Autobiografien von einigen La Hiller Freunden enthält, und einen Presseartikel einer französischen Zeitung ›Die Befreiung von Ariège‹ (die Kämpfe im Maquis) mit einer speziellen Ehrung für Egon Berlin (...), eine sehr traurige, aber heldenhafte Geschichte und letztendlich sein Mut und sein Ruhm, die am Denkmal beschrieben sind, das den jungen Helden gewidmet wurde. (...) Beste Grüße und viele gute Wünsche von Ihrer Rita.«

Rita Leistner am 20.5.1993:
»Mein lieber Alex, vielen Dank für Ihren Brief vom April, den Sie während Ihres Urlaubs in der Lüneburger Heide geschrieben haben. (...) Ich hätte wirklich gern teilgenommen beim TV-Film, der die Geschichte unserer großen Familie von La Hille erzählt. Sie haben es organisiert, daß in Montégut-Plantaurel gefilmt wird. Ich bekomme ganz nostalgische Gefühle. Unglücklicherweise kann ich dieses Jahr nicht nach Übersee reisen. Nach fünf Jahrzehnten verpasse ich die Gelegenheit, Sie und meine anderen Freunde, die dort sein werden, zu sehen. Ich versichere, daß meine Gedanken und meine Freundschaft Euch alle begleiten werden. (...) Ich bin sicher, daß der Film das ›Nie wieder‹ zeigen wird und nicht nur das, was wir unter der Naziherrschaft erlebt haben; daß gezeigt wird, welchen Horror der Holocaust im II. Weltkrieg brachte, was nie vergessen werden darf.

Ich möchte gern mit Fräulein Näf, Anne-Marie Piguet und Herrn Steiger in Kontakt treten. Sie erwähnten, daß sie an dem Film teilnehmen werden. Diese wunderbaren, geachteten Menschen, die uns zu der Zeit, als wir in La Hille waren, unter ihre Obhut nahmen (Sie eingeschlossen), ihr Mut, der viele Risiken barg, war unentbehrlich für unser Überleben. Wir schulden ihnen viel. (...) Rita«

Inge Berlin am 20.9.1992:

»Ich danke Dir für den ausgezeichneten und packenden Artikel ›Globke, Kinder klagen dich an!‹, den Elka 1963 geschrieben hat. Und Bilder der umgekommenen Kinder! Vielleicht kannst Du mir in Deinem nächsten Brief erklären, wer dieser ›Globke‹ war?«

Der Antwortbrief fehlt, aber Inge Berlins Frage soll hier beantwortet werden: Hans Globke war von 1933 bis 1945 Oberregierungsrat im Innenministerium der Hitler-Regierung und Mitverfasser und Kommentator der antisemitischen Nürnberger Gesetze, das waren das »Reichsbürgergesetz« und das »Gesetz zum Schutze des deutschen Blutes und der deutschen Ehre«, beide vom 15. September 1935. Als Kommentator hat er zusammen mit Wilhelm Stuckart die amtlichen Richtlinien vorgegeben, wie mit den Gesetzen zu verfahren ist. Gemeinsam mit Albert Radke, der bis 1945 im Range eines Obersten im OKW-Amt Ausland/Abwehr geheimdienstlich tätig war, leitete Hans Globke die Judendeportationen ein. 1950 wurde Globke unter der Regierung Adenauer Personalchef im Bonner Bundeskanzleramt; 1953 bis 1963 war er Staatssekretär und Leiter des Bundeskanzleramtes der Bundesrepublik Deutschland. (s. Abb. auf S. 22)

Joseph Findling am 1.1.1996:

»Lieber Alex, ein glückliches Neues Jahr! Es war für mich eine große Freude, Sie nach 54 Jahren wiederzusehen und mit Ihnen zu reden. Ich hoffe, daß Ihnen der Aufenthalt bei Inge (Berlin) in Rochester gefallen hat. Wie ich Ihnen bei meinem Besuch bei Ihnen sagte, reiste ich am 2. November 1995 nach Israel und besuchte einige unserer La Hiller während meines viel zu kurzen Aufenthaltes. Ich war bei Friedl (Steinberg), die ich auch seit über 50 Jahren nicht gesehen habe. Fakt ist, daß ich keinen von ihnen seit über 50 Jahren gesehen habe. Ich mietete ein Auto, und so war ich in der Lage, herumzufahren und einige unserer Kameraden zu besuchen. (...) Alle sind pensioniert. Peter Bergmann war zur selben Zeit in Israel und schloß sich Friedl und mir an, als wir nach Lehavoth Habashan fuhren und Peter Salz und Ruth (Schütz) besuchten. Wir blieben über Nacht und redeten bis in die Nacht über die alten Zeiten und über die Zukunft. Es ist unnötig zu sagen, daß hier Angst besteht über die mögliche Rückgabe der Golanhöhen. Wie Sie wissen, sind sie nur ein paar Meter von den Golanhöhen entfernt. (...)«

Inge Berlin am 28.12.1994:
»Trotz aller schrecklichen Ereignisse denke ich doch oft mit dankbarem Erstaunen, wie viele von uns La Hillern überlebt haben und ein erfülltes Dasein erleben konnten.«

LEBENSDATEN UND LEBENSSKIZZEN

Als der Krieg zu Ende war und die Flüchtlinge sich wieder frei fühlen konnten, hatten sie sich in viele Länder zerstreut. Eine größere Gruppe befand sich in der Schweiz. Manche blieben dort, andere folgten den früher ausgewanderten oder vor den Nazis geflüchteten Verwandten, die sie irgendwo in der Welt wussten oder ausfindig machten. Auf diese Weise kam zum Beispiel eine kleine Gruppe nach England. Einen verschlug es nach Argentinien, eine nach Australien. Kinder und Jugendliche von La Hille, die es geschafft hatten, nach Spanien zu kommen, fuhren meist sofort oder nach kurzer Zeit weiter, vor allem nach Palästina bzw. etwas später in den gerade gegründeten Staat Israel. Einige fanden über Spanien den Weg in die USA, wo sich schon die von den Quäkern Geretteten befanden. Und nicht wenige La Hiller sammelten sich in Frankreich. Hier gab es für sie bekannte Adressen von Organisationen und Helfern. In diesem Land ihres längsten und gefährlichsten Asyls trafen sich viele Kameradinnen und Kameraden wieder. Auch Paare fanden sich und heirateten bald nach dem Krieg: Gerti Lind und Werner Epstein, Ilse Wulff und Hans Garfunkel begannen ein gemeinsames neues Leben. Nur zwei junge Männer gingen nach Deutschland zurück: Luzian Wolfgang, der schon in Brüssel dabei war, und Fernand Nohr, der in La Hille dazukam; Luzian lebte im Westen des Landes, Fernand im Osten Berlins.

Man könnte sagen, sie waren in alle Winde verstreut, aber das erweckt den Eindruck, als habe jeder einzeln, losgelöst von den anderen, sein Leben gelebt. So war es nicht. Die La Hiller hatten nur sich und niemanden sonst, ausgenommen die wenigen, die einen Angehörigen wiederfanden. Die Kinder und Jugendlichen aus Brüssel, Seyre und La Hille gehörten nach fünf außergewöhnlichen Jahren der Gemeinsamkeit zusammen wie Geschwister. Sie hielten Kontakt miteinander. Es schrieb und besuchte nicht jeder jeden, aber sie waren so gut vernetzt, dass sie Bescheid wussten, was die anderen machten, wo und wie sie lebten. Wichtige Informationen liefen bei Alexander Frank zusammen. Solange seine Frau und seine Mutter noch lebten, unterhielten auch sie viele Verbindungen.

Und schließlich, nach langen Jahren, in denen sich die meisten nicht wiedergesehen hatten, vereinbarten sie ein Treffen in Israel, und eine größere Zahl von ihnen reiste zu denen, die in Israel ihre Heimat gefunden hatten. Das war im Mai 1985. Sie trafen sich in Lehavoth Habashan. Es wurde ein Fest der Freude und des trauernden Gedenkens. Sie waren glücklich, sich zu sehen, und sie vermissten die Freunde, die nicht überlebt hatten. Bei diesem Treffen sammelten sie auch die Berichte der La Hiller über ihr Leben nach 1945, aus denen viele Informationen für dieses Buch entnommen wurden.

Mehr als die Hälfte der La Hiller schrieb auf, wie der Rettungsweg und der spätere Lebensweg verlief. Aber nicht alle waren in der Lage, sich darüber zu äußern. Werner Rindsberg

hatte seinen Namen geändert und wollte mit der Namens-
änderung die Vergangenheit hinter sich lassen, aber nach
Jahrzehnten hat er doch begonnen, mit ihr zu leben. Er
fürchtete noch eine andere psychische Last: »Ich wollte einfach Amerikaner sein und niemals wieder den Nachteil empfinden, ein jüdischer Flüchtling zu sein.«

Heinz Storosum, der Geiger von La Hille, ist bis heute
nicht mit der Erinnerung fertig geworden. Was er an seine
Kameraden am 11. Mai 1993 schreibt, um seine Absage zu
dem zweiten Treffen der La Hiller zu begründen, mag auch
für andere zutreffen: »Lieber Alex Frank, meine lieben
Freunde von La Hille, in sehr großer Eile hatte ich, als ich
Ende des vorigen Jahres von Dir, lieber Alex, und von Ursula
Junk von dem Vorhaben des Treffens hörte, meine Mitarbeit
zugesagt. Aber bald darauf kamen mir viele emotionale Erinnerungen, die ich verdrängt hatte, zu Bewußtsein. Ich
konnte nicht mehr schlafen, und es fiel mir schwer, die Kon-
zertveranstaltungen mit meinem collegium musicum judaicum fortzusetzen. Dennoch hatte ich die Kraft, mich in die
Arbeit, die Musik, zu stürzen, um abgelenkt zu sein, und entschloss mich, nicht nach Südfrankreich zu kommen.«

Einem der einstigen Jungen scheint es gelungen zu sein,
das Vergangene aus seinem Gedächtnis zu löschen, um den
Schmerz der Erinnerung nicht fühlen zu müssen. Herbert
Kammer, der mit den Quäkern in die USA kam, war neun
Jahre alt, als ihn sein Vater in einen Zug von Wien nach Brüssel setzte. »An die zwei Jahre danach habe ich überhaupt
keine Erinnerung«, sagt er. »Ich erinnere mich an die Ankunft in Brüssel und dann, wie ich in Milwaukee ankam, im
Sommer 1941.«

Inzwischen hatte Alexander Frank die Idee eines großen
Treffens an den Orten ihrer Gemeinsamkeit gehabt. Es fand
1993 in Südfrankreich statt, in Seyre und La Hille und an der
Gedenkstätte für die Partisanen, zu denen Egon Berlin gehörte, und wurde ein eindrucksvolles Wiedersehen für alle

Beteiligten. Das waren außer den ehemaligen Kindern auch deren Betreuer und Helfer aus der Schweiz und aus Frankreich. Es gab Empfänge und Ansprachen mit vielen Dankesworten. Die Geschichte der Kinder von La Hille wurde noch einmal erlebt und erzählt – und festgehalten in dem Film von Ursula Junk.

Bei diesem Treffen standen sich auch die beiden dominierenden Persönlichkeiten der Kinderkolonie, Rösli Näf und Alexander Frank, gegenüber. Rösli Näf entschuldigte sich öffentlich für ihr Verhalten gegenüber Alexander Frank und dieser fand seinerseits lobende Worte für die verantwortungsvolle Tätigkeit seiner Nachfolgerin in La Hille. Sie waren versöhnt und sprachen herzlich miteinander. Sie wussten, dass sie beide ihren guten Anteil daran hatten, dass die Menschen, die sich hier in Südfrankreich trafen, gerettet wurden. Die Differenzen von einst spielten keine Rolle mehr. Sie waren beide älter und klüger geworden.

Schon längst hatten sie sich versöhnt und in Briefen gegenseitig ihre Hochachtung für die Leistungen des anderen bekundet. Die Kontaktaufnahme war von Alexander Frank ausgegangen. Es gab einen guten Anlass: Mehrere Personen, die an den Rettungsaktionen besonderen Anteil hatten, sollten eine Auszeichnung des Staates Israel erhalten. Als Gäste waren Alexander Frank und Rösli Näf geladen. Alexander Frank hatte es von Herrn Herz, dem Vertreter von Yad Vashem, erfahren und schrieb an Rösli Näf. Er schrieb von ihrer Initiative, ihrem Mut und ihrem großen Einsatz zur Rettung der Kinder, er schrieb »unserer Kinder«. Rösli Näf antwortet ihm aus Nyborg in Dänemark:

»Lieber Herr Frank, ich möchte für Ihren Brief, den ich etwas verspätet via Herrn Herz erhalten habe, vielmals danken. In grossen Zeitabschnitten habe ich vernommen, wo Sie sich aufhielten. Es tat mir sehr leid zu hören, dass Ihre Frau nach schwerer Krankheit gestorben ist. Mit dem Umsturz in Deutschland fragte ich mich oft, wie es Ihnen wohl gehe. Sie

Brief von Rösli Näf
an Alexander Frank
am 4.3.1992

haben mir französisch geschrieben, haben Sie wirklich vergessen, wie mangelhaft ich diese Sprache beherrschte? Und was unserer beider ›Jungsein‹ und Mangel an ›Ausbildung‹ für die Aufgabe in ›La Hille‹ betrifft, gilt das meist für mich. Ich durfte eine fast überdisziplinierte Schar jüdischer Emigranten-Kinder übernehmen. Und wenn Sie schon in Ihren Zeilen die Tage in ›Vernet‹ andeuten, so muss ich ehrlicherweise dazu schreiben, dass ich ganz einfach nicht anders konnte, weil mir besonders durch den brutalen Einbruch und das Wegführen der ›Ältesten‹ bewusst wurde, wie lieb sie mir alle geworden. Es war einfach unerträglich! Auch was später an der Schweizer Grenze geschah, werde ich wohl nie verzeihen, es führte auch dazu, dass ich 1948 nach Dänemark auswanderte. – Und nun doch, wo die 80 überschritten sind, meine ich es so eingerichtet zu haben, dass ich in der Schweiz sterben kann. Nochmals Dank für Ihre Zeilen. Ich wünsche Ihnen alles Gute. Ihre Rösli Näf.«

Zu dem Treffen in Südfrankreich war Rösli Näf aus Dä-

290

nemark angereist, wo sie Jahrzehnte lebte, bevor sie im hohen Alter in die Schweiz zurückkehrte. Alexander Frank kam aus Berlin, seinem letzten Wohnsitz. Er lebte mit seiner Frau seit 1956 in der DDR.

Im Herbst 2000 gab es noch einmal eine Zusammenkunft in Südfrankreich, aber da lebte Alexander Frank nicht mehr, und Werner Rindsberg hatte es übernommen, das Treffen zu organisieren. Ob das Alter, die Gesundheit und die Finanzen weitere weite Reisen für ein Wiedersehen in einem großen Kreis gestatten, ist natürlich ungewiss. Die Verbindungen jedenfalls sind stabil und die Nachrichten fliegen dank moderner Technik schnell um den Erdball.

Die folgenden Daten mögen andeuten, was aus den fast hundert jüdischen Kindern aus Deutschland und Österreich nach ihrer Befreiung geworden ist. Sie erlernten einen Beruf, arbeiteten, heirateten, gründeten Familien, sie hatten ihre Lebenszeit. Jeder Mensch hat ein Recht darauf zu leben. Die kurzen Daten belegen, dass sich die La Hiller dieses Recht genommen haben. Wer die Daten der Überlebenden liest, sollte auch daran denken, dass es viele Menschen gab, die halfen, das Recht auf Leben durchzusetzen. So schwierig und gefährlich die Lage auch war, die Fakten beweisen: Es war möglich zu helfen. Man musste es nur wollen.

Den kurzen Daten werden manchmal ausführliche Informationen beigegeben: Berichte über Rettungswege, über die berufliche Entwicklung, über Zwischenstationen bis zum Erreichen eines Ziel- und Ruhepunktes. Es hätte den Fluss der Erzählung aufgehalten, wenn alle Informationen in sie hineingegeben worden wären. Aber ich denke, man ist es den Lesern schuldig, mehr zu berichten, als in dem erzählten Ablauf der Ereignisse untergebracht werden konnte. Wer also fragt, was aus dieser oder jenem geworden sei, der findet es in der folgenden namentlichen Auflistung.

Vollständigkeit konnte aus unterschiedlichen Gründen nicht erreicht werden. Manche haben nichts aufgeschrieben und sich auf das Erzählen während der Treffen beschränkt. Andere waren nicht bereit, über das Vergangene zu reden oder etwas aufzuschreiben. Einige La Hiller waren 1985, als das erste Treffen stattfand, bereits verstorben. Von Einzelnen ist nicht bekannt, wo sie geblieben sind.

Peter Bergmann   Jg. 1930, aus Wien > Israel > Österreich; verheiratet, keine Kinder, Werbegestalter

Ingeborg Berlin   Jg. 1923, aus Koblenz, verheiratet, 1 Sohn und 1 Tochter > USA > Schweiz, zurück in die USA

»Im Februar 1944 konnte ich von Barcelona aus nach den USA auswandern. Während des ersten Jahres in den USA arbeitete ich im Haushalt und habe in Abendkursen meine Schulbildung verbessert. Ich wollte dann gern studieren, aber natürlich fehlten die Mittel. Da aber wegen des Krieges eine große Nachfrage nach geschulten Pflegerinnen bestand, erhielt ich ein Stipendium für ein fünfjähriges Studium, das akademische Fächer und praktische Ausbildung kombinierte und zu einem Bachelor of Science Degree führte. Nach dem Abschluß arbeitete ich in einem großen Hospital in New York, in der Kinderabteilung. Im Frühjahr 1950 heiratete ich. In den folgenden Jahren widmete ich mich meiner Familie. Mehrere Jahre hatten wir unseren Wohnsitz in der Schweiz, weil mein Mann im Interesse seiner althistorischen Studien die Mittelmeerländer intensiv bereisen wollte und weil wir dort gute Schulen für die Kinder erwarten konnten. (…) 1966 kehrten wir in die USA zurück. Ich arbeitete einige Jahre, dann beschloss ich, europäische Geschichte zu studieren.«

Rosa Blau   Jg. 1931 > USA; verheiratet

Isidor (Isi) Bravermann   Jg. 1933 > Frankreich

Heinz Brünell Jg. 1925, aus Köln > Frankreich; verheiratet, keine Kinder

»Weder ich noch die anderen waren Helden, abgesehen von einigen Kameraden, die tatsächlich sehr gelitten und von denen einige auch den Tod gefunden haben. Sicher waren wir absolut arme Kinder, deren Eltern ermordet wurden, die ständig Hunger hatten, froren etc. und die ja auch in französischen Camps waren – ich war einige Monate in Gurs und einige Tage in Vernet – und die sich verstecken mussten. Aber all das genügt nicht, um öffentlich darüber zu reden. Sicher, ich habe es nie vergessen, aber ich behalte all das für mich.«

Ilse Brünell Jg. 1923, aus Köln > Israel; 2-mal verheiratet, 1 Sohn und 1 Tochter, Fremdsprachensekretärin

»Weil ich weder über Kenntnisse des Englischen, des Ivrith oder gar des Arabischen verfügte, begann ich meine ›Karriere‹ in einer Farbenfabrik, wo ich Zettel auf Farbdosen klebte. Ich nahm jedoch Englisch-Stunden und es gelang mir später, einen sehr guten Job zu bekommen. Jetzt arbeite ich nicht mehr. Ich erhalte eine relativ kleine Rente, mit der ich aber auskomme. Eine reiche Frau bin ich nicht, werde es auch wohl nie werden, denn dafür fehlen mir die charakterlichen Voraussetzungen.«

Edgar Chaim Jg. 1923 > Frankreich; verheiratet, 6 Kinder, Übersetzungsbüro in Montauban; Tätigkeit in der Großmarkthalle in Montauban.

Ab Januar 1945 gehörte er zum 11. Régiment d'Infanterie Étrangère in Montauban.

Er wurde bei Dijon militärisch ausgebildet, kam Mitte April zur 4. Division Marocaine und nahm in der französischen Armee an den Kämpfen bis zum Kriegsende teil. Seine Einheit stieß bis nach Bregenz am Bodensee vor. Bis 1947 blieb er Armee-Angehöriger, stationiert in Bregenz und Innsbruck. Er hatte Gelegenheit, Cillys Stücklers Mutter in Wien zu besuchen, die dort unter sehr schlechten Bedingungen lebte. Im Winter 1945/1946 bat sie Edgar, einen großen Teil ihrer Möbel zu zerschlagen, um etwas Holz zum Heizen zu haben. Auf ihren Wunsch holte er Cilly, die sich bei Kriegsende in einem Heim in Viroflay, einem Pariser Vorort, befand, während eines Urlaubs nach Wien. Von der französischen Militärbehörde bekam er die Erlaubnis dazu. 1947 wurde Edgar Chaim vom Militär entlassen und kehrte nach Frankreich zurück.

Joseph Dortort Jg. 1928, aus Bottrop > England; verheiratet, 1 Sohn

Werner Epstein und Gerti Lind
Werner kam im Juli 1945 aus einem KZ nach Paris zurück, wo er Gerti wiedersah. Fünf Monate später heirateten sie, 2 Töchter; 1963 > USA; Californien; Hanni Schlimmer und Edith Moser stellten der Familie Epstein ein Affidavit, damit sie in die USA kommen konnten. Werners Beruf ist Koch, er wurde Chef in einem Restaurant.

Alfred Eschwege Jg. 1928, aus Mannheim > USA; verheiratet, 1 Tochter; Schlosser

Eva Fernanbuk Jg. 1930 > Israel; verheiratet, 1 Tochter
»Wir fuhren durch ganz Spanien, vom Norden bis zum Süden, und Ende November stiegen wir auf das Schiff ›Guinée‹, das uns nach Palästina brachte. Nach einer Woche im Aufenthaltslager in Athlit kam ich zur Jugend-Aliyah [Organisation zur Vorbereitung auf das Leben in Palästina], da ich erst vierzehn Jahre alt war. Ich wurde zum ›Arbeiterinnen-Haushalt‹ geschickt, das war eine Art Landwirtschaftsschule,

in Chedera. Andere aus der Gruppe, mit denen ich ins Land kam, wurden nach Dgania B geschickt und wieder andere nach Kfar Ruppin. Nach zwei Jahren Hachshara [Ausbildung künftiger Siedler in einem landwirtschaftlichen oder handwerklichen Beruf] kam ich wieder mit diesen Gruppen zusammen, und wir besiedelten Ende 1946 Neveh Eilan. Dort errichteten wir einen Kibbuz. 1955 wurde der Kibbuz aufgelöst, und damals ging ich mit meiner Familie nach Jerusalem, wo ich bis heute lebe.«

Joseph, Siegfried und Martin Findling

Joseph: Jg. 1928, verheiratet, 4 Söhne
Siegfried: Jg. 1930, verheiratet, 3 Söhne und 1 Tochter
Martin: Jg. 1932, verheiratet, 2 Töchter und 2 Söhne
Alle drei sind Juristen und leben in den USA

»Als wir – meine Brüder Martin, Siegfried und ich – in den USA ankamen, wurden wir bei Pflegefamilien in Detroit untergebracht, ich bei einem deutsch-jüdischen, kinderlosen Ehepaar. Glücklicherweise kamen auch Max und Rosette Krolik zu einer Familie in Detroit, sodass wir in Kontakt blieben. Ein Jahr blieb ich bei der Pflegefamilie, und zwei Jahre später hatte ich schon mein eigenes Heim. Dann bin ich weiter zur Schule gegangen. Ich habe gearbeitet und meinen Lebensweg finanziert. Siegfried blieb bei einer Familie, bis er zur Universität ging. Martin war auch in einem guten Haus gelandet. Gegen Ende des Krieges wurde ich für kurze Zeit einberufen und konnte dann mein Studium fortsetzen. Nach drei Jahren habe ich mein Examen gemacht und wurde gleich wieder zum Korea-Krieg eingezogen. In verschiedenen psychiatrischen Armee-Hospitälern habe ich als Sozialarbeiter gearbeitet, und als ich entlassen wurde, ging ich zur Uni zurück. 1954 habe ich meinen Master degree in psychiatrischer Sozialarbeit erhalten. Siegfried (Fred) und Martin brauchten nicht zum Militärdienst, Fred wegen seiner Augen, Martin wegen einer Versteifung. Fred begann mit dem Studium, um Rechtsanwalt zu werden. Ich beschloss ebenfalls, Jura zu studieren, Martin trat in unsere Fußstapfen. Fred eröffnete 1956 eine private Kanzlei, ich trat drei Jahre später bei ihm ein. Martin ging nach Los Angeles und eröffnete dort eine private Kanzlei, die er jetzt noch betreibt. Ich war später Jugendrichter, dann zehn Jahre Direktor einer Anhörungsabteilung in der Administration des Staates Michigan. Diese Stelle gab ich auf, um wieder Richter zu sein, und das bin ich jetzt noch.«

Am 17. 7. 1994 schrieb **Joseph Findling** an Alexander Frank: »Ich konnte mir nicht vorstellen, dass es noch so viele aus dem Brüsseler Waisenhaus gibt. Jeder von uns Brüdern war schon mehrmals in Europa und in Israel, wir waren in Seyre und in La Hille und hatten keine Ahnung, ob noch jemand lebt. Monsieur de Capèle in Seyre erwähnte die Namen von ein oder zwei ehemaligen Kindern, ohne Details. Von einem unserer Jungen sagte er, er sei Kellner in Tel Aviv gewesen, ob immer noch, wusste er nicht. Ich versuche nun, die Namen und Adressen von La Hillern zu bekommen und mich mit Ihnen in Verbindung zu setzen. Da ist so viel aufzuholen, und die Zeit ist knapp.«

Ilse Wulff und Hans Garfunkel
  Ilse, Jg. 1925, aus Stettin (Szczecin)
  Hans, Jg. 1924, aus Königsberg (Kaliningrad)
  > Schweiz > 1947 Brasilien > 1948 USA;
  sie heirateten 1948 in New York, 1 Tochter
Hans arbeitete in Brasilien als Übersetzer, in den USA als Mitarbeiter in großen Firmen. Ilse erwarb ein Diplom für Kindererziehung und Krankenpflege und wurde Sozialarbeiterin, später Ausbilderin für Krankenpflege und hielt Vorlesungen über medizinisch-soziale Probleme.

Edith Goldapper   Jg. 1924, aus Wien > USA; verheiratet, keine Kinder, Buchhalterin
»Ich lebte in verschiedenen Internierungslagern in der

Schweiz, bis zum Jahre 1947. Dann wurde mir ein Arbeitsplatz in Zürich vermittelt und auch ein Zimmer. Somit stand
ich auf eigenen Füßen. Im Laufe der Zeit zeigte sich, dass
nur ein Onkel in Wien und eine Tante in Italien von meiner
Familie übrig geblieben waren. 1953 hatte ich Gelegenheit, in
die Vereinigten Staaten auszuwandern. Der amerikanische
Uhrenfabrikant Bulova verhalf vielen Flüchtlingen zu einem
Affidavit, darunter auch mir. Ich blieb in New York, wo ich
gleich nach meiner Ankunft eine Stelle bei einem Briefmar-
kenhändler fand. Ich brauchte schon einige Jahre, um mich
an das Leben in Amerika zu gewöhnen. Ich wechselte meine
Stelle und kam zu einer Art Zweigstelle der Bank Hapoalim.
Dort arbeitete ich in der Buchhaltung und blieb 26 Jahre, bis
zu meiner Übersiedlung nach Florida. Hier gefällt es meinem Mann und mir sehr gut. Ich bin mit vielen Kameraden
in Kontakt. Ich bin immer sehr viel beschäftigt, dazu spiele
ich auch noch Klavier und konnte mein Klavier von zu Hause
hierher bekommen. Es bedeutet mir sehr viel, da noch mein
Vater darauf spielte.«

Lixie Grabkowicz   Jg. 1924, aus Wien > USA; verhei-
                        ratet, 2 Söhne
»Am Tage, als die Amerikaner die Gegend befreiten, schickte
mich meine Familie, bei der ich untergebracht war, weg, und
über Umwege gelangte ich wieder nach Lyon. Wieder zurück
zum jüdischen Komitee. Auch Frieda Steinberg war in Lyon,
mit ihr war ich in Verbindung. Dann ging es wieder zurück
nach Isère. Der Sohn der Familie, die mich aufgenommen
hatte, verschaffte mir eine Stelle in Villard de Lans, das ist ein
Ort im Vercors, wo viele Kinder beherbergt waren, deren Eltern von den Nazis erschossen worden waren. Ein Jahr in
Villard de Lans, dann wieder zurück nach Lyon. Dort fand ich
eine Anstellung als Kinderfräulein, gleichzeitig besuchte ich
einen Kurs für Zahntechnik. Dort lernte ich meinen Mann
kennen. (...) 1951 gingen wir in die USA. Jahrelang war ich

zu Hause und versorgte die Familie. Wir kauften ein kleines Hotel in Lenox, Massachusetts. Die Umgebung ist sehr schön und im Sommer haben wir viel Betrieb hier. Mit den Gästen habe ich wenig zu tun. Mein Leben im Sommer dreht sich um das ausgiebige Frühstück, das wir servieren. Im Winter ist hier nichts los. Deswegen habe ich mich entschlossen zu studieren. Auf meine alten Tage werde ich noch gescheit.«

Leo und Willy Grossmann

Leo; Jg. 1924, verheiratet, 2 Töchter > Israel

Willy: Jg. 1926, verheiratet, 3 Töchter und 1 Sohn > Israel

Leo erzählte mir: »Nach dem Krieg haben wir versucht, nach Palästina zu kommen, weil wir nicht mehr in Europa leben wollten, denn wir meinten, dass es in allen europäischen Ländern Kollaborateure gab. Unser Einwanderungsersuchen wurde abgelehnt, da wir keine Papiere hatten. So sind wir zurück zu den Bauern, bei denen wir gearbeitet hatten, haben zwei Monate gewartet und dann haben wir versucht, in Marseille auf das britische Schiff ›Askanius‹ zu gelangen, es war das erste legale Einwandererschiff. Zwei junge Männer waren schon auf dem Schiff, ein Geschwisterpaar. Eine Frau bestätigte einem britischen Offizier, dass wir dieses Geschwisterpaar seien, und er holte die Papiere der beiden und ließ uns an Bord gehen. So sind wir mit fremden Papieren auf das Schiff gekommen. Die Koffer waren auf dem Bahnhof. Wir konnten sie nicht nachholen. Darum sind wir ohne alles, nur mit Hemd und Hose bekleidet, nach Palästina eingewandert. Wir kamen in ein Auffanglager bei Haifa. Ich ging bald nach Lehavoth Habashan und hinterließ die ersten Fußstapfen in der Ansiedlung. Wir waren dort zum Entsteinen des Bodens, so wie einst Kaiser Barbarossa es uns wünschte. Was ich gemacht habe? Während der Kämpfe im Jordantal 1948 diente ich in der Marine. Ansonsten: Fabrikarbeiter, Touristenführer in einer Olivenholzfabrik, heute beim Teppichverkauf in Or Akiba-Caesarea.«

Willy, der lieber seinen Bruder reden und schreiben lässt und nur kurze Ergänzungen nachträgt, erzählte: »Ich ging im Kibbuz Hachoresh zur Arbeit und zum Studium, später war ich in einem Kibbuz zur Verstärkung der Siedlung Nirim im Süden, an der ägyptischen Grenze. Nach schweren militärischen Operationen im Jahre 1948 wurde Nirim zu einer blühenden Siedlung, hier bin ich noch heute tätig.«

Ruth Herz   Jg. 1922, aus Holzheim > USA; verheiratet, 2 Töchter

»Das Heim des Roten Kreuzes in Südfrankreich, in dem ich arbeitete – bis zur Befreiung mit fremder Identität – wurde 1947 geschlossen. Man versetzte mich in ein Kinderheim in Pau, in den Pyrenäen. Inzwischen hatte Herr Frank es fertig gebracht, mich mit Verwandten in England in Kontakt zu bringen. Mit deren Hilfe wurden Verwandte in New York von meinem Dasein unterrichtet. Sie schickten mir prompt ein Affidavit und ließen mich Ende 1947 in die USA kommen. Hier arbeitete ich einige Monate in einem jüdischen Kinderheim. Ich sparte jeden Groschen und konnte dann einen einjährigen Kurs als praktische Krankenschwester absolvieren. Dreißig Jahre war ich als Krankenschwester tätig, die letzten zehn Jahre in der Psychiatrie.«

Mir schrieb Ruth Herz: »Während meiner Internierung in Gurs arbeitete ich als Helferin in der Krankenabteilung, wo viele Ruhrkranke lagen. Von diesem Zeitpunkt an hatte ich den Wunsch, Krankenschwester zu werden. Dieser Wunsch ging in Erfüllung, nachdem ich im November 1947 in New York angekommen war.«

Edith Jankielewicz   Jg. 1931, aus Herne > Israel, verheiratet, 1 Tochter;
zwei Jahre Landwirtschaftsschule, danach im Kibbuz Ramat Haneguev; Reiseleiterin, Dolmetscherin

Inge Joseph	Jg. 1925, aus Darmstadt > Schweiz > 1946 USA zu ihrem Vater und ihrer Schwester, die aus Deutschland emigriert waren; verheiratet,1 Adoptivtocher; Kinderkrankenschwester, leitende Tätigkeit in einem Krankenhaus Chicagos; sie schrieb zwei Bücher über Krankenpflege.
Manfred Kamlet	Jg. 1925, aus Berlin > Schweiz; verheiratet, 1 Tochter, Schneider
Walter Kamlet	Jg. 1922, aus Berlin > Schweiz; Musiker, Pianist; er lehrte am Baseler Konservatorium
Herbert Kammer	Jg. 31 > USA; verheiratet, 1 Sohn
Margot Kern	Jg. 1926, aus Aschersleben > Schweiz > Israel; verheiratet, 2 Töchter, Mitarbeit an einem Lexikon

»Als ich endlich etwas über meine Eltern in Erfahrung gebracht hatte, habe ich ihren letzten Brief erhalten, in dem stand, dass sie deportiert werden würden. Wohin, wusste keiner. Danach bin ich krank geworden. Operation, Krankenhaus und einige Wochen bei einer Freundin von Frl. Näf in Zürich. Danach, da ich keine Familie und keine Freunde hatte, bin ich in ein Arbeitslager für Flüchtlinge nach Luzern geschickt worden. In dieser Stadt habe ich Regina Rosenblatt wiedergefunden, die von ihrer ›Patin‹ aufgenommen worden war, und sie war meine einzige Freundin in Luzern. Frl. Näf kam noch einmal zu Hilfe. Sie kam zurück in die Schweiz und arbeitete im Zentrum Henri Durant in Genf, in einem Aufnahmelager des Schweizer Roten Kreuzes für flüchtende Kinder. Ich konnte dort arbeiten und auch Regina Rosenblatt. Wir sind bis zum Ende des Krieges dort geblieben.«

Helga Klein Jg. 1925, > Schweiz

Kurt (Onze) Klein Jg. 1925, aus Mattersburg > England
> Österreich; verheiratet, 1 Tochter,
Tabakgeschäft in Wien

Ruth Klonover Jg. 1924, aus Dortmund > Schweiz
> Israel; verheiratet, 1 Sohn, Sozialarbeiterin

»Nach einem Lageraufenthalt wurde ich bei Familie Frei, meinen Paten, untergebracht. Ich absolvierte ein Praktikum in einem Kindersanatorium und besuchte später in Zürich ein Abendgymnasium. Dann kam ich in einen Privathaushalt zur Kinderpflege. Mit Peter Salz holte ich bei Familie Dym Mathematiklücken auf. An Sonn- und Feiertagen traf ich mich mit Ilse (Wulff) in Genf, auch mit A. und anderen La Hillern. Ich besuchte die Soziale Frauenschule und arbeitete nach diesem Schulabschluss in der Kinderstation des Schweizer Roten Kreuzes in Adelboden, dann in einem jüdischen Kinderheim. In Zürich hatten wir Kontakt mit der zionistischen Bewegung. 1948 kam der Aufruf, nach Israel zu kommen. In der Schweiz besorgten wir uns ein Rückreisevisum. Illegal gingen wir über die Schweizer Grenze nach Frankreich. In Marseille war ein Vorbereitungslager für die Haganah [jüdische militärische Organisation], dort war ich Gruppenleiterin. Im Mai 1948, als Ben Gurion den israelischen Staat ausrief, gingen wir auf das Schiff.«

Irene und Guita Kokotek > Frankreich
Irene: verheiratet, 2 Töchter, Sekretärin
Guita: verheiratet, 2 Söhne, Erzieherin

Frieda Kriegstein   Jg. 1934, aus Köln

Rita und Fanny Kuhlberg aus Hannover > Toulouse >
            Israel;
   Rita: Jg. 1928; verheiratet, 1 Tochter, 1 Sohn, Sekretärin
   Fanny: Jg. 1929,verheiratet, 2 Söhne, arbeitete zusammen
   mit ihrem Mann, der Fotograf ist.
Fanny: »Nach dem Krieg kam ich nach Toulouse, wo ich wieder mit Rita, meiner Schwester, zusammen war. Anfang 1945
kamen wir nach Paris, St. Cloud. Bis September waren wir
da in einem großen Haus und lernten oder waren beschäftigt.
Dann ging es nach Palästina, auf einem englischen Trans-
portschiff. Ich kam legal mit der Jugend-Aliyah am Rosh
Hashanah in Palästina an.«

Gerhard Kwaczkowski   Jg. 1926, aus Berlin > USA; ver-
            heiratet, 1 Adoptivsohn, Taxifahrer

Peter Landsmann   Jg. 1925, aus Wien

Rita Leistner   Jg. 1925, aus Wien > Australien; ver-
            heiratet, keine Kinder
Sie hat nach dem Krieg in Paris für eine internationale Organisation gearbeitet, die Kinder und Jugendliche betreute.

Leo Lewin   Jg. 1925, aus Berlin > Argentinien;
            verheiratet, 1 Sohn und 1 Tochter; er
            vertritt seit vielen Jahren internatio-
            nale Unternehmen der Holzbranche
            in Argentinien.
Er kam am 1. 1. 1943 über die Schweizer Grenze, blieb bis
1948 in der Schweiz und wanderte dann nach Argentinien
aus, wo seine Mutter und sein Bruder lebten. Es war ihnen gelungen, ein Visum für Leo zu bekommen. Die Eltern waren
im Frühjahr 1941 mit dem letzten Schiff von Deutschland

nach Lissabon gekommen und sind von dort nach Argentinien ausgewandert. Sein Vater starb 1944.

Seine Frau Renée hatte denselben Lebensweg wie Leo: Sie wurde 1939 mit einem Kindertransport nach Südfrankreich geschickt und war in verschiedenen OSE-Heimen. Sie kam 1943 ebenfalls illegal über die Schweizer Grenze. 1946 reiste sie zusammen mit ihrer Schwester über Bolivien illegal nach Argentinien ein, denn damals war es sehr schwer für Juden, ein argentinisches Visum zu erhalten. Ihre Eltern lebten schon sieben Jahre in Argentinien.

Gustav und Manfred Manasse
Gustav: Jg. 1931, Manfred Jg. 1935 aus Frankfurt/Main > USA;
Gustav: verheiratet, 1 Sohn und 1 Adoptivkind, Psychoanalytiker, er lehrte an der Universität;
Manfred: verheiratet, 1 Kind, 3 Adoptivkinder, studierte Physik und Mathematik, erhielt einen Lehrstuhl an der Universität, Fachgebiet Ballistik

Moser, Edith   Jg. 1924, aus Hannover > USA; verheiratet, 1 Sohn und 1 Tochter, Krankenpflegerin

»In der Schweiz war ich mehrere Monate interniert. Ich konnte mich aus dem Lager befreien, weil ich als Dienstmädchen zu einer Familie ging. Ich wurde dort aber so schlecht behandelt, dass mich Elsbeth Kasser zu sich nahm. Sie war in Südfrankreich als Krankenschwester tätig. Ich half ihr finanziell mit Nähen und ging abends zur Schule. Zufällig hörte ich, daß die OSE die Ausbildung zur Krankenpflege für neun Monate bezahlt, und so kam ich auf die Pflegerinnenschule La Source in Lausanne. Ich habe die Prüfung so gut bestanden, dass mir die Schule ein Stipendium gab und ich weiterlernen konnte. Dann wurde ich sehr krank und konnte nicht mehr an eine Arbeit als Krankenpflegerin denken.

Meine Mutter, die den Krieg in England verbracht hatte, war 1948 nach Amerika gegangen. Der einzige Weg für eine Wiedervereinigung war, dass auch ich in die USA ging. Der Anfang war schwer wie jede Umstellung. Zuerst habe ich als Gouvernante eines kleinen Jungen gearbeitet und fast nur französisch gesprochen; der Junge hat mir Englisch beigebracht. Später habe ich in einem Spital gearbeitet. Als mir das zu schwer wurde, habe ich Büroarbeiten gemacht.«

Nohr, Fernand   Jg. 1930, verheiratet > Frankreich > Deutschland; 1 Sohn

»Einige Monate nach meiner Rückkehr von La Hille nach Montauban zu meiner Mutter wurde Frankreich befreit und wir konnten aus der Illegalität, in der wir seit 1942 gelebt hatten, wieder in ein normales Leben zurückkehren. Bis 1945 besuchte ich weiterhin das Lyzeum und Ende 1945 kehrten meine Eltern nach Deutschland zurück. Ich hatte anfangs einige Schwierigkeiten, mich in Deutsch auszudrücken, beendete aber die Oberschule in einem Internat in Dreyssig bei Zeitz mit dem Abitur und begann ein Physikstudium in Berlin, das ich leider wegen einer sehr langen Krankheit nicht beendet habe. Nach meiner Genesung arbeitete ich bis zu meiner Pensionierung als Redakteur im Rundfunk der DDR, zunächst für die Sendungen in französischer Sprache, dann auf außenpolitischem Gebiet. Nebenbei war ich oft als Dolmetscher und Übersetzer tätig.«

Addi Nußbaum   Jg. 1925, verheiratet, 1 Sohn und 1 Tochter > Schweiz > USA

»Nach einer gewissen Zeit in Arbeitslagern konnte ich in Zürich das Juventus-Institut besuchen. Ich bestand die Aufnahmeprüfung an der Universität Bern und begann Mathematik zu studieren. Im Februar 1947 ging ich in die USA und begann bald mein Studium an der Columbia University in New York. Nachdem ich mein Ph.D. in Mathematik erhalten hatte, arbeitete ich am Institute for Advanced Studies in Princeton. 1958 folgte ich einem Ruf und trat der Fakultät für Mathematik an der Washington University in St. Louis bei, wo ich schon viele Jahre Professor der Mathematik bin.«

Lotte Nußbaum   Jg. 1923 > Schweiz
»In der Schweiz war ich in einem Auffang- und Arbeitslager, nahm an einem Kursus im Volksbildungsheim Herzberg teil, arbeitete bei einer Schweizer Familie und erhielt eine Ausbildung an der Schule für Soziale Arbeit in Zürich, die mir ein Stipendium erteilte. Anschließend folgte Arbeit unter Flüchtlingskindern, geistig Behinderten und gefährdeten jungen Mädchen. Danach vervollkommnete ich meine Ausbildung in Basel und London mit Blick auf eine künftige Arbeit in Afrika. 1952/53 war ich sieben Monate in Lissabon, um Portugiesisch zu lernen. Von dort ging mein Weg nach Angola, wo zuerst eine Bantu-Sprache zu erlernen war. Zwanzig Jahre lang war ich, mit kurzen Urlaubsunterbrechungen, im afrikanischen Inland als Erzieherin unter der eingeborenen Jugend tätig. Meine Hauptaufgabe bestand darin, eine Mädchenschule zu gründen und zu führen. Im Juli 1973 gab ich meine Arbeit in Afrika auf und reiste als jüdische Neueinwanderin in Israel ein. Der Sechs-Tage-Krieg 1967 und andere Ereignisse hatten mich wachgerüttelt. Es zog mich zu meinem jüdischen Volk nach Israel. Nun lernte ich Iwrith und fand eine Stelle in einer Institution für geistig Behinderte in Herzlia. Später schulte ich mich um für eine Aufgabe unter Blinden. Acht Jahre arbeitete ich als Rehabilitationslehrerin für Blinde in Hadera. Im Grunde genommen bin ich seit Seyre und La Hille immer ein ›Chef de groupe‹ geblieben!«

Rudi Öhlbaum   Jg. 1927, aus Berlin > England; verheiratet, 3 Söhne, Krawattenfabrikant

Werner Rindsberg   Jg. 1924 > USA; verheiratet, 3 Söhne
»In New York fand ich eine Stelle als Werkzeugmacherlehr-
ling und vervollkommnete zugleich meine Schulung durch
Abendkurse. Da Amerika ein paar Monate nach meiner Ankunft in den Krieg einstieg, wurde ich 1943 zum Wehrdienst
einberufen. Ab dieser Zeit wollte ich die ganze Vergangenheit hinter mir lassen und mein Leben in Amerika auf die Zukunft orientieren. Deshalb wechselte ich 1944 meinen Namen zu Walter Reed, als mir die Staatsbürgerschaft der USA
gewährt wurde. In der Armee diente ich zuerst bei den Pio-
nieren. Wir kamen 1944 in England an. Eine Woche nach der
Invasion war ich schon in der Normandie und nach der Befreiung von Paris wurde ich für Military Intelligence ausgebildet und diente mit der Spezialabteilung einer Infanterie-
division unter General Patton, zuerst in der Nähe von Metz,
dann hinter dem Ardennenwald. Unsere Hauptaufgabe war
die Vernehmung deutscher Gefangener an der Front, um
Auskunft über Truppenbewegungen u. Ä. zu erhalten. Nach
dem Waffenstillstand war ich in verschiedenen deutschen Ge-
bieten, unter anderem hatten wir die Aufgabe, alle Mitglieder der NSDAP von der Marburger Universität zu weisen.
Ich war 21 Jahre alt. Anfang 1946 kehrte ich nach Amerika
zurück und wurde als Oberfeldwebel aus der Armee entlassen. Bis 1949 studierte ich an der Universität von Missouri.
Diese hat eine der besten Schulen für Journalisten und das
war mein Berufsziel. Ich bin aber sofort auf Public Relations
umgestiegen und habe in diesem Beruf über vierzig Jahre gearbeitet, zuerst in Kansas City, seit 1958 in Chicago. Dort
wurde ich Director of Public Relations für den nationalen
Verband der amerikanischen Warenautomaten-Industrie und
behielt diese Stellung, bis ich in den Ruhestand trat. Dann
habe ich mein eigenes Beratungsgeschäft gegründet, in dem
ich heute noch teilweise beschäftigt bin.«

Else Rosenblatt Jg. 1925, aus Baesweiler > Schweiz > Israel; verheiratet, keine Kinder, Krankenschwester

»Ich war in verschiedenen Flüchtlingslagern und bei Familien in der Schweiz. 1945 besuchte ich eine Haushaltungsschule in Neukirch, danach eine Schwesternschule in Lausanne. Damit war erstmals seit 1938 ein normales Leben verbunden. Ich erwarb ein Diplom und erhielt eine Stelle als Krankenschwester. Im Januar 1951 fuhr ich nach Israel, in den Kibbuz Nachshonim. Hier gab es allerlei Tätigkeiten für mich: im Gemüsegarten, in der Orangenplantage und natürlich als Säuglingspflegerin. Zwischendurch arbeitete ich im Notspital Rosh Haajin bei der Aufnahme von Einwanderern aus dem Jemen. 1958 zog ich nach Ashkelon und arbeitete wieder mit Neueinwanderern. In der neuen Schwesternschule am Spital von Ashkelon wurde ich Lehrerin-Instruktorin und drei Jahre war ich mit Frühgeborenen beschäftigt. Dazwischen liegen mehrjährige Aufenthalte in Buenes Aires und Genf.

Meine Schwester Regina war bis 1945 wie ich in der Schweiz, dann fuhr sie nach Paris. Das Leben in Paris war in den Nachkriegsjahren sehr hart. Sie lernte Sozialarbeit am Baerwaldseminar, arbeitete als Sekretärin und heiratete einen Mitarbeiter des fliegenden Personals der Air France. Anfang der 80er Jahre hatte Regina einen Autounfall mit schrecklichen Nachfolgeerscheinungen.«

Toni Rosenblatt Jg. 1931 > Schweiz; verheiratet, keine Kinder; Pädagogin, leitete zusammen mit ihrem Mann ein Kinderheim, später Leiterin eines Reisebüros

Jacques Roth Jg. 1925, aus Sterkrade, Polen > Frankreich; verheiratet, keine Kinder, Schriftsteller

Er begann Medizin zu studieren, musste es aber, wie er schreibt, »wegen Mangel an Moneten« aufgeben. Den ersten richtigen Job bekam er 1950 in einer Redaktion, die Informationsprogramme über den Marshall-Plan für die Medien erarbeitete. Mehr als zwanzig Jahre lang war er in der Werbung tätig, was mit vielen Auslandsreisen verbunden war. Schließlich wurde er Präsident und Generaldirektor der französischen Filiale einer großen US-amerikanischen Werbeagentur. 1979 begann er Romane zu schreiben, der erste hieß »Yovel« und erschien 1982. Er nahm noch einmal ein Studium am Nationalen Institut für Orientalische Sprachen und Kultur an der Sorbonne auf und erwarb ein Diplom.

Frieda Rosenfeld   Jg. 1927, aus Wien

Ingeborg Rübler   Jg. 1931, aus Wien > Belgien, > 1949
                          zurück nach Wien > 1951 in die USA,
                          Los Angeles; verheiratet, 1 Sohn,
                          Hausfrau

Salz, Peter   Jg. 1926, aus Berlin > Israel; verhei-
                      ratet, 3 Töchter, 1 Sohn

»Im Schweizer Internierungslager bekam ich die Windpocken und wurde ins Krankenhaus gebracht und von dort, durch Bemühungen meiner Paten, befreit. Zwei Jahre wohnte ich bei meinen Paten in Zürich. Ich besuchte eine Schule zur Matura-Vorbereitung, machte im Frühjahr 1945 das Examen und siedelte dann allein nach Genf über. Dort hat mir Leo Lewin am Anfang geholfen. Ich bekam Unterstützung von der Flüchtlingshilfe und studierte ein Jahr Mathematik an der Genfer Universität. 1946 schloss ich mich dem Haschomer Hazair [zionistische Jugendbewegung] in Genf an, beschloss, in Israel zu leben, verließ die Universität und ging zur Hachschara [Ausbildung für künftige Siedler], um alles für die Landwirtschaft zu lernen. Im April 1948, mit der

Mobilisierung Freiwilliger für Israel, verließ ich illegal die Schweiz, kam in ein Armeelager in der Nähe von Marseille, und Mitte Mai erreichten wir auf einem französischen Schiff Israel. Ich war anderthalb Jahre in der Armee, beteiligte mich an Kämpfen um den Weg nach Jerusalem, später im Negev. Nach der Demobilisierung, 1949, ging ich in den Kibbuz Lehavoth Habashan, wo schon andere junge Leute aus der Schweiz Fuß gefasst hatten, auch Ruth Schütz, und so trafen wir uns dort wieder. Ich besuchte einen Wirtschaftskurs und wurde Wirtschaftsleiter des Kibbuz'. In den sechziger Jahren begann ich Mathematik zu unterrichten, ohne eine weitere Ausbildung. 1973 bis 1975 studierte ich dann an der Universität Haifa Mathematik und beendete schließlich mit fünfzig Jahren den Master. Seither bin ich teilweise Mathematiklehrer, teilweise Buchhalter.«

Paul Schlesinger Jg. 1929, aus Wien > Schweiz > Kanada; verheiratet, 2 Söhne

Schlimmer, Hanni Jg. 1926 > USA; verheiratet, 2 Söhne
»Meine Karriere kam spät. Erst 1979 konnte ich meinen M. A. in Literaturwissenschaft ablegen. Seitdem bin ich als Lehrerin und Übersetzerin tätig.«

Schragenheim, Inge Jg. 1924, aus Köln > England; verheiratet, keine Kinder
»Ich ging 1943 illegal in die Schweiz. In Montreux, in einem schönen Hotel, arbeitete ich dann im Büro bis 1945. Die italienischen Juden gingen nach dem Krieg wieder zurück nach Italien und ich habe mich entschlossen, mit ihnen zu gehen. Meine Mutter kam auch mit. Ich hatte keinerlei italienische Papiere. Es war nicht allzu schwierig, den Zollbeamten eine kleine Geschichte zu erzählen, und so kam ich im Mai 1945 in Milano an. Obwohl ich weder Papiere noch irgendwelche Hilfe bekam, ist es mir gelungen, dort mein Leben aufzubauen.

Ich hatte eine gute Stellung in der UNRRA und in der Allied Commission. 1946 lernte ich meinen Mann kennen, der in der polnischen Armee unter englischer Flagge gewesen war. Er wurde nach England gesandt und ich folgte ihm, später kam auch meine Mutter. Das Leben in England war nicht leicht, aber wir hatten bald unser eigenes Geschäft und unser schönes Heim.«

Schütz, Betty   Jg. 1927, aus Berlin, verheiratet > England

»La Hille habe ich am 12. September 1943 in Begleitung von Herrn Lyrer verlassen. Er hat mich bis nach Annecy gebracht, wo mich meine große Schwester erwartet hat. Ruth, die in der Gegend in der Résistance tätig war, hat mich noch am selben Abend nach Annemasse weitergeschickt, um dort die Schweizer Grenze zu übertreten. Es hat noch zwei Tage gedauert, bis ich in ›Freiheit‹ war, das heißt in relativer Freiheit, denn ich habe noch vier Monate in verschiedenen Schweizer Lagern verbracht, aber darüber lohnt es sich nicht zu schreiben. Ende Januar 1944 wurde ich von einer guten, bürgerlichen Schaffhauser Familie ›adoptiert‹, und da ich mit vierzehn Jahren nicht mehr schulpflichtig war, schickten sie mich zur weiteren Ausbildung in eine Haushaltsschule, um auf Schweizer-Art gut ›putzen‹ zu lernen. Im April 1945 kam ich nach Bern zu einer schwer kranken Verwandten dieser Familie, um sie zu pflegen und ihr den Haushalt zu machen. In Bern habe ich endlich wieder jüdische Jugendliche gefunden und sogar einige La Hiller. Kurz nach dem Ende des Krieges bekam meine Mutter die Genehmigung, mich nach London zu bringen, wo sie die Kriegszeit verbracht hatte. Mein Wunsch war es, so schnell wie möglich die Sprache und einen Beruf zu erlernen, um meiner Mutter helfen zu können. Ich wurde Sekretärin und habe auch ab und zu französische Übersetzungen gemacht. Ab 1948 arbeitete ich in verschiedenen israelitischen Organisationen und lernte so meinen Mann, Alan, kennen, der erst kurz vorher als Freiwilliger in der israelischen Luftwaffe gedient hatte. (…) Seit fünfzehn Jahren bin ich Teilhaberin in Alans Betrieb. Wir fabrizieren und verkaufen Zentralheizkörper und anderes.«

Schütz, Ruth   Jg. 1925, verheiratet, 4 Söhne >
                     Israel; Krankenschwester
Im November 1944 stieg sie im Hafen von Cádiz auf ein portugiesisches Schiff und fuhr nach Palästina, nun endlich legal. Von den Engländern wurde sie bei der Ankunft des Schiffes als Einwanderin deutscher Herkunft interniert. Sie gehört zu den Gründern des Kibbuz Lehavoth Habashan. Sie lernte in Israel den Beruf der Krankenschwester und arbeitete in der Klinik des Kibbuz'.

Irma Seelenfreund   Jg. 1921, aus Frankfurt/Main

Frieda Steinberg   Jg. 1924, aus Wien, 2-mal verheiratet,
                         1 Tochter > Israel; Grafikerin und
                         Kunsthistorikerin
»Ich blieb als Erzieherin in Mégève in der Haute Savoie bis zur Befreiung Frankreichs im Sommer 1944. Die Israelische Jugendhilfe sandte mich nach Lyon, wo ich auf einen Studienplatz in Paris wartete. Inzwischen arbeitete ich als Sozialhelferin im Comité Juif. Es war meine Aufgabe, repatriierte Juden aus deutschen Konzentrationslagern zu empfangen und auch nach Deportierten zu suchen. Die Studienbörse erlaubte es mir, nach Paris zu gehen, um dort an der École des Arts Décoratifs et Appliqués zu studieren. Paris war wunderschön, aber die Einsamkeit in der Millionenstadt groß, auch der Hunger. Die Halbtagsarbeit im Büro des Service social des Jeunes brachte mir nicht genug ein, um Miete und Essen zu bezahlen. Um diese Zeit fand ich meine Schwester wieder, aber nicht mehr meine Eltern. Meine Schwester hatte geheiratet, wohnte in Brüssel und drängte

darauf, dass ich nach Belgien zurückkehre, was ich zu Weihnachten 1945 tat. In Belgien arbeitete ich die erste Zeit, bis ich eine provisorische Arbeitserlaubnis bekam, als Erzieherin in einem jüdischen Kinderheim. Dann fand ich einen Posten als Sekretärin in einer Import-Export-Firma und studierte abends an der Académie Royale des Beaux Arts Graphik. Ende 1948, nach einem aufregenden antisemitischen Zwischenfall, entschloss ich mich, nach Israel zu gehen, und im April 1949 landete ich in Haifa. Ich bekam fast sofort Arbeit als Reklamezeichnerin. Seit den fünfziger Jahren wohne ich in Nathania. Inzwischen hatte ich Zeit, das Kunstmalen zu erlernen, meine Matura abzulegen und mein letztes Jahr des Studiums der Kunstgeschichte an der Tel Aviver Universität zu beenden. Wenn es die Umstände erlauben, werde ich weiter studieren.«

Heinz Storosum   Jg. 1923, aus Köln > Niederlande; er war einer der Musiker unter den Kindern und ist Musiker geblieben. Er leitet das Collegium musicum judaicum Amsterdam.

Martha Storosum   Jg. 1927, aus Köln > Israel; keine Kinder

Cilly Stückler   Jg. 1929, aus Wien > Österreich; verheiratet, Sekretärin in der Kulturabteilung der französischen Botschaft

Mitglieder der Résistance brachten nach der Befreiung Cilly und ihre Schwester Gerti nach Toulouse. »Von Toulouse wurden wir nach einiger Zeit nach Paris in Heime gebracht, die vom American Joint finanziert wurden. In Paris blieb ich dann bis Ende 1945. Dann brachte mich Edgar Chaim, der als französischer Besatzungssoldat in Österreich stationiert war, zu meiner Mutter nach Wien zurück.«

Cilly Stückler ist nicht alt geworden. Sie erkrankte an einem Gehirntumor. Ihr Mann hatte sie verlassen. Sie starb einsam in Wien.

Norbert Stückler   Jg. 1926, aus Wien; verheiratet, Berufssoldat

Heinz Voss   Jg. 1933, aus Köln > Spanien > Israel; verheiratet, 1 Sohn

Fanny Weinberg   Jg. 1929, aus Köln > Frankreich

Luzian Wolfgang   Jg. 1925 aus Österreich, 2-mal verheiratet, 1 Tochter
                          > Österreich > Deutschland; Wirtschaftswissenschaftler, Unternehmensberater

»Nach dem Krieg war ich noch eine Zeitlang in der französischen Militärverwaltung tätig – in Wien, nachdem ich die Möglichkeit hatte, zu meiner Mutter nach Wien zurückzukehren. Mein Vater blieb Zeit seines Lebens in England und kehrte nicht mehr nach Österreich zurück. Ich begann ein Studium als Schwachstromingenieur, später wechselte ich zum Wirtschaftsingenieur und zum Studium des Maschinenbaus, das ich allerdings mehrmals unterbrechen musste, teils aus wirtschaftlichen Gründen, teils wegen Krankheit, ich hatte aufgrund der Entbehrungen im Krieg Hauttuberkulose und musste mich kurieren lassen. 1960 beendete ich mein Studium und war in der Unternehmensberatung als Arbeitstechniker, Betriebswirtschaftler und später als Marketingfachmann tätig. 1968 nahm ich ein Angebot eines deutschen Unternehmens an. 1972 machte ich mich in Düsseldorf als Unternehmensberater selbständig. Meine Tätigkeit führte mich in viele europäische Länder, nach Afrika und Asien.«

Als Flüchtlinge, die sich vor einer Verschleppung retten mussten, gehörten ferner zu den La Hillern:

Alexander und Elka Frank aus Belgien
Alexander Frank wurde in Brüssel geboren, Elka in Berlin. Sie trafen sich in Palästina. Elka war 1933 mit ihren Eltern nach Palästina emigriert, Alexander hoffte, nach seinem Agrarstudium hier Arbeit zu finden. Nach einer kurzen Zeit in einem Kibbuz wurde Alexander Hafenarbeiter, genauer: Eisenflechter. 1937 ging das Ehepaar nach Brüssel, weil Alexander seinen Militärdienst absolvieren musste. Kurz darauf wurde das Kinderheim »Général Bernheim« eingerichtet. Die Leitung des Heims wurde Elka übertragen, einen Teil der Arbeit übernahm Alexander. Nach der Flucht über die Pyrenäen mit Stationen in Spanien und Portugal sind die Franks von Gibraltar aus nach England gefahren. In London meldete sich Alexander bei der belgischen Luftwaffe, die dort ein Büro hatte. Man wollte ihn in der Militärverwaltung beschäftigen, aber er bestand darauf, in eine Kampfeinheit zu kommen, und wählte die Aufgabe mit der kürzesten Ausbildungszeit. Er wurde Bordschütze und einem Fliegergeschwader zugeteilt, das über Deutschland operierte. Elka arbeitete während dieser Zeit in einer Fabrik.

Es gibt einen Brief der Kinder- und Jugend-Aliyah in London an Alexander Frank, dem zu entnehmen ist, dass Alexander Frank von London aus versuchte, einigen Jungen und Mädchen mit Hilfe der jüdischen Organisation den Weg über die spanische Grenze zu ebnen. Er nahm an oder wusste, dass Joseph Dortort, Kurt Klein und Egon Berlin und die Mädchen Inge Rübler, Toni Rosenblatt, Frieda Kriegstein, Edith Jankielewicz und Betty Schütz noch in Frankreich waren. Vermittler der Nachrichten war ein Herr Lichtenstein. Im Briefkopf der Kinder- und Jugend-Aliyah sind als Präsisenten des Joint, zu dem die Aliyah gehörte, Miss Henrietta Szold und Dr. Chaim Weizmann angegeben. In dem Brief wird Alexander Frank mitgeteilt, es bestehe die Hoffnung, dass wenigstens drei Jugendlichen geholfen werden könne.

Nach dem Krieg gingen Elka und Alexander Frank nach Brüssel. Elka übernahm wieder ein Kinderheim, war aber nach mehreren Operationen nicht arbeitsfähig. 1956 wechselten sie noch einmal das Land und zogen in die DDR, nach Sachsen-Anhalt. Elkas Gesundheit wurde soweit wieder hergestellt, dass sie noch zehn Jahre in der Fremdsprachenabteilung der Martin-Luther-Universität in Halle arbeiten konnte. Ihre Erlebnisse hat sie in mehreren Erzählungen literarisch verarbeitet. Alexander fand eine Tätigkeit als Agronom, wurde Vorsitzender in einer Landwirtschaftlichen Produktionsgenossenschaft (LPG), später Mitarbeiter der zentralen Verwaltung des Bauernverbandes, danach Lehrer ausländischer Studenten im Institut für Landwirtschaft und Ökonomie in Teutschental bei Leipzig, da war er bereits Rentner und wohnte in Berlin. Elka Frank starb 1976, Alexander Frank 1998. Die Rede am offenen Grab Alexander Franks hielt ein La Hiller, Fernand Nohr.

Irène Frank   Jg. 1888; sie hat im oben zitierten Brief vom 20.4.1959 an Rita Kuhlberg erzählt, wie es ihr nach der Befreiung erging. Das wichtigste Ereignis der Nachkriegsjahre war ihre zweite Heirat im Jahr 1955. Sie wurde 90 Jahre alt.

Flora Schlesinger   Jg. 1901, aus Wien > Schweiz mit ihrem Sohn Paul > sie folgte ihm nach Kanada

Zu den Brüsseler Kindern und Jugendlichen, die im Zug nach Seyre waren und aus den Internierungslagern geholt wurden, gehörten die 94 Flüchtlinge auf Alexander Franks Liste, 43 Mädchen und 51 Jungen. Zu diesen Bewohnern der Kinderkolonie von Seyre kamen noch 2 Jungen aus Internierungslagern hinzu: Werner Epstein und Fritz Wertheimer, später außerdem weitere 5 Mädchen und 3 Jungen: Eva Fernanbuk, Guita Kokotek, Irene Kokotek, Frieda Kriegstein, Renée Riemann, Isidor (Isi) Bravermann, Fernand Nohr, Heinz Storosum. Die Liste von Alexander Frank ist um diese Namen zu ergänzen. Damit waren 104 Kinder und Jugendliche in der Kolonie der Flüchtlinge.

Das Schicksal der 104 Kinder und Jugendlichen

Gerettete Kinder und Jugendliche

Von den Quäkern in die USA geholt	20
über die Pyrenäen nach Spanien	18
über die Schweizer Grenze	23
in Frankreich untergetaucht	9
zum Maquis gegangen	3
zur französischen Armee gegangen	1
bis zum Abzug der deutschen Truppen in La Hille	7
nach Belgien gebracht	2
von der Mutter abgeholt (Résistance)	1
wahrscheinlich in Klöstern untergebracht	7
	91
aus Auschwitz zurückgekommen	1
überlebt haben	92

Opfer der Verfolgung

deportiert und ermordet	10
im Kampf gefallen	1
in einer Klinik gestorben	1
	104

Von den sechs jüdischen Betreuern der Kinderkolonie konnten sich fünf retten: Flora Schlesinger, Elias Haskelewitsch,
Irène Frank, Elka Frank und Alexander Frank. Ernst Schlesinger wurde deportiert und ermordet.

Als Resümee reichen die Zahlen nicht aus.

Die meisten Kinder von Brüssel-Seyre-La Hille wurden
Waisen. Sie kamen 1939 in der Fremde in Heime, die wie Wai-
senheime funktionierten oder es tatsächlich waren. Für die
Heimleitungen gab es die Eltern praktisch nicht, sie waren
nicht erreichbar, standen nicht helfend zur Seite, konnten
nicht befragt werden. Briefe waren ein schlechter Ersatz für
die Stimme der Mutter, des Vaters, und sie gingen im allge-
meinen nur zwischen Eltern und Kindern hin und her, aber
kaum zwischen Eltern und Heimleitung.

Sie waren noch keine Waisen, aber manche begannen
schon hier, sich so zu fühlen. Nach und nach wurden sie es.
Die meisten von ihnen haben Ihre Eltern zum letzten Mal
auf dem Bahnsteig gesehen, als der Zug nach Brüssel sich in
Bewegung setzte. Die Väter und Mütter konnten bald auch
keine Nachricht mehr an die Kinder schicken. Die große
Welle der Verfolgung, die nach der Wannsee-Konferenz einsetzte und in den Tagen der Fabrikaktion eine Massenver-
schleppung wurde, ließ die Eltern verstummen. Wer nicht
rechtzeitig das faschistische Land verlassen konnte, wurde
deportiert.

Aus den Lebensberichten der La Hiller geht hervor, wer
Vater oder Mutter oder irgendeinen Verwandten wiedergefunden hat. Es wäre eine kurze Liste, wollte man die Namen
der wiedergefundenen Angehörigen zusammenzählen. Und

auf dieser Liste stünden Namen von Frauen und Männern, die emigrierten. Keinem Vater, keiner Mutter gelang es, illegal in Deutschland auszuharren. Und nur ein Vater kehrte aus einem Lager zurück.

Vater oder Mutter wiederzufinden war die Ausnahme. Die Regel sah anders aus. Die Regel war das, was Edgar Chaim von seinen Eltern erzählt: »Mein Vater wurde eingezogen als Uniformschneider und dann verhaftet und deportiert. Die gesamten Werkzeuge, zum Beispiel die Nähmaschine, wurden aus dem fünften Stock, wo wir wohnten, aus dem Fenster auf den Hof geworfen. Mein Vater kam zuerst in die Rosenstraße in Berlin, meine Mutter am gleichen Tag auch in die Rosenstraße. Soviel ich erfahren habe, hat meine Mutter meinen Vater nie mehr wiedergesehen. Gleich einige Tage später kamen sie nach Auschwitz. Ich habe nie mehr etwas von ihnen gehört seit dem Tag, an dem ich aus Deutschland herausgekommen bin.«

Die Tage, von denen Edgar Chaim spricht, sind als Tage der Fabrikaktion in die unrühmliche deutsche Geschichte eingegangen. Es begann am 27. Februar 1943, heute ein Gedenktag. An diesem Tag wurden die Juden, Männer wie Frauen, die in den Fabriken Zwangsarbeit leisteten, von ihrem Arbeitsplatz weggeholt, auf Lastwagen geladen und, so geschehen in Berlin, in der Rosenstraße und in der Großen Hamburger Straße gesammelt. Die offenen Lastwagen fuhren durch die Straßen und griffen alle Juden auf, die irgendwohin eilten, nach Hause, zur Familie, zu einer sicheren Adresse. Man holte die Juden aus den Wohnungen und schleppte sie so mit, wie man sie antraf. Von den beiden Sammelstellen aus gingen die Juden innerhalb weniger Tage auf Transport.

Der 27. Februar 1943 hat sich in mein Gedächtnis eingebrannt. Menschen, die ich liebte, wurden an diesem Tag verschleppt. Es war mein fünfzehnter Geburtstag. Alljährlich am 27. oder 28. Februar begebe ich mich mit vielen Juden und Nichtjuden zu einer Kundgebung in die Große Hamburger Straße, und von hier gehen wir in einem stillen Demonstrationszug hinüber zur Rosenstraße, von der Edgar Chaim berichtet. Sie ist nur einige hundert Meter entfernt, der S-Bahnhof Hackescher Markt liegt dazwischen. Auf diesem Demonstrationsweg läuft jener Tag wie ein Film für mich ab. Ich stand vom Morgen bis zum Abend mit meinem Vater in der Großen Hamburger Straße und hoffte, dass meine Mutter aus dem Haus der Sammelstelle kam. Das war gegen Ende der Fabrikaktion, an einem der ersten Tage des März. Auch Juden in so genannten Mischehen, vielfach auch deren Kinder, hatte man erfasst, was den Protest der nichtjüdischen Ehepartner, manche in hohen Ämtern, erzeugte und die Aufmerksamkeit der Welt erregte. In den beiden kurzen, engen Straßen standen dicht an dicht die Angehörigen. Es waren viele, und allein dass sie da standen und warteten, Stunde um Stunde, war eine Demonstration, mehr noch die vernehmliche Forderung der Frauen in der Rosenstraße nach Freilassung ihrer Männer und Kinder. Das war in der Nazizeit ungewöhnlich, vielleicht sogar einmalig. Die Nazis gaben nach. Am Abend ließen sie die in »Mischehen« lebenden Juden und die »halbjüdischen« Kinder frei. Auch meine Mutter, die Jüdin. Die Zeit für den Angriff auf die »Mischehen« war noch nicht reif. Sie kam anderthalb Jahre später. Da holten sie nach, was in den Tagen der Fabrikaktion auf Widerstand gestoßen war, und kaum einer der Nicht-Betroffenen in Deutschland und anderswo nahm es zur Kenntnis.

Wenn es zu einem Wiedersehen der La Hiller mit einem Vater oder einer Mutter kam, war die Begegnung Glück und Schmerz in eins. Die Lücken wurden sichtbar. Ruth Schütz erzählt: »Mehr als zehn Jahre vergingen, bis es zu einem Wiedersehen mit meiner Mutter kam. Ich war vierzehn Jahre alt gewesen, als wir uns in Brüssel trennen mussten. Als ich sie wiedertraf, war ich schon eine verheiratete Frau und selbst Mutter eines Kindes. Ich stand im Hafen von Haifa und versuchte sie zwischen den vielen Menschen, die vom Deck auf uns hinunterblickten, zu finden, zitternd vor Angst, dass ich sie nicht erkennen werde. Vielleicht ist es die Frau mit dem Strohhut? Oder die in dem hellen Kleid? Ich klammerte mich an den Arm meines Mannes, der mich stützte. Sicher steht auch meine Mutter an der Reling und sucht mich aufgeregt in der Menge. Plötzlich trafen sich unsere Blicke. Das ist sie! Das schwarze Haar meiner Mutter war weiß wie Schnee, aber das Gesicht war dasselbe, nur Leid und Sorgen der vergangenen zehn Jahre hatten tiefe Falten in ihr Antlitz gegraben.«

Der Blick in die Geschichte verlangt ein abschließendes Wort zur Rolle der Schweiz in jenen Jahren und zur Haltung der Schweizerinnen und Schweizer. Im Zusammenhang mit dem Schicksal der hundert jüdischen Kinder war von zwei Personen in einflussreicher Position die Rede, die im Einvernehmen mit der offiziellen Politik ihres Landes handelten, von Dr. Heinrich Rothmund, dem Chef der Bundespolizei in Bern, und von Colonel Remund vom Schweizer Roten Kreuz in Bern. Zumindest von einem kann ich behaupten, dass er ein Antisemit war, von dem anderen ist es zu vermuten. Diesen beiden und den Gendarmen an der Grenze, die Flüchtlinge in den besetzten Süden Frankreichs abschoben oder sie den Deutschen übergaben, stehen viele Schweizerinnen und Schweizer gegenüber, die geholfen haben, Leben zu retten. Außer denen, die in dieser Geschichte genannt werden konnten, gab es auch andere Beispiele von Zivilcourage. Sie sind es wert, erwähnt zu werden, um den Blick über die hier erzählte Geschichte hinaus zu richten, denn nicht jeder, der ein Amt hatte oder einer großen Institution angehörte, handelte nach offizieller Weisung. Ein Polizeibeamter und ein Bankangestellter – nur als Beispiele – trugen dazu bei, die Ehre der Schweizer zu retten, was der Schweizer Staat allerdings missbilligte und bestrafte.

Einer, der nach seinem Gewissen handelte, war der Chef der Polizei des Kantons St. Gallen, Paul Grüninger. Seine Geschichte ist durch die Medien gegangen: 1938 werden Juden an der Grenze abgewiesen. Grüninger macht das nicht, er lässt sie herein. Das spricht sich rum. Den Mitarbeitern der jüdischen Flüchtlingshilfe erklärt er, wo sich ein Schlupfloch befindet, durch das die Flüchtlinge aus Deutschland sicher über die Grenze kommen können, und was sie in die Einreisebogen schreiben sollen, um in der Schweiz bleiben zu können. Er läßt die Ankommenden in einer Turnhalle unterbringen. Die Kosten für dieses Unternehmen trugen die Juden von St. Gallen. Auf diese Weise hat Grüninger etwa 3000 Juden illegal in die Schweiz geholt und vor der Deportation bewahrt. Als Grüningers Handlungen den übergeordneten Polizeistellen bekannt wurden, enthob man ihn seines Amtes. Er musste aus der Dienstwohnung ausziehen und bekam keine neue Arbeit, auch nach dem Krieg nicht, auch nicht in einer jüdischen Institution. Er fristete als Mann über Fünfzig mit Aushilfsarbeiten sein Leben, während hässliche Gerüchte über ihn verbreitet wurden. Seine Pension als Beamter wurde ihm verweigert. Bis zu seinem Tode im Jahr 1972 wurde er nicht rehabilitiert. Ein Reporter fragte ihn, wie er als alter Mann darüber denke. Grüninger antwortete, dass er richtig gehandelt habe. Er lebe bescheiden, aber mit einem guten Gewissen. Die Missachtungen träfen ihn nicht.

Das andere Beispiel: Ein Bankangestellter hat zur Aufklärung der Gold-Geschäfte seiner Bank mit den Nazis beigetragen. Eine Berliner Zeitung berichtete 2002 von ihm. Er hat Dokumente über das in die Schweiz verschobene Nazi-Gold gerettet. Wie bekannt, wurde das Gold, das den Juden abgenommen und den Toten aus den Zähnen gebrochen worden war, zu Schweizer Banken geschafft. Und die wussten, woher der Schmuck und das Zahngold stammte, das zu 92 Goldbarren umgeschmolzen wurde. Damit die Sache nicht ruchbar wurde, sollten die Dokumente, die dies belegten, verbrannt werden. Der Bankangestellte, dem sie zum Verbrennen übergeben wurden, hat sie in die USA geschafft.

Die Bank leitete einen Prozess wegen Vaterlandsverrat gegen ihn ein und er wäre sicher schuldig gesprochen worden, wenn er nicht vorher in die USA geflohen wäre. Erst in den neunziger Jahren, als es allgemein publik war, dass Schweizer Banken mit den Nazis diese Goldgeschäfte gemacht haben, wurde die Anklage zurückgezogen und der Mann kehrte in die Schweiz zurück.

Was die Schweiz auszeichnet, sind die Schweizer selbst: das Personal von La Hille und die vielen Paten der Kinder, auch jene Leute, die im Café saßen und Leo Lewin und Inge Schragenheim fünf Franken gaben, damit sie eine Bahn nach Genf benutzen konnten, und der Gendarm, der die zerschundene Toni Rosenblatt in eine warme Unterkunft trug, und der andere, der Flora und Paul Schlesinger in einer Hütte entdeckte und sie nicht abführte.

Die La Hiller sind jedem dankbar, der zu ihrer Rettung beitrug. Sie haben nie vergessen, dass auch sehr viele Franzosen risikovolle Hilfe leisteten. Schon während der aktuellen Gefahr drückte das Präsidium des jüdischen Zentralkonsistoriums in Lyon den Dank an die Franzosen aus: »In unserem Leid trafen wir auf genügend tätige Sympathien, um nicht an der Menschheit und dem wirklichen Frankreich zu verzweifeln.«[47]

Zum Resümee der Geschichte der hundert Kinder und ihrer Retter gehört es auch, Fragen zu stellen wie diese: Wie denken die La Hiller heute über die Vergangenheit, über die Gefahr, die Betreuung und die mutigen Hilfsaktionen? Was empfinden sie an den Plätzen ihres französischen Asyls? Die Antworten kann ich vor allem den Briefen an Alexander Frank entnehmen und einem Briefwechsel mit Irène Frank. Ich bin sicher, dass Rösli Näf, Anne-Marie Piguet, Eugen Lyrer und andere ebensolche Briefe erhalten haben.

Lixie Grabkowicz:
»Je mehr ich an diese Jahre denke, umso klarer wird mir, wie dankbar wir sein können, dass wir heute noch am Leben sind. Lieber Herr Frank, für Sie und Frau Frank war das eine riesige Verantwortung, uns Kinder zu beschützen. (...) Das Schloss ist in sehr schlechtem Zustand und raubt einem die Erinnerung an das, was einmal unser Heim war.«

Joseph Findling:
»Ich möchte Dir aufrichtig dafür danken, was Du für mich und meine Brüder getan hast, dass wir überlebt haben. Ich bedaure sehr, dass ich Deiner verstorbenen Mutter nicht mehr danken kann. Sie war es, die meinen Lebensweg bestimmte, insbesondere waren es ihre letzten Worte an mich am 16. August 1941, am Vorabend unserer Abreise in die Vereinigten Staaten, dass ich nach jeder möglichen Bildung streben solle, die ich erhalten kann. Sie allein trägt die Verantwortung für meine berufliche Entwicklung und durch mich für die meiner Brüder.«

Werner Rindsberg:
»Wir haben in Seyre und Montégut Besuch gemacht, weil ich meiner Familie diese in meiner Vergangenheit bedeutsamen Plätze zeigen wollte. Für mich war das natürlich eine rührende Rückkehr, besonders da ich noch Herrn de Capèle, 90 Jahre alt, und seine Töchter besuchen konnte und die Familie Soula in La Hille. Dort habe ich zum ersten Mal erfahren, dass Sie und andere Überlebende vor einigen Jahren ein Treffen veranstaltet hatten und dass man mich nicht erreichen konnte. (...) Ich gebe Ihnen meine ›Lebensgeschichte‹ und meine Adresse. Zuerst möchte ich aber zum Ausdruck bringen, wie viel wir alle Ihnen und Ihrer Familie schuldig sind, denn ohne Ihre selbstlose Führung und Betreuung wären viel mehr von uns umgekommen. Ich habe dieses Gefühl und das der Dankbarkeit seit vielen Jahren und dies ist während

unseres Besuchs in Südfrankreich im August verstärkt worden.«

Frieda Steinberg:
»Wir verdanken Ihnen und Elka unser Leben, auch Ihrer
Mutter, die uns die Basis gegeben hat für alles, wozu wir fähig waren, in der Folgezeit für die Liebe zur Literatur, zur
Musik, zur Kultur allgemein, die uns in unsere Studien gestoßen hat und moralische Werte lehrte. (…) Wir haben viel
in La Hille gelernt, wir haben gelernt, mit der Umwelt in
Harmonie zu leben wie auch die Augen vor den kleinen Män-
geln der anderen zu verschließen und nur Gutes zu sehen,
uns an den kleinen Dingen des Lebens zu erfreuen und fähig
zu sein, mit sehr wenig glücklich zu sein. Jeder von uns hat
seinen Weg gemacht.«

Und noch einmal **Frieda Steinberg**:
»Das Datum 1.1. ist sehr bedeutsam für mich. Am ersten Tag
des Jahres 1943 verließ ich La Hille, um der Deportation zu
entgehen. 35 Jahre später ist die Welt nicht besser geworden.
Und zwar, weil der Mensch ein Mensch bleibt, mit guten und
schlechten Instinkten. Etwas Gutes und Wertvolles ist uns
allen geblieben. Wir Hillianer sind eine große Familie. Weder
die Jahre noch die Entfernung haben uns trennen können.
Wenn die Hillianer sich treffen, dann ist es, als ob La Hille gestern gewesen wäre. Selbst wenn ein Riesenozean und ganz
verschiedene Erfahrungen uns getrennt haben, kann nichts
die starke Bindung auslöschen, die uns alle vereint. Das ist
ein Ersatz für alles, was wir verloren haben.«

Ruth Herz:
»Sehr befriedigend ist, dass jeder unserer Freunde seine Sa-
che gemacht hat, was sicher eine große Enttäuschung für die
Nazis ist.«

Gerhard Kwaczkowski beim Empfang in Montégut-Plantaurel 1993:
»Man neigt dazu, die Dinge entweder ganz schwarz oder ganz weiß zu sehen. Und oft wird über das berichtet, was am widerlichsten war, über die Beispiele, in denen die französische Bevölkerung feige, in denen sie abscheulich war. Aber ich habe den Eindruck, dass es hier im Département Ariège, zumindest in dem Teil, den ich sehr gut kenne, außergewöhnliche Menschen gab, und ich glaube, dass ohne diese breite Hilfe der Bevölkerung auf dem Lande viele Dinge nicht möglich gewesen wären. Und deshalb müssen wir unseren Auftrag, die Erinnerung wachzuhalten, fortsetzen, damit so vieles wie möglich bewahrt bleibt, damit alle jene, die etwas unternommen haben, ganz gleich auf welcher Ebene, bekannt werden.«

Leo Lewin:
»Wir dachten, dass 1945 endlich ein Schlussstrich gemacht wurde und der Nazismus vorbei wäre. Wir sind besorgt über das Aufflackern des Neonazismus in Deutschland und Europa sowie über den Krieg im ehemaligen Jugoslawien, wo 1914 der erste Funke sprühte.«

Anne-Marie Piguet an Alexander Frank nach dem Treffen in Südfrankreich:
»Wie glücklich war ich, Sie kennenzulernen. Sie waren in ebensolcher Gefahr wie die Kinder, was eine Solidarität geschaffen hat: die Schwere des Lebens, die Unsicherheit, der Hunger, die Parasiten in den Örtlichkeiten, das alles war wenig dazu angetan zu überleben. Ihr Bericht über den Empfang in Montégut war ein Triumph. Das kleine Dorf von damals hat einen Schritt nach vorn gemacht. Die Hoffnung auf eine solidarische Menschlichkeit muss bewahrt werden.«

Fernand Nohr erzählte:

»Wäre Alexander Franks Telefon nicht gestört gewesen, hätte ich womöglich bis heute nichts mehr von La Hille gehört. Der Zufall wollte es anders. Als Werner Händler, ein früherer Arbeitskollege vom Rundfunk, und ich zu einer Veranstaltung gingen, entschuldigte er sich dafür, dass er schnell noch eine Postkarte in den Kasten werfen müsse, da das Telefon des Adressats nicht funktioniere und dieser doch bei ihm im Seniorenclub einen Fernsehbericht vorstellen sollte, den er, Werner Händler, vor kurzem gesehen habe. Ob ich Alexander Frank kenne, der hundert jüdische Kinder von Belgien nach Frankreich vor den Nazis in Sicherheit gebracht hatte. Die Kinder seien in das Schloss La Hille gekommen. ›Du musst dir ein altes, von Mauern umgebenes …‹ Da unterbrach ich ihn und sagte, er könne sich seine Beschreibung sparen. Am nächsten Tag suchte ich Alex Frank auf. Wir kannten uns nicht. Er war über ein Jahr, bevor ich nach La Hille kam, über die spanische Grenze gegangen. Ich zeigte ihm meine Fotos, er gab mir das Buch von Sebastian Steiger, zeigte mir den Film vom Treffen der La Hiller 1993. Fünfzig Jahre waren vergangen.«

EHRUNGEN FÜR ZIVILCOURAGE

Die Rettungsaktionen bedurften der Zivilcourage. Sie waren der öffentlichen Ehrung wert. Der Staat Israel vergibt an Menschen, die keine Juden sind, sich aber bei der Rettung von Juden verdient gemacht haben, eine besondere Auszeichnung, die »Medaille für die Gerechten unter den Nationen«. Fünf Personen aus dem Kreis der Retter der deutschen und österreichischen Kinder und Jugendlichen vor der Gefahr der Deportation in ein Vernichtungslager erhielten diese Auszeichnung.

Maurice Dubois wurde 1990, als Achtzigjähriger, nach Yad Vashem eingeladen, um die Auszeichnung in Empfang zu nehmen und in der Allee der Gerechten der Nationen einen Baum mit seinem Namen zu pflanzen. Zugegen waren die in Israel lebenden La Hiller. Er hielt eine kleine Rede, an die jüdischen Begleiter gerichtet, in der er sagte: »Alle meine Taten wären wertlos gewesen ohne euren Mut, eure Tapferkeit und Umsicht, auch unter den schwersten Umständen einen Weg zu finden und trotz all dem nicht den Glauben an die Menschheit zu verlieren. Ich danke euch.«

Drei Frauen wurden mit dieser hohen israelischen Auszeichnung geehrt, Anne-Marie Piguet als wichtigste Organisatorin der Rettungswege und die Schwestern Madelaine und Victoria Cordier, die die Kinder und Jugendlichen durch das Jura-Gebirge in die Schweiz schleusten. Die Auszeichnung nahm Raphael Gvir, der Botschafter Israels in der Schweiz, 1991 in Bern vor.

Im September 1993 wurde auch Sebastian Steiger, der Lehrer, Betreuer und Freund der jüdischen Flüchtlinge, in den Kreis der Gerechten unter den Nationen aufgenommen. Die Auszeichnung überreichte ebenfalls Raphael Gvir. In seinem Schlusswort erinnerte sich der Botschafter an die Nacht vom 3. zum 4. Oktober 1942, als er selbst als Flüchtling die Schweizer Grenze bei Genf illegal überquerte.

Die Medaille trägt die Inschrift: »Wer immer ein Leben rettet, rettet das gesamte Universum.« Dieser Gedanke kommt aus der Vergangenheit und muss, um der Menschlichkeit willen, in die Zukunft getragen werden.

Abfahrts-datum	Nr.	Abfahrts-ort	Zahl der Depor-tierten	Bei der Ankunft vergast	Selektiert in Auschwitz		Über-lebende 1945
					Männer	Frauen	
1942							
27.3.	1	Compiègne	1112		1112		
5.6.	2	Compiègne	1000		1000		41
22.6.	3	Drancy	1000		933	66	34
25.6.	4	Pithiviers	999		999		59
28.6.	5	Beaune-la-Rolande	1038		1004		55
17.7.	6	Pithiviers	928		809	119	45
19.7.	7	Drancy	1000	375	504	121	17
20.7.	8	Angers	827	23	411	390	19
22.7.	9	Drancy	1000		615	385	7
24.7.	10	Drancy	1000		370	630	5
27.7.	11	Drancy	990		248	742	13
29.7.	12	Drancy	1001	216	270	514	5
31.7.	13	Pithiviers	1049		693	359	16
3.8.	14	Pithiviers	1046	482	22	542	6
5.8.	15	Beaune-la-R.	1014	704	214	96	6
7.8.	16	Pithiviers	1069	794	63	211	7
10.8.	17	Drancy	1006	766	140	100	1
12.8.	18	Drancy	1007	705	233	62	11
14.8.	19	Drancy	991	875	115		1
17.8.	20	Drancy	1000	878	65	34	3
19.8.	21	Drancy	1000	817	138	45	5
21.8.	22	Drancy	1000	892	90	18	7
24.8.	23	Drancy	1000	908	92		3
26.8.	24	Drancy	1002	937	27	36	24
28.8.	25	Drancy	1000	929		71	8
31.8.	26	Drancy	1000	961	12	27	17
2.9.	27	Drancy	1000	877	10	113	30

Abfahrts-datum	Nr.	Abfahrts-ort	Zahl der Depor-tierten	Bei der Ankunft vergast	Selektiert in Auschwitz Männer	Frauen	Über-lebende 1945
4.9.	28	Drancy	1013	959	16		27
7.9.	29	Drancy	1000	889	59	52	34
9.9.	30	Drancy	1000	909	23	68	43
11.9.	31	Drancy	1000	920	2	78	13
14.9.	32	Drancy	1000	893	58	49	45
16.9.	33	Drancy	1003	856		147	38
18.9.	34	Drancy	1000	859	31	110	22
21.9.	35	Pithiviers	1000	791	65	144	29
23.9.	36	Drancy	1004	873	40	91	15
25.9.	37	Drancy	1000	475	399	126	26
28.9.	38	Drancy	904	733	123	48	20
30.9.	39	Drancy	210	154	34	22	
4.11.	40	Drancy	1000	639	269	92	4
6.11.	42	Drancy	1000	773	145	82	4
9.11.	44	Drancy	1000	900		100	16
11.11.	45	Drancy	745	599	112	34	2
1943							
9.2.	46	Drancy	1000	816	77	92	22
11.2.	47	Drancy	998	802	143	53	14
13.2.	48	Drancy	1000	689	144	165	17
2.3.	49	Drancy	1000	881	100	19	6
4.3.	50	Drancy	1003	min.950	?	?	3
6.3.	51	Drancy	998	min.950	?	?	5
23.3.	52	Drancy	994	min.950	?	?	0
25.3.	53	Drancy	1008	970	15		5
23.6.	55	Drancy	1018	518	283	217	86
18.7.	57	Drancy	1000	440	369	191	52
31.7.	58	Drancy	1000	727	218	55	44
2.9.	59	Drancy	1000	662	232	106	21
7.10.	50	Drancy	1000	491	340	169	39

Abfahrts-datum	Nr.	Abfahrts-ort	Zahl der Depor-tierten	Bei der Ankunft vergast	Selektiert in Auschwitz Männer	Frauen	Über-lebende 1945
28.10.	61	Drancy	1000	613	284	103	42
20.11.	62	Drancy	1200	914	241	45	29
7.12.	64	Drancy *	1000	661	267	72	50
17.12.	63	Drancy *	850	505	233	112	31
1944							
20.1.	66	Drancy	1155	864	236	55	72
3.2.	67	Drancy	1214	985	166	49	43
10.2.	68	Drancy	1500	1229	210	61	59
7.3.	69	Drancy	1501	1311	110	80	34
27.3.	70	Drancy	1000	480	380	100	152
13.4.	71	Drancy	1500	max. 1265	165	min. 91	130
29.4.	72	Drancy	1004	904	48	52	50
15.5.	73	Drancy	878				17
20.5.	74	Drancy	1200	max. 904	188	min. 117	166
30.5.	75	Drancy	1000	627	239	134	99
30.6.	76	Drancy	1100	479	398	223	182
31.7.	77	Drancy	1300	726	291	283	214
11.8.		Lyon	430	min. 128	117	63	36
17.8.		Drancy	51				35

			sofort vergast		Männer	Frauen
1942	insg. Deportierte	41951	min. 21000	Überleb.	784	21
1943-1944	insg. Deportierte	43441	22441	Überleb.	863	892
	insg.	85392	43441	insg.	1647	913

* Die Nummern wurden von der Gestapo vertauscht.

Henry Philippe Pétain, französischer Marschall und Staatschef der Vichy-Regierung, wurde 1945 als 88-jähriger Mann zum Tode verurteilt und zu lebenslanger Festungshaft begnadigt. Er starb 1951 in Port Joinville auf der Insel Yeu.

Pierre Laval, der als Ministerpräsident der Vichy-Regierung im Einvernehmen mit den faschistischen Regimes in Deutschland und Italien handelte, wurde als Kollaborateur verurteilt und am 15.10.1945 in Fresnes hingerichtet.

Joseph Darnand, der Gründer der gefürchteten französischen Milice, der Kampftruppe im Dienst der Deutschen, die er hauptsächlich gegen die Maquisards einsetzte, wurde 1945 als Verräter zum Tode verurteilt und erschossen.

René Bousquet, von April 1942 bis Ende 1943 Generalsekretär der Polizei der Vichy-Regierung; nach 1945 festgenommen und am 23. Juli 1949 zu fünf Jahren Verlust der bürgerlichen Ehrenrechte verurteilt; anschließend Generaldirektor der Indochina-Bank, Aufsichtsratsmitglied der Indo-Suez-Bank und Direktor zahlreicher mit dieser Bank verbundenen Gesellschaften.

Klaus Barbie, ab November 1942 als SS-Hauptsturmführer und Leiter der Abteilung IV (Gestapo) bei der Sipo-SD in Lyon; nach dem Krieg zweimal in Abwesenheit zum Tode verurteilt. Er floh als Klaus Altmann nach Bolivien und wurde 1971 als Barbie identifiziert, 1983 verhaftet und nach Frankreich ausgeliefert, 1987 in Lyon wegen Verbrechen gegen die Menschlichkeit zu lebenslanger Haft verurteilt.

Alois Brunner, 1938 Sekretär Eichmanns in Wien, mit der Deportation der Juden aus Österreich, Berlin und Saloniki befaßt; von Juli 1943 bis August 1944 Leiter des Sonderkommandos der Gestapo in Frankreich, befehligte das Judensammellager Drancy. Ende 1944 war er an der Vernichtung der ungarischen und slowakischen Juden beteiligt. Nach 1945 war er verschwunden;

am 3. Mai 1954 in Paris in Abwesenheit zum Tode verurteilt, 1982 in Damuskus identifiziert. 1984 beantragte die Bundesrepublik seine Auslieferung aus Syrien.

Theodor Dannecker, von September 1940 bis September 1942 Leiter des Judenreferats der Gestapo in Frankreich, anschließend mitbeteiligt an der Judenverfolgung in Bulgarien, Ungarn und Norditalien; erhängte sich im Dezember 1945 in einem amerikanischen Gefängnis in Bad Tölz.

Heinz Röthke, ab Frühjahr 1942 Stellvertreter Danneckers und ab Juli 1942 Danneckers Nachfolger als Leiter des Judenreferats der Gestapo in Frankreich; nach 1945 in Abwesenheit zum Tode verurteilt, arbeitete unbehelligt als Rechtsberater in Wolfsburg und starb 1966.

1 »Die Kinder vom Schloss La Hille«, Dokumentarfilm von Ursula Junk/Gert Monheim, gesendet im WDR.
2 Edith Goldapper, »Tagebuch«, handschriftliches Manuskript, geschrieben nach ihrer Rettung.
3 Ruth Schütz, »Entrapped Adolescence«, Hebräisch 1997, ins Englische übersetzt von Walter Reed.
4 Siehe Elka Frank, Ein Tag im Mai. In: Im Strom der Zeit. Halle 1965, S. 51.
5 Ebenda.
6 Vgl. dazu Elisabeth Marum-Lunau, Auf der Flucht in Frankreich. Teetz 2000 sowie weitere Forschungsarbeiten zur Aufnahme von Emigranten in Frankreich.
7 Ab 1942 wurden alle schweizerischen Kinderhilfsorganisationen zusammengefasst und dem Schweizer Roten Kreuz/Kinderhilfe unterstellt: die Schweizerische Arbeitsgemeinschaft für kriegsgeschädigte Kinder (SAK), die Schweizerische Arbeitsgemeinschaft für Spanienkinder (SAS), das speziell für jüdische Kinder tätige Schweizer Hilfswerk für Emigrantenkinder (SHEK). Vgl. Antonia Schmidlin, Eine andere Schweiz. Helferinnen, Kriegskinder und humanitäre Politik 1933-1942. Zürich 1999, S. 197f.
8 Vgl. Gerhard Leo, Frühzug nach Toulouse. Berlin 1988.
9 Der Lebensbericht von Irène Frank wird als eine Informationsquelle über die Ereignisse in La Hille genutzt. Die Seiten des Manuskripts sind nicht durchgängig nummeriert.
10 Sebastian Steiger, Die Kinder vom Schloß La Hille. Basel 1992.
11 Kennzeichen J. Hrsg. von Helmut Eschwege, Berlin 1981, S. 253f., 257.
12 Siehe ebenda, S. 257. An gleicher Stelle heißt es: »Mischlinge 1. Grades sind im Hinblick auf die Endlösung der Judenfrage den Juden gleichgestellt.«
13 Zitiert nach Serge Klarsfeld, Vichy–Auschwitz. Nördlingen 1989, S. 93.
14 Ebenda, S. 399.
15 Dokument von Yad Vashem, zitiert bei Klarsfeld, S. 425.
16 Klarsfeld, S. 431.
17 Ebenda, S. 159.
18 Ebenda.

19 Klarsfeld schreibt, dass dieser Hirtenbrief auf der Schreibma-
    schine vervielfältigt und in beiden Zonen verbreitet wurde und
    das Gewissen vieler Franzosen geweckt habe. Der Hirtenbrief
    wurde nach dem Krieg in »La Dépêche«, der Lokal-Zeitung von
    Ariège, veröffentlicht.

20 Dokument aus den Akten des Ministerrats von Vichy, Archi-
    ves Nationales Paris, zitiert bei Klarsfeld, S. 440.

21 Siehe Schmidlin, S. 274.

22 Interview in »La Filière«, Dokumentationsfilm von Jacqueline
    Veuve, Genève 1987, nach dem Buch von Anne-Marie Im Hof-
    Piguet, La Filière. En France Occupée 1942-1944, 1985.

23 Die Mitnahme des Jungen bedurfte keiner besonderen Erlaub-
    nis, sondern es entsprach der Weisung, Eltern zusammen mit
    den Kindern zu deportieren.

24 Irène Frank, Lebensbericht, Buch XX.

25 Siehe Klarsfeld, S. 353.

26 Dokument aus den Akten des Ministerrats von Vichy, Archi-
    ves Nationales Paris, zitiert bei Klarsfeld, S. 159.

27 Ebenda.

28 Siehe Enzyklopädie des Holocaust. Band I-IV. Hrsg. von Israel
    Gutman. München/Zürich, S. 452. Nach Angaben von Klars-
    feld wurde nicht das Büro der FSJF, sondern das der UGIF in
    Lyon, Rue Sainte-Catherine Nr. 12, von der Gestapo unter Bar-
    bie überfallen.

29 Jarblum wurde bei der Razzia am 9. Februar nicht gefasst, er
    gelangte illegal in die Schweiz und sorgte von hier aus für die
    Geldmittel, die die Résistance benötigte. Die Gelder kamen
    vom Joint, vom World Jewish Congress (der jüdischen Welt-
    organisation) und von der Jewish Agency in Palästina. Die Ar-
    beit der FSJF wurde fortgesetzt, nun geleitet von Reuben Grin-
    berg und Leo Glaser. Die FSJF spielte später eine führende
    Rolle bei der Gründung des jüdischen Verteidigungskomitees
    (Comité Général de Défense) im August 1943, an dem sich alle
    jüdischen Untergrundorganisationen einschließlich der jüdi-
    schen Kommunisten beteiligten. Diese und weitere Informa-
    tionen über Hilfsorganisationen findet man in: Enzyklopädie
    des Holocaust, S. 31, 82f., 451f., 489-495, 662f., 702-707, 1087-
    1090, 1469-1472 u.a.

30 Siehe Schmidlin, S. 290.

31 Remund, de Haller und Rothmund argumentierten im Sinne
    der deutschen Behörden: Die Einreise jüdischer Kinder sei eine
    politische Frage, für die das SRK die Einwilligung vom Bundes-
    rat benötige. Die Haltung der Schweizer Behörden aber war

bekannt: Die jüdische Bevölkerung in der Schweiz (damals 1 Prozent) müsse möglichst klein gehalten werden, um keinen Antisemitismus zu erzeugen. Mit dieser Geisteshaltung wurde den Juden die Schuld am Antisemitismus zugeschoben und ihre Rettung vor der Deportation abgelehnt. Dass das Ziel der Deportationen die Liquidation der Juden hieß, war dem SRK/Kinderhilfe bekannt. Das geht aus einem Brief hervor, den Rosemarie Lang, Die Sekretärin Remunds, als Antwort auf einen Protestbrief schrieb: »Die von Ihnen geschilderte Situation der deportierten Emigranten ist auch uns wohl bekannt, aber ich muss Ihnen gestehen, dass sehr wenig Hoffnung besteht, irgend etwas zur Milderung ihres Loses tun zu können. Sie dürfen nicht vergessen, dass alle diese Deportationen vor sich gehen in der bewussten Absicht, das jüdische Volk von der europäischen Erde verschwinden zu lassen. Gegen solche Absichten ist jeder Einfluss von außen, und käme er auch vom Roten Kreuz, machtlos.« Siehe Schmidlin, S. 292.

32 Dokumentiert in der Ausstellung »Über die Grenzen. Alltag und Widerstand im Schweizer Exil«, Berlin vom 10.6. bis 3.7.1988, entnommen dem Ausstellungsbeiheft.
33 Schmidlin, S. 311.
34 Interview im Dokumentarfilm von Ursula Junk.
35 Zitiert bei Klarsfeld, S. 212.
36 Elsbeth Kasser, Beiheft der Ausstellung »Über die Grenzen«.
37 Klarsfeld, S. 195.
38 Siehe ebenda, S. 196.
39 Sebastian Steiger, Die Kinder vom Schloss La Hille, S. 192.
40 Dokumentationsfilm von Jacqueline Veuve.
41 Antonia Schmidlin, die sich in ihrem Buch auf Archivmaterial des Schweizer Roten Kreuzes und auf Interviews stützt, berichtet, Emmy Ott habe, bevor sie nach La Hille kam, vor allem den Kindern in Gurs geholfen.
42 Dokumentationsfilm von Jacqueline Veuve.
43 Vgl. Ruth Schütz, »Entrapped Adolescence«.
44 Edith Moser, Tagebuch Frankreich–Schweiz, Manuskript.
45 Edith Goldapper, Tagebuch 1943-1944, Manuskript.
46 Dokumentationsfilm von Jacqueline Veuve.
47 Klarsfeld, S. 172.
48 Klarsfeld, S. 330-333.

Zitate aus Texten in deutscher Sprache und die nach dem Krieg in deutscher Sprache geschriebenen Briefe und Karten werden in originaler, d. h. in alter Orthografie wiedergegeben. Für die aus dem Französischen und Englischen übersetzten und für die in deutscher Sprache geschriebenen Berichte wird einheitlich die neue Orthografie verwendet.